Über die Autorin:
Ruby Wax ist eine bekannte Comedienne, erfolgreiche TV-Persönlichkeit und Bestsellerautorin mit britischer und amerikanischer Staatsbürgerschaft. An der Oxford University absolvierte sie einen Master in Achtsamkeitsbasierter Kognitiver Psychotherapie, und 2015 wurde ihr die Auszeichnung OBE (Officer of the Most Excellent Order of the British Empire) für ihre Dienste im Bereich der Psychischen Gesundheit verliehen.

Ruby Wax

Fix & fertig

Der Achtsamkeitsguide für Geräderte

Aus dem Amerikanischen von Gerd Bausch

Die amerikanische Originalausgabe erschien 2016 unter dem Titel
»A Mindfulness Guide for the Frazzled«
bei Penguin Life, Random House UK.

Besuchen Sie uns im Internet:
www.knaur.de

Deutsche Erstausgabe Mai 2018
Knaur Taschenbuch
© 2016 by Ruby Wax
© 2018 der deutschsprachigen Ausgabe Knaur Verlag
Ein Imprint der Verlagsgruppe
Droemer Knaur GmbH & Co. KG, München
Alle Rechte vorbehalten. Das Werk darf – auch teilweise – nur mit
Genehmigung des Verlags wiedergegeben werden.
Redaktion: Tamara Hell
Covergestaltung: ZERO Werbeagentur, München
nach einem Entwurf von Superfantastic
Coverabbildung: FinePic®, München
nach einer Idee von Superfantastic
Alle Fotos und Illustrationen: Privatarchiv Ruby Wax,
außer S. 73 (Gehirn-Scan-Bild) mit freundlicher Genehmigung von
Dr. Paul Mullins und Professor Oliver Turnbull
Satz: Adobe InDesign im Verlag
Druck und Bindung: CPI books GmbH, Leck
ISBN 978-3-426-87803-3

2 4 5 3 1

Ich möchte mich bei Maddy, Max,
Marina Bye und mir selbst bedanken.

Oh, und bei meinem Mann, Ed,
obwohl ich eine »Miss« bleiben wollte.

Und auch bei meiner Lektorin,
Joanna Bowen (aber das ruiniert wirklich die Idee).

Inhalt

Vorwort

Wer bin ich?

Für diejenigen unter Ihnen, die noch nichts von mir gehört haben, möchte ich kurz ein paar Worte zu meinem bisherigen Leben schreiben: Auch wenn ich meine Eltern nicht für meine Depression verantwortlich machen möchte (die Debatte, ob Gene oder Umgebung die Persönlichkeit bestimmen, ist endlos), wird angesichts dessen, was sie erlebt haben, vielleicht deutlich, dass ich an sich keine Chance hatte. Meine Eltern flohen etwas übereilt aus Österreich. Hätten sie nicht einen Zahn zugelegt, hätte ich diese Zeilen nicht schreiben können, da es mich schlicht und ergreifend nicht gäbe. Die Seiten vor Ihnen wären weiß. Glücklicherweise stamme ich aus einer jüdischen Familie, die seit vielen Generationen ein Land nach dem anderen verlassen musste und dabei ihre Wohnzimmertische und Omas auf dem Rücken mitschleppten. Kaum hatten wir uns irgendwo niedergelassen, blieb ihnen nichts anderes übrig, als schon wieder zu fliehen. Von ihnen habe ich das Syndrom geerbt, ruhelos und auf der Suche nach Sicherheit und einem Zuhause weiterzuziehen, allerdings ohne je fündig zu werden.

Nachdem meine Eltern die amerikanische Küste erreicht hatten, etablierte mein Vater ein Wurstdarm-Imperium und machte sich als »Darmkönig« einen Namen. Er war bei allen gefürchtet – besonders bei den Schweinen. Man hatte mich als Erbin des Imperiums vorgesehen, doch ich lehnte dankend ab.

Meine Mutter hatte eine Schmutzphobie und verbrachte

einen großen Teil ihres Lebens damit, auf den Knien rutschend Staubflusen zu jagen. Ihre Kindererziehung schien von einem grimmschen Märchen inspiriert gewesen zu sein, in dem Kinder in einem Kuchen gebacken werden, weil sie vergessen hatten, vor dem Essen die Hände zu waschen, nicht ohne dass ihnen zuvor auch noch die Daumen abgeschnitten wurden (oder so ähnlich). Wenn Sie mehr über meine Eltern erfahren möchten, wie etwa über die Eigenheit meiner Mutter, auf riesigen Landmassen Krümeln hinterherzujagen, verweise ich Sie auf mein Buch *How Do You Want Me?*.

Meiner Eltern waren der festen Überzeugung, dass man ein Kind verzieht, wenn man mit der Rute spart. Ich führte darüber Buch: Nach jeder Bestrafung schrieb ich heimlich auf, wie viel ich ihnen für jede seelische Verletzung berechnete. Die Rechnung war enorm, aber natürlich wurde sie nie beglichen. Wenn sie mich allerdings in ein Sommerlager schickten oder mir das Richten der Zähne bezahlten, fand ich das nett von ihnen und erließ ihnen einen Teil ihrer Schuld.

Jeden Sommer verbrachte ich zwei glückliche Monate in einem solchen Sommerlager, lernte den Kampfgeist, vom Speerwerfen bis zum Extremsport des Kanufahrens. Man sagte uns, wir sollten uns nicht scheuen, von der Handfeuerwaffe Gebrauch zu machen, wenn wir dabei sind zu verlieren. Unser Camp hieß Agawak, was in der Sprache der Indianer so etwas wie »jemandem an die Kehle springen« bedeuten muss. Die Botschaft war unmissverständlich: Schlage deine Gegnerin, koste es, was es wolle. Siege! Siege! Siege!

In der Highschool hingegen wurde ich zum Gespött der ganzen Klasse. Man nannte mich charmant »Hasi«, da meine Schneidezähne an die des Langohrs erinnerten. Zehn Jahre lang musste ich eine Zahnspange tragen, um sie in dieselbe Zeitzone wie den Rest von mir zurückzubringen. Es erübrigt sich anzumerken, dass ich keine attraktive Teenagerin war – ich weiß, das ist schwer zu glauben, wenn man mich heute sieht.

Auch meine Karriere als Schauspielerin war kein sofortiger Erfolg. Abgesehen von einer nicht sonderlich wesentlichen Rolle als »Regenwurm« im Musical *Hello, Dolly!*, das wir mit unserer Schule aufführten, hatte ich nicht die geringste Erfahrung und auch kein besonderes Talent. Dennoch zog ich voller Illusionen nach London, um eine große Karriere als klassische Schauspielerin zu beginnen. Die ersten zehn Jahre wohnte ich in einem möblierten Zimmer, dessen Einrichtung den Eindruck vermittelte, jemand sei in ihm verblutet. Da es nicht einmal eine Heizung gab, musste ich meinen Föhn überstrapazieren, um die eisigen Winter zu überleben. Ich bewarb mich bei allen Theaterschulen, wurde jedoch von allen abgewiesen, und das, obwohl ich fest überzeugt war, mit meiner Nonnenhaube, die ich selbst aus Pappe gebastelt hatte, eine wirklich brillante Julia abzugeben. Ich kann Ihnen nur raten, nie eine solche zu tragen, da man mit ihr nicht einmal durch eine Tür kommt, ohne sich den Hals zu verrenken.

Zeitsprung … Schließlich schaffte ich es dank riesiger Anstrengung, in die *Royal Shakespeare Company* aufgenommen zu werden, dank riesiger Anstrengung machte ich eine Karriere im Fernsehen, die 25 Jahre anhielt, dank riesiger Anstrengung heiratete ich und gründete eine Familie. Da ich mich dank meiner riesigen Anstrengungen derart antrieb, erlitt ich vor sieben Jahren einen Zusammenbruch. Das Burn-out stürzte mich von den Klippen der Gesundheit. Kurz darauf fand ich mich in einer Psychiatrie wieder und verbrachte die folgenden Monate auf einem Stuhl – ich war so verstört und verängstigt, dass ich mich nicht einmal traute aufzustehen. Bereits mein gesamtes Leben hatte ich an Depressionen gelitten, aber dies war nun die Krönung des Ganzen.

Dann kam das große Aha-Erlebnis: Ich erkannte, dass meine gesamte steile Karriere dazu gedient hatte, das Chaos in mir zu verdecken. Ich hatte mir eine Scheinwelt geschaffen, die den lächelnden Showgirl-Pappfiguren in Las Vegas glich. Ich war wie die Fassade eines Hauses, in dem niemand wohnte. Mir wurde klar, dass Ruhm ein hervorragendes Gegenmittel für eine gestörte Kindheit und Jugend war. Wie auch immer, in den Abgründen der tiefsten Depression beschloss ich, mich aus dem Showbusiness zurückzuziehen und etwas Neues zu beginnen – was recht clever war, da meine Popularität ohnehin gerade nachließ. (Als ich mich dabei wiederfand, bei der Eröffnung eines Coffee Shops im Terminal drei des Londoner Flughafens Heathrow das goldene Band durchzuschneiden, wusste ich, dass die Dinge dabei waren, mir zu entgleiten.)

Ich dachte, dies sei genau der richtige Augenblick, um mich neu zu erfinden und zu erforschen, was all die Jahre mein Gehirn bewohnt hatte. Erneut ein Zeitsprung ... Ich begann mit dem Studium der *Achtsamkeitsbasierten Kognitiven Therapie*. Ich mache keine halben Sachen, und so studierte ich an der Universität Oxford und schloss mit einem Master ab. Bevor ich es vergesse: Habe ich schon geschrieben, dass ich kürzlich zum Officer des *Order of the British Empire* ernannt wurde? Vielleicht war also meine Pein nicht umsonst gewesen – aber wahrscheinlich doch.

Fix & fertig.
Der Achtsamkeitsguide für Geräderte

»Was meint sie mit dem Titel?«; »Warum beschäftigt sie sich mit diesem Thema?«; »Wie viel hat sie mit dem Buch verdient?«; »Glauben Sie, dass das irgendjemand kauft?«; »Wie alt gibt sie vor zu sein?«; »Ihre Shows haben mir nie gefallen!«

Das sind nur einige wenige der vielen Kommentare, die mir zu meinem Buch *Sane New World* zu Ohren kamen. Lassen Sie mich mit der Beantwortung der ersten Frage beginnen: Was meine ich mit dem Titel?

Wenn man »fix & fertig« und unter Dauerdruck ist, dann ist aus neurobiologischer Sicht das Nervensystem von Stress überlastet, und es werden permanent Adrenalin und Cortisol ausgeschüttet. Alle Ihre Gedanken drehen sich kontinuierlich um Ihre Sorgen, weswegen Sie sich nicht auf die Arbeit konzentrieren können, die gerade konkret ansteht. Dies kann ein Burn-out zur Folge haben.

Zweite Frage: Warum habe ich mir dieses Thema ausgesucht? Den größten Teil meiner wachen Zeit (und einen Teil meines Schlafes) habe ich im Reich der Geräderten verbracht, und daher glaube ich, dass ich – als qualifizierte Touristenführerin in diesem Moorland – Ihnen die Orte der wichtigsten Verwirrungen und Selbstzweifel zeigen kann. Seien Sie froh, in diesen Gegenden nicht alleine zu sein. Ich glaube inzwischen, dass wir alle sie bewohnen und einen Weg aus ihnen heraussuchen. Außerdem habe ich beschlossen, dass wir nicht länger unsere Zeit mit Klagen verlieren sollten. Statt mit dem Finger auf Probleme zu deuten und die äußere Welt dafür verantwortlich zu machen, dass wir derart aus dem Gleichgewicht geraten sind, ist es sinnvoller zu lernen, die gefährlichen Kliffe der Unsicherheit und der Verwirrung zu umschiffen. In diesem Buch stelle ich Ihnen einige der besten Urlaubsziele vor, an denen Sie sich erholen und neue Kräfte tanken können.

Eine persönliche Geschichte

Es ist November. Ich bin im Londoner Hotel Ritz. Ich fühle mich wie unter einer Dunstglocke, mein Geist ist von einem dicken grauen Nebel eingehüllt. Ich weiß selbst nicht genau, weswegen ich an dieser Veranstaltung teilnehme, und noch nicht einmal, wie ich hierhin gekommen bin. Ich frage jemanden, welchem guten Zweck die Sache dient. Eine hochgewachsene Frau mit Damenbart, die einen Pullover aus Katzenhaaren trägt, antwortet mir: Sie steht unter dem Motto: »Rettet die Papageientaucher«. Zufälligerweise ist sie die Sprecherin der Wohltätigkeitsorganisation, die die Sache veranstaltet, und wird später mit ihrem leichten schottischen Akzent in einer bewegenden Rede erklären, wie schwierig es für diese Vogelart ist, auf den Felsen der Orkneys zu landen, weil dort ein so heftiger Wind weht. Wenn sie es schließlich doch geschafft haben und ihr einziges Ei gelegt haben, müssen sie es davor bewahren, vom Wind davongetragen zu werden. Zu alldem kommt auch noch der Klimawandel, der dazu führen könnte, dass die Vögel dort vielleicht bald gar nicht mehr landen können. Während sich meine Welt auflöst, höre ich jemandem zu, der darüber doziert, wie schwer es der Papageientaucher hat, zu landen. Ich muss mich beherrschen, keinen Schreikrampf zu bekommen. Warum schicke ich sie nicht einfach selbst auf eine einsame Insel? Dann wäre das Problem gelöst!

Früher fing mich alle drei bis fünf Jahre dieser Nebel ein, und ich wurde vom Fluch einer Depression heimgesucht … Damals gab es noch keinen richtigen Ausdruck dafür, man nannte es »an der Reihe sein« oder sagte, dass einem »ein Missgeschick« unterlief, wie es meine Eltern gerne bezeichneten, wenn meine Mutter die Zimmerdecken mit einem Mopp abwischte. Ich wusste nie vorher, wann ich wieder abdriften würde, aber ein recht verlässlicher Anhaltspunkt war, dass es meist bei großen Veranstaltungen wie dem für die Papageientaucher geschah. Wahrscheinlich war ich deswegen so irrsinnig aktiv, weil ich der Welt und mir selbst beweisen wollte, dass bei mir alles in Ordnung und mein Verhalten völlig normal sei. So versuchte ich darüber hinwegzutäuschen, dass ich den Verstand verloren hatte. Es war, als würde ich ein Heftpflaster auf einen Tumor kleben.

Kurz nach der Papageientaucher-Veranstaltung fand ich mich im gleichen November dabei wieder, im Rahmen meiner Tauchprüfung in der Brighton Pier zu tauchen. Ich lief vor Kälte blau an, und meine Zähne klapperten jämmerlich. Man band mir Gewichte an den Bauchgurt, dann tauchte ich schnurstracks in zehn Meter Tiefe. Dort bekam ich nichts als ein paar alte Sandalen und einen versunkenen Einkaufswagen zu sehen. Wo waren die Riffs und Papageienfische? Mir war, als wären solche Dinge den anderen vorbehalten, während ich nur diesen Abfall zu Gesicht bekam.

Lassen Sie mich ein wenig erklären, wie ich dazu kam, Achtsamkeitsbasierte Kognitive Therapie zu studieren. Der einzige Grund dafür war – und ich wiederhole: der wirklich einzige –, dass es überzeugende wissenschaftliche Untersuchungen gibt, die belegen, dass sie die höchste Erfolgsquote bei der Behandlung einer ganzen Reihe von körperlichen sowie geistigen Beschwerden und Krankheiten aufweist.

Ich entschied mich zu diesem Studium, da ich bereits ein Vermögen für alle anderen nur denkbaren psychologischen Methoden ausgegeben hatte, die die Menschheit kennt: von der *Plain-Vanilla-Therapie* (wo ich so viel darüber sprach, wie meschugge meine Eltern waren, dass ich die Gruppe in eine Ein-Frau-Show verwandelte) bis hin zu therapeutischen Skurrilitäten wie zum Beispiel, drei Tage lang ein Kissen, das man Papi nennt, mit einer Keule zu schlagen, um es dann zeremoniell zu begraben und anschließend darum zu trauern. Mir ist es peinlich, aber ich muss bekennen, dass ich tatsächlich auch eine Sitzung *Rebirthing* machte, bei der sie mich mit einem Schnorchel in einer Badewanne untertauchen ließen, um mich anschließend an meinen Fersen wieder aus ihr herauszuziehen. (Immerhin war es nicht so schlimm wie eine wirkliche Geburt.) Lassen Sie mich nicht zu lange weitererzählen, aber ich war auch bei einer Frau, die mittelalterliche Kleider trug und behauptete, sie channele Merlin. Sie tat dies mit ihrem San Diegoer Akzent, den sie mit einigen altenglischen Vokabeln anreicherte. Ihr Mann, in Wams, Strumpfhosen und mit einem Krakenhut gekleidet, an dem Glocken hingen, tischte Fleisch auf. (Ich könnte endlos weitererzählen, aber vielleicht kommt das in ein anderes Buch.) Sie halten mich vielleicht für verrückt, aber all dies brachte mich zur Überzeugung, dass man mit wissenschaftlich fundierten Methoden die besten Fortschritte erzielt.

Nach meinem letzten Depressionsanfall versprach ich mir selbst, dass ich jetzt wirklich etwas unternehmen würde. Ich beschloss, meinen wilden Geist zu bändigen. Fast fanatisch schaltete ich in den Untersuchungsmodus, umherstreifend, wissenschaftliche Magazine und Schriften durchforstend. Und ich wurde fündig: Von allen Therapien, so Untersuchungen, böte die Achtsamkeitsbasierte Kognitive Therapie bei Depression mit sechzig Prozent die höchste Wahrschein-lichkeit, einen Rückfall zu verhindern. Am meisten über-zeugte mich die Tatsache, dass man dabei die Sache selbst in die Hand nimmt: Man musste nicht zu Seelenklempnern rennen, um sie anzubetteln, sie mögen einen wieder in Ord-nung bringen. Und das Beste daran: Es war kostenlos (für eine Jüdin wie mich ist das bereits die halbe Miete). Anfangs dachte ich, Achtsamkeit bedeute, kerzengerade und mit ge-kreuzten Beinen auf einem kleinen Hügel zu sitzen und Mantras zu singen, die sich so anhörten, als lese man das Telefonbuch rückwärts. Dennoch war ich bereit, einen Ver-such zu wagen.

Ich möchte gerne klarstellen, dass ich meine Depression weiterhin genauso medikamentös behandele, wie ich es auch bei jeder anderen rein körperlichen Krankheit tun würde. Doch wenn Antidepressiva allein wirklich wirkungsvoll und verlässlich wären, würde keiner mehr einen Rückfall erle-ben – in Wirklichkeit haben die meisten von uns genau dies, und sogar recht oft. Das ist der Grund, warum ich die Medi-kation mit der Meditation kombinierte. Man kann sich das wie zwei Kondome vorstellen: Es bietet doppelten Schutz.

Ich hoffe, das klingt nicht zu missionarisch. Meditation hilft bei mir, aber wir sind alle verschieden gestrickt, und Sie sollten daher das tun, was bei Ihnen wirkt. Wenn Sie sich besser fühlen, auf den Knien nach Lourdes zu pilgern, um die Füße Unserer Heiligen Mutter zu küssen, dann nichts wie hin!

Wie auch immer, irgendwie habe ich unlängst mein Studi-um in Achtsamkeitsbasierter Kognitiver Therapie (darf ich es von jetzt an MBCT nennen? Es ist mühsam, es dauernd auszuschreiben) mit einem Master abgeschlossen. Dies sind also die Gründe, warum ich ein Buch über MBCT schreibe.

Was findet sich zwischen den Klappendeckeln?

Kapitel 1: Warum fix & fertig? Nach all der menschlichen Evolution sind wir noch immer nicht perfekt. Auch wenn wir uns aufrecht fortbewegen und das Wunder vollbringen, selbst in Schuhen mit zwanzig Zentimeter hohen Absätzen nicht das Gleichgewicht zu verlieren, sind wir doch immer noch nicht ganz und gar gar.

In diesem Kapitel geht es um uns und die Frage, warum wir mit unserer Intelligenz noch immer nicht auf dem neuesten Stand sind.

Kapitel 2: Achtsamkeit: Wer? Was? Warum? Worum geht es eigentlich bei dieser sogenannten Achtsamkeit, und wozu soll sie gut sein? Was in unserem Kopf hält uns davon ab, den schwer definierbaren Zustand, den man »Glück« nennt, zu erleben.

Kapitel 3: Wie unser Gehirn funktioniert: Die wissenschaftlichen Grundlagen der Achtsamkeit In diesem Kapitel gebe ich damit an, wie gescheit ich bin, und liefere die neurowissenschaftlichen Belege dafür, warum MBCT im Umgang mit Stress so wirkungsvoll ist. Unter Stress verstehe ich hierbei nicht, dass es Tage gibt, an denen bei uns alles schiefgeht, sondern eine dauerhafte Anspannung, die auf lange Sicht lebensverkürzend ist.

Kapitel 4: Ein deprimierendes Zwischenspiel Nachdem ich das dritte Kapitel verfasst hatte, bekam ich eine leichte Depression. Also pausierte ich erst einmal eine ganze Weile, bevor ich das nächste schrieb. Wenn Sie es lesen, werden Sie schon verstehen, was ich damit meine.

Kapitel 5: Ein sechswöchiger Kurs in Achtsamkeit MBCT wird normalerweise in einem achtwöchigen Ausbildungskurs unterrichtet. Danach ist jeder bei der Praxis auf sich selbst gestellt. Man rennt nicht mehr zu jemandem, um ihn zu bitten, die eigene zerbrochene Psyche wieder zusammenzuflicken: Jetzt sind *Sie* gefragt. Ich stelle Ihnen meinen einfachen und amüsanten sechswöchigen MBCT-Kurs vor. (Falls Ihnen dabei Zweifel kommen: Meine Auslegung des Kurses wurde von Mark Williams, Professor in Oxford sowie Mitbegründer der MBCT, geprüft und für gut befunden.) Ich habe ihn mir nicht in der Hoffnung, dass es niemand merkt, letzte Nacht einfach schnell mal so aus den Fingern gesaugt.

Kapitel 6: Der soziale Geist – achtsame Beziehungen Dieses Kapitel handelt davon, wie man Achtsamkeit nutzen kann, um die Beziehungen zu Freundinnen und Freunden, zur Familie, den anderen Bewohnerinnen und Bewohnern unseres Ortes, des Landes und der ganzen Welt zu verbessern. Ohne die Hilfe der anderen könnten wir nicht überleben und aufblühen. Daher ist Achtsamkeit meiner Meinung nach die wichtigste Fähigkeit, die es zu entwickeln gibt, um gesunde Beziehungen zu knüpfen. In diesem Kapitel gebe ich Ihnen hauptsächlich meine erstklassigen Ratschläge zum Thema Einfühlungsvermögen.

Kapitel 7: Achtsamkeit für Eltern, Kleinkinder und Kinder Hier biete ich Ihnen einige Achtsamkeitsübungen an, die Eltern mit ihren Kindern und bei sich selbst anwenden können. (Noch bevor wir zu den Kindern kommen, müssen wir uns, die Eltern, in Ordnung bringen. Wenn wir uns unserer eigenen Themen nicht bewusst sind, haben die Kinder keine Chance.)

Kapitel 8: Achtsamkeit für ältere Kinder und Teenager Falls Sie versuchen, Ihrem Teenager einen Rat zu geben, sind Sie für ihn wie eine umherschwirrende Stechmücke, die einen einfach nicht in Frieden lassen will: Sie nerven. Nur wenn sie verstehen, dass es ihnen hilft, mit dem Examensdruck und anderer Anspannung, die die Pubertät und der Hagelsturm der Hormone mit sich bringen, richtig umzugehen, werden sich Teenager dazu herablassen, überhaupt erst darüber nachzudenken, ob es für sie nützlich sein könnte, sich auf den Geist zu fokussieren und das Maß an Stress zu senken. Ich streife darüber hinaus ein wenig das Thema der Achtsamkeit im schulischen Bereich und das erfolgreich angewandte dot-b-Programm des *Mindfulness in Schools Project* (Projekt Achtsamkeit in Schulen).

Kapitel 9: Achtsamkeit und ich Für dieses Kapitel habe ich Geld investiert, um mein Gehirn vor und nach einem intensiven Schweige-Retreat, bei dem ich sieben Stunden Achtsamkeit am Tag übte, scannen zu lassen. Ich werde während meiner Stille Tagebuch führen – sofern sie mir meinen Stift nicht aus der Hand nehmen.

Anhang: Einige wissenschaftliche Studien, die meine Thesen stützen. … und nicht zu vergessen: die Notizen einer verrückten Frau. In das ganze Buch habe ich Schilderungen persönlicher Erlebnisse einfließen lassen. Sie werden sie schon nicht übersehen, **denn Sie erkennen sie an dieser Schrift.**

1

Warum fix & fertig?

Wir alle kennen das Gefühl, fix und fertig zu sein, gerädert, mit den Nerven komplett am Ende … ich meine, die meisten von uns … oder zumindest einige von meinen Freunden. Wenn ich »wir alle« sage, meine ich damit jene, die in der freien Welt und relativ unbehelligt von Invasionen, Hunger, Epidemien und Froschregen leben – was ein Glück – und den Jackpot geknackt haben, zur rechten Zeit am rechten Ort geboren zu sein. Und dennoch beklagen wir, die Gewinner, uns, weil wir an Stress leiden. Warum können wir uns nicht einfach damit zufriedengeben, dass wir 109 Jahre alt werden können und selbst dann noch einige Zähne haben? Schon die einfache Tatsache, dass wir atmen, sollten wir mit Champagner feiern. Auch ich habe mich schuldig gemacht, mir selbst da Stress zu machen, wo es eigentlich nicht nötig war. Auch beim Schreiben dieses Buchs bin ich unglaublich angespannt: paranoid, dass ich mir nich richtik ausdrükke. Wenn ich panische Angst hätte, weil eine Bombe mir auf den Kopf zu fallen droht, wäre das verständlich, aber ich sorge mich, weil ich, nicht weiß wo, ich die Kommas zu setzen, habe und gegan allä Reschtschreibrägeln verstosse. Nicht das, was wir erleben, stresst uns am meisten, sondern das Grübeln über den Stress.

Der Ausnahmezustand, von dem ich schreibe, bezeichnet allerdings weder imaginären noch tatsächlichen Terror, also keinen Dritten Weltkrieg, der uns droht, weil irgendeiner der zahllosen Spinner, die Nordkorea oder andere Länder regieren, gänzlich den Kopf verliert. Nein, der Ausnahmezustand, den ich meine, hört erst auf, wenn wir aus unserem schlafwandlerischen Zustand erwachen. Bis dahin bleiben wir in dem selbst fabrizierten Dämmerzustand unseres Lebens. Vom Standpunkt der Evolution aus – und emotional gesehen sowieso – sind wir auf dem Weg zurück auf alle viere. Wir schicken Raketen ins All, um es zu erkunden, aber aus welchem Grund auch immer haben wir vergessen, uns selbst zu ergründen. Wir sind vollkommen damit beschäftigt, unsere Ziele zu erreichen und unsere täglichen Aufgaben zu bewältigen, rivalisieren mit den anderen und verlieren dabei komplett aus den Augen, warum wir es tun. Wir müssen einen Wecker stellen, um uns aufzurütteln und uns aus der Benommenheit, dem Geisteszustand, in dem wir grübeln und uns beunruhigen, befreien. Wir müssen – im wahrsten Sinne des Wortes – aufhören, von Sinnen zu sein. Es ist die einzige Art, das Leben zu erfahren: nicht durch Worte, sondern durch Sehen, Riechen, Hören, Tasten, Schmecken … Wie viel von dem, was Sie heute gegessen haben, haben Sie auch wirklich geschmeckt? Ich weiß nicht, wann in unserer Evolution wir sozusagen am Steuer eingeschlafen sind, denn wir begannen unsere Existenz fraglos im Wachzustand; als »primitive« Lebewesen waren wir uns jedes knackenden Zweigs und jedes Raschelns im Gebüsch bewusst. Heute jedoch bahnen wir uns im Tunnelblick des Autopiloten unseren Weg durch das Leben. Wir zielen darauf, unsere Aufgaben so schnell wie möglich auszuführen und sie dann fein säuberlich im »Erledigt«-Ordner abzulegen.

Stattdessen sollten wir uns bemühen, einen friedlichen Lebensstil zu entwickeln, und nicht einfach nur alles daransetzen, die nächste lästige Pflicht auf unserer Liste abzuarbeiten – im Glauben, dass danach endlich das echte Leben beginnt. Schieben Sie es nicht weiter auf, beginnen Sie, bevor es zu spät ist: Entweder wir lernen es jetzt, wachsam zu leben, oder wir schlafwandeln auf den Tod zu.

Die Entwicklung unseres Gehirns

Ob es Ihnen gefällt oder nicht: Wir alle stammen von winzigen kleinen Zellen ab. Wollen wir verstehen, wer wir heute sind, müssen wir uns unserer protoplasmatischen Vergangenheit zuwenden. Uns gibt es noch gar nicht so lange: Erst seit 200 000 Jahren gehen wir aufrecht. Davor waren wir Fische, Eidechsen und eine ganze Palette an Menschenaffen (das ist nicht gerade ein sonderlich kultivierter Stammbaum). Die meisten von uns sind sich nicht im Geringsten bewusst, in welchem Ausmaß wir von diesen nicht besonders intelligenten Ursprüngen gefangen gehalten werden. In gewisser Hinsicht haben wir viel erreicht (und wissen beispielsweise, wie man russische Eier macht), aber was unsere emotionale Entwicklung angeht, schlingern wir noch immer im Morast der Teiche. Meiner Ansicht nach müssen wir den Einfluss der Ursprünge unserer prähistorischen Vergangenheit mehr in Betracht ziehen. Nach außen hin mögen wir vielleicht bei Tee und Gebäck zivilisierte Zeitgenossen mimen, aber unter der Oberfläche gibt unsere primitive Natur noch immer den Takt an.

Als Erstes entwickelten wir den Teil des Gehirns, der uns das Überleben ermöglichte – und den wir mit vielen anderen Wirbeltieren teilen. Das bedeutet, dass wir, wie viele unserer Vorfahren, beständig vor Gefahren auf der Hut sind. Auch wenn wir andauernd nach Glück streben, sind wir in Wirklichkeit – und ich nehme die Gefahr in Kauf, dass diese Ihnen den Tag verdirbt – von Geburt aus Pessimisten: Früher war es für das Überleben der Gattung unverzichtbar, für Gefahren gewappnet sein zu, und genau dies ist die Ursache unserer pessimistischen Grundhaltung. Irgendjemand hat einmal gesagt, dass bei uns auf fünf negative Gedanken nur ein positiver kommt. In unserer Kultur sind es allerdings nicht so sehr Naturkatastrophen wie etwa ein herabstürzender Meteorit, die alles über den Haufen werfen, sondern Abgabetermine und die Tilgung von Hypotheken. Auch vor dem nationalen Defizit kann man nicht davonlaufen.

Unser Problem besteht darin, dass Teile unseres Gehirns noch immer nach fünfhundert Millionen Jahre alten Regeln spielen und wir uns dessen nicht bewusst sind. Ich rede von der »Töte-und-begatte«-Strategie des Überlebens. Auch wenn wir glauben, unglaublich entwickelt zu sein, sind wir im Grunde noch immer Höhlenbewohner mit Steinzeitgehirnen. Gleichzeitig versuchen wir, mit dem komplizierten Leben des 21. Jahrhunderts klarzukommen. Das könnte der Grund sein, warum wir so viele Seelenklempner und Medikamente brauchen.

Dabei verlief zu Anfang alles recht glatt: Wir lebten mit unseren Familienmitgliedern in Stämmen, teilten die gleichen Gene und vertrauten und halfen einander, was unzählige inzestbedingte Mutationen verursachte: Einige unserer Cousinen und Cousins hatten mehr Finger, als sie brauchten, und andere wurden mit Füßen, die nach hinten zeigten, geboren. Die Probleme begannen, als die Stämme immer größer wurden, Städte wuchsen und Zivilisationen entstanden. Nun brauchten wir Gesetze, um unsere tieferen und dunkleren Triebe zu bändigen, wie etwa das Verlangen, mit unserer Schwester zu schlafen. Auch wenn Freud versuchte, uns zu helfen, das »Es« zu beherrschen, schlummert unser niederes, ursprünglicheres Selbst noch immer unter der Oberfläche. Es hilft nicht, es zu unterdrücken: Das wilde Innere lauert, stets bereit, voll auf die Tube zu drücken.

Die Evolution des Stresses

Auch wenn in früheren Tagen das Leben hart war, starb niemand an Stress. Todesursachen waren Krankheiten, das Alter (und das etwa mit zweiundzwanzigeinhalb), Unfälle, Kindesgeburt, schlechte Zähne … aber kein Stress. Es gab nicht einmal ein Wort für Stress, und niemand beklagte sich darüber.

Meine Theorie ist, dass Stress erst mit der Entwicklung der Sprache entstand. Wir warfen nicht länger einfach nur einen Speer, sondern hatten nun Gedanken, mit denen wir innerlich kommentierten, wie gut oder schlecht wir getroffen hatten. Natürlich meist schlecht.

Verstehen Sie mich nicht falsch: Denken hat viel Gutes mit sich gebracht. Ich denke gerade und Sie wahrscheinlich auch – das ist gut so. Doch dieses neue Bewusstsein ermöglichte auch Stress.

Schließlich wurden die Schleusen geöffnet, denn wir benötigten mehr Platz in unseren Gehirnen, um all das Denken zu fassen, weswegen wir vor etwa 100 000 Jahren (leider kann ich Ihnen kein genaues Datum nennen) wie aus heiterem Himmel feststellten, dass unser Gehirn auf die dreifache Größe angewachsen war. Keiner weiß, ob dies dem Wetter oder einer Schieflage der Achse des Planeten geschuldet war, aber unser Gehirn machte einen gewaltigen Sprung nach vorne. Und das ist wahrscheinlich auch der Grund, warum wir begannen, aufrecht zu gehen: Wir mussten die ganzen neuen grauen Zellen jetzt auf unseren Schultern balancieren. Kaum hatten wir unsere XL-Gehirne, begannen wir darüber nachzudenken, mit was wir sie wohl füllen könnten. Eine gute Sache an dem sprunghaften Anwachsen des Gehirns war, dass wir nicht mehr wie unser Cousin, der Primat, im Schlamm kriechen mussten, sondern anfangen konnten, wichtige Dinge wie etwa die Noppenfolie zu erfinden. Doch diese Erfindungen brachten Stress mit sich, denn nun mussten wir sie reparieren, versichern und ihre Batterien wechseln. Niemand anderes tat es für uns, und schon gar nicht unsere Freunde, die Menschenaffen (die noch immer vollkommen nutzlos sind, abgesehen davon, dass sie uns damit amüsieren, was sie alles mit Bananen anstellen können).

Unsere großen Gehirne trieben uns, neue Horizonte zu erobern, und wir pflasterten die Welt mit Einkaufszentren und Nagelstudios. Doch was dann? Wir wurden Pioniere des Denkens und nutzten statt der Pferdewagen nun die moderne Technik, um unsere Fahnen in neuen und fernen Ländern zu hissen. Wir verbreiteten unsere Meinungen, politischen Standpunkte, Vorlieben und Abneigungen nicht mehr zu Fuß, sondern im Internet. Wir wurden mit der Hoffnung eingelullt, dass uns durch den Computer (Danke, Bill G.) alle stupiden Arbeiten abgenommen würden und wir so mehr Zeit hätten, um Schmetterlingen hinterherzujagen oder Blumengestecke zu arrangieren. Doch bald schon stellte sich heraus, dass es nun wir selbst sind, die in den langweiligen Dingen feststecken, während die Computer eine gute Zeit haben, indem sie sich in die Weltbank einhacken oder Stephen Hawking einen amerikanischen Akzent geben. Ich wage die Vorhersage, dass uns irgendwann die Technologien ersetzen und wir zu deren Beiwerk degradiert werden.

Das überladene Gehirn

Obwohl es auf der Hand liegt, wendet sich keiner dem eigentlichen Problem zu: Warum erschweren wir uns selbst das Leben so sehr? Warum stopfen wir uns mit so vielen unnützen Dingen voll? Können wir diesen ganzen Müll nicht einfach ausleeren? Am Ende des Lebens müssen wir keine Prüfung bestehen, warum überladen wir es also so sehr? Ich weiß, ich bin an meinem Limit. Ich habe meine Erinnerungen auf eine Cloud hochgeladen, weiß aber nicht, wie ich sie wieder herunterbekomme. Mit unseren Fingerspitzen aktivieren wir Zigtausende von Bits an Informationen und holen sie auf die Bildschirme unserer Computer, die mehr verarbeiten können als das gesamte Kontrollzentrum der Apollomission. Die Informationen jagen über unsere Augen ins Gehirn. David Levitan schreibt: »Bei der Kommunikation mit unseren Freunden – und da ist die Arbeit noch nicht mitgerechnet – tippt jeder von uns im Schnitt 100 000 Wörter am Tag. Es gibt 21 274 Fernsehstationen, und selbst wenn künftige Generationen 158 Jahre leben könnten, würde es 17 Leben dauern, die ganzen Sender Ihres Fernsehers durchzuzappen.« Die meisten von ihnen produzieren Schrott. Wir nehmen die ganzen Informationen in uns auf – koste es, was es wolle. Es wäre ermüdend, herauszufinden, was uns wirklich interessiert und was für uns nicht von Belang ist. Wir sind mental so blockiert, dass es uns schwerfällt, sinnvolle Entscheidungen zu treffen. Sollte ich mich darüber sorgen, dass das Eis der Antarktis schmilzt, oder mir besser überlegen, welche Zahnpasta die richtige für mich ist? Unsere Gehirne sind keine Computer, man muss ihre Akkus nicht aufladen, aber sie brauchen Erholung, die wir ihnen allerdings nicht gönnen. Wer hat schon Zeit, sich auszuruhen? Ausruhen ist fast zu einem Schimpfwort geworden. Ausruhen darf man sich nur auf der Toilette. Jeder Tweet und jeder Facebook-Post laugt uns aus. Und das ist auch der Grund, warum wir immer vergessen, wo wir unseren Wagen geparkt haben.

Während wir uns beklagen, dass die Liste mit den Dingen, die wir zu erledigen haben, endlos ist, sollten wir nicht vergessen, dass wir sie uns selbst aufgehalst haben. Niemand aus den Tiefen des Weltalls hat sie uns, als wir gerade nicht aufpassten, ins Gehirn gepflanzt. Okay, natürlich ist es gut, sich ein paar Sachen zu notieren, damit wir nicht vergessen, Milch zu kaufen oder zum Termin für die Darmspiegelung zu gehen. Doch wenn es Hunderte Dinge sind, die wir glauben täglich tun zu müssen, sollte uns das zu denken geben. Vielleicht fügen wir der Liste deswegen immer neue Dinge zu, weil wir Angst haben, irgendwann zu ihrem Ende vorzudringen, und dann völlig ohne Ziel sind und keinen Grund mehr haben, den nächsten Schritt zu unternehmen. Würden Sie sich, wenn Sie plötzlich listenlos dastünden, eine Pause erlauben? Natürlich beschweren sich alle, sie hätten zu viel zu erledigen, doch was würden sie tun, wenn sie plötzlich nichts mehr machen müssten? Tun oder nicht tun, das ist hier die Frage! In unserer Gesellschaft gelten jene Menschen als erfolgreiche Spitzenkräfte, deren Terminpläne ihnen keine einzige dreiminütige Pause erlauben, da sie von Sitzungen zum Arbeitsessen, von dort zum Fitnesstraining, dann zu Verabredungen und weiter zu einer Cocktailparty rennen. Sie gelten als Vorbilder. Meiner Ansicht nach sollten sie aber – und ich sage dies aus Mitgefühl – am Marterpfahl den Flammentod erleiden, da sie es zu verantworten haben, dass viele von uns glauben, nicht zu genügen.

Andere Lebewesen wissen, was sie tun. Vögel beispielsweise fliegen Tausende von Kilometern, nur um ein Ei zu legen und es dann auszubrüten. Sie kommen anschließend zurück, um mit irgendeinem ihrer Artgenossen Sex zu haben. Darüber beschwert sich niemand. Wir hingegen müssen keine solchen Entfernungen schwimmend, fliegend oder galoppierend zurücklegen und stürzen dennoch von Erschöpfung zu Erschöpfung – und all das nur, weil wir mit der oder dem Nächsten weitermachen möchten ... und so sind wir auf dem besten Weg zu einem totalen Nervenzusammenbruch. Aber eigentlich macht es unser Menschsein aus, Schwächen zu haben. Wir sollten aufstehen und zu ihnen stehen. Tun wir dies, werden die Menschen um uns mitfühlend und empathisch reagieren (Qualitäten, die sich selten genug zeigen) – und genau das ist es, was die Welt von Narzissmus und Gier heilt.

Es ist Zeit, aufzuwachen und auf die Zeichen zu achten, die uns unsere Seele und unser Körper geben, zu entschleunigen und uns unserer Umgebung und dem, was sich in unserem Inneren abspielt, bewusst zu werden. Das bedeutet allerdings nicht, dass wir dies dauernd tun müssen: Es genügt, von Zeit zu Zeit zum Auftanken anzuhalten, bevor wir wieder in das Rennen gehen, das wir Leben nennen.

Ich kenne einen Neurologen, der kürzlich einen lebensbedrohlichen Herzinfarkt hatte. Man sollte denken, er kenne sich bezüglich der Funktionsweise des Gehirns aus und wisse, dass man nicht ewig mit nur zwei Stunden Schlaf und vierhundert Stunden Arbeit die Woche leben kann. Nach nur drei Tagen erklärte er, dass er sich keine weitere Ruhe gönnen wolle, sondern seine Vorlesungen vom Krankenbett aus geben würde. Wahrscheinlich verließ er dieses nur deswegen nicht, weil er noch an die Herz-Lungen-Maschine angeschlossen war und durch die Nase Infusionen bekam – womit er bewies, dass manchmal selbst Neurologen nicht vom Wahnsinn verschont bleiben.

Vergleichen

Wir vergleichen uns andauernd mit anderen, und auch das erschöpft. Fortwährend schnüffeln wir herum, um herauszubekommen, wer der Beste ist. In der Natur kann aus einer Bienenlarve sowohl eine Bienenkönigin als auch eine Arbeiterin werden. Dies hängt ausschließlich davon ab, welche Nahrung sie erhält. Bienenstöcke sind komplexe soziale Strukturen, in denen Arbeiterinnen mit verschiedenen Aufgaben leben: Es gibt unter ihnen zwar Erntearbeiterinnen, Krankenschwestern oder Reinigungskräfte, aber natürlich keine Gattinnen von Fußballern oder anderen Berühmtheiten. Die Reinigungskraft träumt nicht davon, Krankenschwester zu werden. Wir hingegen glauben, immer alles auf einmal tun und sein zu müssen: Königin sein, Eier legen, sie ausbrüten, sauber machen und gleichzeitig den Hula-Hoop-Reifen drehen. Das ist übrigens auch der Grund, warum wir dann irgendwann Angstlöser schlucken und Bienen eben nicht. Wie auch immer. Bei Vergleichen kenne ich mich aus, sie sind eine Zutat meiner neurotischen Suppe.

Ich bin in Edinburgh. Mir geht es dreckig, und ich versuche herauszubekommen, warum. Oberflächlich betrachtet, läuft alles glatt – meine Show, mein Leben, meine Arbeit. Was also ist es, was nicht stimmt? Schließlich finde ich einen Grund.

Ich bin bei einem Dinner. Neben mir sitzt Brian Cox. Mir ist ganz übel, denn er ist Molekular-Genetiker, Astrophysiker, Forscher, Teilchenphysiker, der beim *Großen Hadronen-Speicherring-Teilchenbeschleuniger* arbeitet. Er ist wunderschön und sieht aus wie ein Zehnjähriger. Das löst eines meiner Themen aus: Vergleichen. Ich versuche, im leeren Raum, den man mein Gehirn nennt, etwas Intelligentes zu finden, und

gebe mein Bestes. Meine Zunge klebt am Gaumen, und ich frage: »Wenn es zahllose Paralleluniversen gibt, was bedeutet, dass es Unmengen meiner selbst gibt, wie kann ich dann hier sitzen und mit meiner Gabel eine Kartoffel aufspießen?« Vielleicht denkt er, dass ich nicht ganz unrecht habe, weswegen er antwortet, dass es vor 600 000 Jahren auf unserem Planeten endlich genug Sauerstoff gab, sodass eine Zelle, die mit Mitochondrien aus Pilzen gefüllt war (ich nicke, um vorzutäuschen, ich wisse, was das sei), erstmals Sauerstoff einatmen konnte, während eine andere Zelle Methan ausatmete. Ich habe keinen Trumpf, den ich ausspielen kann. Ich überlege, ob ich so tun soll, als würde mir schwindelig.

Als das Schweigen langsam peinlich wird, wendet er sich dem Gast gegenüber zu und erklärt, dass Wissenschaftler jetzt bestimmen können, von wo in Zentralafrika eine Zelle, die sie in Ägypten finden, migriert sei. Der Angesprochene reagiert nicht, weswegen ich zunächst glaube, er sei genauso dumm wie ich, eine Illusion, die mir Brian mit der Erklärung nimmt, dieser Gast sei der weltführende Kosmologe. Ich werde ganz klein: Es ist Carlos Frenk (suchen Sie ihn auf YouTube. Ich habe es gemacht, und prompt verschlug es mir den Atem). Der Abend endet nicht gut. Vielleicht habe ich zu viel getrunken.

Es sind immer die gleichen ollen Kamellen, die uns in den Wahnsinn treiben: Wir vergleichen uns mit anderen. Dabei soll es Menschen geben, die mit ihrem Los zufrieden sind. Ich habe zwar noch keinen von ihnen getroffen, weiß aber, dass sie irgendwo inmitten von Wäldern leben, ihre eigenen Hühner züchten, ihre Kühe melken und abends am Lagerfeuer Marshmallows braten. Den Rest von uns klären Botschaften aus dem Äther darüber auf, was uns fehlt und was wir dringend brauchen, um »cool« zu sein. Heute reicht es nicht mehr aus, mit dem Nachbarn mitzuhalten, sondern es geht darum, ihn zu übertrumpfen, bis er vor Missgunst brodelt.

Vergleiche gibt es schon lange: »Warum ist mein Höhlendress nicht so schön wie das von Fran?« Oder: »Warum bekomme ich keinen größeren Hosenlatz?« Es ist immer das gleiche »Warum-Warum-Warum?«. Wir mühen und mühen und mühen uns ab. Es war schon immer so. Wir sind eingebildet und leiden unter Illusionen, die uns zerreißen, sind wie Hungergeister, immer auf der Suche, im Wollen, haben Sehnsucht nach irgendetwas. Bald wird es Grabinschriften geben wie: »Sie starb an Eifersucht!« oder »Er biss ins Gras, weil sein Auto zu klein war«. Mein persönlicher Titelsong heißt: »Nie gut genug!« Wenn ich mich in Gesellschaft von Superhirnen befinde, werde ich zu einem dreizehnjährigen Dummerchen. Ich sitze plötzlich wieder ganz hinten in der Klasse, nutzlos und dumm, von meinem hervorstehenden Zahn gezeichnet. Je länger ich mit solchen Leuten zusammen bin, umso weniger bin ich fähig, auch nur irgendetwas von mir zu geben, und so bekomme ich das Gefühl, auf der Leiter der Intelligenz noch einige Stufen herabzusteigen. Für gewöhnlich lasse ich sie in solchen Situationen reden, damit sie nicht bemerken, dass ich keine Ahnung habe.

Kürzlich gratulierte mir Lord, Professor, Dr., Chirurg und Rundumgenie Robert Winston zu meiner Show, die er beim Hay Festival gesehen hatte. Er führt Ehrendoktortitel von sechzehn Universitäten, ich habe nicht einmal einen halben. Ich muss wirklich übermütiger Stimmung gewesen sein, denn ich fragte ihn daraufhin, ob wir uns nicht zum Teetrinken verabreden wollen. Er willigte ein und schlug vor, sich im Kaffeehaus des Oberhauses des britischen Parlaments zu treffen.

Noch am gleichen Tag ergriff mich allerdings bereits die Panik, da ich nicht wusste, über was ich mit ihm reden sollte.

Zeitsprung: Ich sitze mit Lord R. in einem dieser heiligen holzgetäfelten Säle, geschmückt mit Ölbildern früherer Politiker. Sich verbeugende Männer in Smokings servieren uns Tee. Mir wird bewusst, dass ich nichts zu sagen habe. Ich frage ihn, womit er sich gerade beschäftigt, und er berichtet mir liebenswürdig von seiner weltumspannenden Forschung im Bereich der Epigenetik. Ich habe zwar davon gehört, aber es ist gelinde gesagt nicht mein Spezialgebiet. Ich komme ins Schwitzen, mein Herz sackt in die Hose (oder besser in das Kleid, das ich extra ausgewählt habe). Wenn er mich irgendetwas fragt, bekomme ich sicher einen Anfall. Ich überlege, ob ich schnell aufs Klo gehen soll, um Epigenetik zu googeln, damit er mich mag und nicht denkt, ich hätte einen Hirnschaden. Ich erinnere mich nicht mehr an viel von dem, was danach geschah, außer dass ich versuchte, lustig zu sein (diesen Joker ziehe ich immer dann aus dem Ärmel, wenn ich die Gegenseite für mich gewinnen möchte). Doch wenn ich dabei künstlich wirke, rächt sich das stets. Es ist eine reine Verzweiflungstat.

Anschließend stellt mich Lord R. anderen Lords und Ladys vor. Ich mache kleine Knickse und Verbeugungen, wie man sie von den niederen Bediensteten aus der Serie *Downton Abbey* kennt. Ich werde einer Lady Soundso vorgestellt, die die Scheidungsgesetze des Landes geändert hat. Sie ist ganz offensichtlich brillant, und wieder verschlägt es mir die Sprache. Wir gehen weiter, und ich erkläre einem vorbeigehenden Lord, den ich zufällig bereits zuvor getroffen habe: »Ich bin Ihnen nicht ebenbürtig!« Als er bereits einige Schritte weitergegangen ist, ruft er uns nach: »Natürlich sind sie es!« So komme ich aus dem Gebäude, ohne mich gänzlich blamiert zu haben. Das Leben ist voller kleiner Wunder.

Wahlfreiheit

Hier ein weiteres Haar in der Suppe – etwas, das unser Leben ständig durcheinanderbringt: Wahlfreiheit. Als ich nach Großbritannien kam, hätte ich alles gegeben, um eine andere Eissorte als Vanille oder Erdbeere zu bekommen. Aber es gab sie einfach nicht. In den USA gab es damals bereits 31 verschiedene Sorten, heute sind es 1310. Nur langsam kamen auch in England andere dazu: Schokolade, Pfefferminze, Kaugummi, Eier mit Speck, Alfalfa, ohne Kalorien, fettfrei ... ohne Eiscreme.

Heute hat das Vereinigte Königreich die USA nicht nur eingeholt, sondern sogar überholt. Auswahl ruiniert unser Leben und ersetzt unsere schönsten Augenblicke. Ich würde sagen, dass heute 99 Prozent unseres Lebens daraus besteht, Entscheidungen zu treffen (und nicht nur zum Thema Eis). Wir sind von der immensen Auswahl derart übersättigt, dass wir unsere Grenzen nicht beachten, weswegen wir uns bis zur neuronalen Ermüdung antreiben. Wir hätten bei Vanille bleiben sollen.

Einige der oben genannten Stressfaktoren sind für die heutige Zeit typisch und durch unsere westliche Kultur bedingt. Ob wir es mögen oder nicht: Wir sind mit gewissen evolutionären menschlichen Eigenschaften auf die Welt gekommen, die zwar in der Vergangenheit vollkommen angebracht waren, heute aber überholt sind und einer alten Rostlaube gleichen, die knatternd die Straße hinunterfährt.

Autopilot

Eine großartige Errungenschaft des menschlichen Gehirns ist, dass es in der Lage ist, verschiedene Handlungen zu einem einzigen Ablauf zu bündeln. Sie müssen sich nicht sagen: »Nimm die Zahnbürste, öffne die Tube, drücke sie, zieh eine Grimasse, bewege die Zahnbürste hoch und wieder runter, wiederhole dies und spucke schließlich aus.« Wenn man die Schritte bewusst gesteuert einen nach dem anderen ausführen würde, würde das einen gehörigen Batzen Ihrer Lebenszeit kosten.

Dank der menschlichen Mutationen erlaubt es uns unser Tempomat, Vorgänge unbewusst auszuführen. Hierin liegt der Vorteil des Autopiloten: Er ermöglicht es uns, all die verschiedenen Schritte einer Handlung zu einem einzigen Ablauf zu verketten. Die Kehrseite der Medaille ist jedoch, dass wir im Autopiloten Gewohnheitstiere bleiben und gar nicht mehr bemerken, was um uns herum eigentlich geschieht. Machen wir uns dies nicht bewusst, vergeht unser Leben wie eine Abfolge von Ereignissen, und wir verpassen das Eigentliche. Urlaube, Hochzeiten, Weihnachten, der Tag an dem wir unsere Jungfräulichkeit verloren (auch wenn es für mich nicht der angenehmste war und ich ihn lieber vergessen würde) – all dies wird wie automatisch abgespult, um zum nächsten Ereignis fortzuschreiten. Meistens müssen wir uns Fotos und Videos von solchen Ereignissen anschauen, um uns an sie zu erinnern.

Mir ist bewusst, wie viel meiner Lebenszeit ich im Autopiloten verbracht habe, all die Tage, an denen ich damit beschäftigt war, meine Ellenbogen einzusetzen, um in meiner Karriere weiterzukommen, nur um mich jedes Mal, wenn ich etwas erreicht hatte, zu ängstigen, man könne es mir wieder wegnehmen, weswegen die Ellenbogen nur noch mehr zum Einsatz kamen. Ich erinnere mich kaum an Zeiten, in denen ich mir keinen Druck machte. Manchmal treffe ich Männer, die mir erzählen, dass wir einst eine Affäre hatten, an die ich mich jedoch nicht mehr erinnere. Wo war ich mit meinen Gedanken? Oder hatten sie mir etwas in den Drink gemixt?

Man merkt es nicht, wenn man auf Autopilot ist, denn genau das macht ihn aus: nicht zu denken, sondern nur zu tun.

Situationen, in denen der Autopilot sinnvoll ist:

- Auf einer langen Zugreise durch Sibirien, auf der der Zug so voll ist, dass sich die Menschen stapeln.
- Wenn Sie mit Ihrer Mutter einkaufen gehen.
- Wenn Sie eine Aufführung in der Schule ansehen müssen, bei der Ihr Kind gar nicht mitspielt.
- Beim Rupfen eines Huhns (ich hab es noch nie gemacht, aber es mir sagen lassen).
- Wenn Sie auf einem riesigen Rock-Festival auf die Toilette müssen.
- Wenn Sie in Japan zum Abendessen eingeladen werden und man Ihnen Kugelfisch auftischt: Nicht richtig zubereitet ist er giftig.

Situationen, in denen der Autopilot nicht sinnvoll ist:

- Beim Sex (zumindest manchmal).
- Wenn Sie in einem Restaurant essen, dem der *Guide Michelin* fünf Sterne verliehen hat.
- Beim Urlaub mit Ihren Kindern.
- Beim Hochseilakt.

Multitasking

Hätte die Natur uns für die Erfordernisse des 21. Jahrhunderts gewappnet, hätten wir 476 Hände, 75 Ohren, 451 Münder und 16 andere Körperöffnungen. Multitasking ist eine der anderen fabulösen Eigenschaften, die wir Menschen den anderen Tieren voraushaben. Kein Tier kann mit so vielen Tellern gleichzeitig jonglieren wie wir. Haben Sie jemals eine Gazelle mit Kopfhörern gesehen, die einen Tweet schrieb und dabei einen Joint rauchte? Wir sind auf unsere Fähigkeit stolz, so viele Dinge auf einmal zu tun, und brüsten uns damit, wie viele Aktivitäten wir in eine einzige Sekunde packen können. Dies hält uns nicht nur davon ab, gegenwärtig und präsent zu sein, sondern zehrt obendrein unsere Kräfte auf.

Wenn unser Computer überlastet ist und hängt, wissen wir, dass wir ihn ausschalten und erst nach einer Weile wieder hochfahren müssen. Warum gönnen wir uns das nicht auch selbst, ohne dabei das Gefühl zu haben, zu versagen? Ich meine damit nicht, dass wir alle nur noch »chillen« sollen (mein Gott, ich hasse diesen Ausdruck und alle, die ihn benutzen). Aber wenn wir nach einer E-Mail-Orgie unsere Finger stillhalten und uns auf den Cheeseburger konzentrieren könnten, den wir gerade bestellt haben, wäre das Leben das reinste Zuckerschlecken.

Gedanken über Vergangenheit und Zukunft

Nur zur Erinnerung, denn ich habe es bereits erwähnt: Stress und ein hohes Maß an Wachsamkeit waren in der menschlichen Evolution sinnvoll, denn wir mussten in Extremsituationen schnell herausfinden, was sicher und was gefährlich war. Das Rascheln im Busch – war es etwas mit einem Raubtiergebiss, das sich sein Mittagessen suchte, oder ein Freund, der uns einen Streich spielte (der allerdings gar nicht lustig war)? Man muss auf vergangene Erfahrungen zurückgreifen, um einschätzen zu können, wie sich die aktuelle Situation möglicherweise entwickelt.

Diese Fähigkeit, eine kleine Zeitreise zu unternehmen, sicherte unser Überleben – eine Fähigkeit, die wir mit vielen Tieren teilen, die sich ebenfalls daran erinnern, was gefährlich ist und was nicht. Im Gegensatz zu uns machen sie sich darüber jedoch keine weiteren Gedanken. Offenbar erinnert sich eine Maus daran, wenn ein Elefant sie einmal töten wollte, und weiß bei der nächsten Begegnung mit einem Dickhäuter, dass sie besser davonrennen sollte. Aber sie sorgt sich nicht darüber, dass es wieder geschehen könnte, und verbringt deswegen keine schlaflosen Nächte. Sie hat es kapiert. Wir nicht.

Tatsache ist, dass uns unsere Erinnerungen sehr vages Feedback darüber geben, was wirklich bei einem Ereignis geschehen ist, und sie werden noch dazu jedes Mal, wenn wir sie uns ins Gedächtnis rufen, verschwommener. Sie sind also nicht gerade verlässlich, was impliziert, dass solche Gedanken uns wertvolle Sendezeit und Energie kosten und dabei nur einen sehr geringen Nutzen bringen.

Folgende Gedanken über Vergangenheit und Zukunft sind hingegen sicher sinnvoll:

- »Oh, das ist der Mann, der mich letzten Monat versucht hat auszurauben. Vielleicht wechsele ich besser die Straßenseite.«

- »Oh, da ist das Loch im Bürgersteig, in das ich kürzlich gefallen bin und mir dabei alle Knochen gebrochen habe. Vielleicht sollte ich doch besser einen Bogen darum machen.«

Ganz im Gegensatz dazu sind Gedanken über Folgendes gewiss nicht hilfreich:

- »Als ich neun Jahre alt war, gab es Schnecken zu essen, und eine davon war verdorben. Ich sollte alles, was nach einer Schnecke aussieht, umbringen, selbst wenn es nur ein Hut in Schneckenform ist.«
- »Kürzlich habe ich einen Mann, der ein schlecht sitzendes Toupet trug, wegen sexueller Belästigung angezeigt. Jetzt rufe ich jedes Mal, wenn ich jemanden mit falschen Haaren sehe: ›Zu Hilfe, ein Vergewaltiger!‹, und renne davon.«

Das Nachdenken über die Vergangenheit sowie darüber, welche Katastrophen künftig eintreten könnten, sind für unser Überleben nicht länger hilfreich: Wir stecken im Grübelkarussell fest, in dem ein negativer, selbstbezogener Gedanke den anderen jagt: »Warum bin ich bei dem Examen durchgefallen?«; »Warum habe ich den Job nicht bekommen?«; »Warum will der- oder diejenige keine Beziehung mit mir eingehen? Wahrscheinlich weil ich ein Loser bin. Wenn ich nur intelligenter wäre, einen besseren Charakter hätte oder besser aussähe ... Ich werde es wohl nie zu was bringen, weil ich dumm/hässlich/zu dick bin. Sollte ich nicht besser eine Schönheitsoperation machen?« (Es ist endlos.)

Soviel Sie auch darüber nachdenken, Sie werden wahrscheinlich nie herausfinden, warum Sie sich so fühlen, wie Sie sich fühlen, und nie zum Grund Ihrer Gedanken vordringen. Negative Gedanken nähren negative Gefühle, und dies beschleunigt den Kreislauf der Verzweiflung nur noch weiter. Wenn man seinen Gedanken derart nachhängt, gleicht man jemandem, der Gift nimmt, um Gift zu bekämpfen. Dies mag bei der Homöopathie funktionieren, aber Stress mit Stress zu begegnen ist mit Sicherheit wirkungslos. Wenn wir um eine Erklärung ringen, ist dies meist zum Scheitern verurteilt, denn wir haben nur tausend Wörter, um 50 000 Emotionen zu beschreiben. Es ist so, als versuchten wir, spanisch zu sprechen, obwohl wir nur die Vokabel *Tapas* kennen.

Das menschliche Gehirn (oder um genau zu sein, das von Einstein) kann die Gleichung $e = m^2$ entwickeln (so intelligent sind wir!), aber wir haben keine Antwort auf die Frage: »Warum rufen mich die Leute, mit denen ich geschlafen habe, nie noch mal an?« Wahrscheinlich konnte nicht einmal Einstein diese Frage beantworten.

Auch wenn der Autopilot, Multitasking und Gedanken über Vergangenheit sowie Zukunft alles Mittel sind, die uns das Überleben ermöglichen, können sie uns ebenfalls unglücklich machen. (Im nächsten Kapitel über Achtsamkeit werde ich diskutieren, wie wir sie alle drei so nutzen können, dass sie für statt gegen uns arbeiten.)

Einsamkeit

Wie kann es sein, dass ich mich so einsam fühle, wo es doch sieben Milliarden Menschen auf dem Planeten gibt? Ich tippe so viel in die Tasten, um mit Menschen in Kontakt zu bleiben, dass ich vergesse, dass es doch eigentlich viel besser wäre, mich auf den Weg zu machen und sie direkt zu treffen. Manch-

mal bekomme ich einen Weckanruf und habe das Gefühl, es sei Jahrzehnte her, dass mir ein echtes Wort über die Lippen gekommen ist oder ich einen Freund aus Fleisch und Blut getroffen habe. Ich gerate in Panik, denn ich glaube, man habe mich vergessen. Also schicke ich eine vage Nachricht, aber ich weiß nicht, wie man wirklich mit dem Herzen kommuniziert, etwas Persönliches schreibt, da ich meinen Computer nur benutze, um Dinge online zu bestellen. Ich bilde mir etwas darauf ein, eine hoch qualitative dänische Daunendecke bestellt zu haben, aber es übersteigt meine Kräfte, »Ich vermisse dich« zu schreiben, ohne einen dämlich grinsenden Smiley und ein pochendes, knallrotes Herz anzufügen. Mittlerweile habe ich mich an all dies derart gewöhnt, dass ich sogar E-Mails an meine Bank oder meinen Installateur mit einem Herz oder einem Kussmund schmücke.

Das Problem ist, dass wir uns trotz all der Vernetzung noch immer allein fühlen. Je weniger wir das Bedürfnis haben, unsere Gefühle miteinander zu teilen, desto mehr verlieren wir diese Fähigkeit. Sie können den Rest Ihres Lebens online verbringen, aber es wird sich nie so anfühlen, wie wenn jemand aus Fleisch und Blut Sie anlächelt. Vielleicht kennen wir nicht einmal mehr das menschliche Gefühl der Verbundenheit, weil einen Smiley zu versenden eben nicht alles sagt.

Auch unsere Telefone dienen uns heute dazu, uns verbunden zu fühlen. Und so sieht man Menschen, die, zwischen ihre Kopfhörer gezwängt, lachend, schreiend oder weinend und wild gestikulierend auf ihre rechteckigen Plastikgeräte einreden. Wahrscheinlich sprechen sie gerade mit ihrer iWife oder ihrem iHusband und beklagen sich darüber, was in ihrem iHome passiert ist.

Vor nicht allzu langer Zeit war ich in Irland und besuchte einen kleinen Ort namens Westport: Ich wurde von allen wie eine vor langer Zeit verschollene Verwandte willkommen geheißen. Gerade als ich begann, den Ort für provinziell zu halten, und anfing zu nörgeln, nahmen sie mich in einen Pub mit, wo ich verstand, warum wir alle in Irland leben sollten.

In der Ecke des dunklen, verrauchten Pubs mit Holzboden musizierten einige Fiddler, drei Tin-Whistle-Spieler, ein Sänger und einer, der eine Handtrommel schlug. Sie spielten diese Art irischer Musik, die einem das Herz zum Bluten bringt. Die Lieder klingen alle gleich, sind aber allesamt fantastisch. Ein Bandmitglied der *Chieftains* (einer brillanten irischen Gruppe) war unter ihnen. Man erklärte mir, dass sie fast jede Nacht hier musizierten. Ob alt oder jung – alle tanzten und waren völlig betrunken, aber glücklich. Mir wurde klar, wie viel wir in London verpassten. Hier kam noch der ganze Ort zusammen, und man verbrachte die Abende, als sei man eine große Familie. Wenn jemand im Ort starb, so erzählte man mir, treffen sie sich im Haus der Hinterbliebenen und kümmern sich um das Kochen und den übrigen Haushalt. Sie machen zusammen Musik, weinen zusammen und trinken. Wie gerne würde ich hier in meinem nächsten Leben leben.

Die Suche nach Glück

Wir alle sind auf der Suche nach dem großen Wort, das mit G beginnt. Das Problem ist jedoch, dass wir uns nicht einig sind, was Glück ausmacht und wie wir es erreichen können.

Die anderen Gefühle teilen wir miteinander, denn wir kommen alle mit der gleichen Aussteuer auf die Erde. Wenn

Sie sich den Ellenbogen anstoßen, reagieren Sie mit einem unmissverständlichen »Autsch!«, auch wenn Sie einem abgeschieden lebenden Stamm im Amazonasgebiet angehören (wobei Sie das dann natürlich auf Amazonisch ausrufen). Trauer ist ebenfalls recht universell. Die Ursachen für sie mögen verschieden sein, aber die Tränen, die unsere Wangen hinunterkullern, sind bei uns allen die gleichen.

Glück ist für uns die große Sache, der wir hinterherrennen, und dennoch wissen wir nicht im Geringsten, wie es andere erleben. Kaum jemand schreibt darüber, wie es sich anfühlt, seinen Ellenbogen anzustoßen, aber über Glück gibt es unzählige Bücher.

Eines ist jedoch sicher: Während dieser unglaublich wichtigen Erfahrung fühlen Sie sich, als hätten Sie Schmetterlinge im Bauch, und die Ränder Ihrer Lippen heben sich zu einem Lächeln.

Situationen, die Sie möglicherweise glücklich machen würden:

- Nach einer Himalaja-Überquerung, bei der Sie zwei Wochen lang nichts zu essen hatten, sehen Sie plötzlich ein Restaurant.
- Nach fünfzigjähriger Suche finden Sie endlich Ihre biologische Mutter … und sie ist reich.
- Man hat Ihnen gerade gesagt, dass man Ihnen eine falsche Diagnose gestellt hat: Ihre Krankheit ist nicht tödlich.
- Sie waren blind und können wieder sehen – und stellen fest, dass Sie auf Barbados leben.

In einigen dieser Situationen erfahren wir vielleicht eher Erleichterung, man sollte sie vielleicht nicht gleich als Glück bezeichnen, aber gehen wir nicht ins Detail. Wenn Sie eines der genannten Dinge erleben, werden Sie vor Freude regelrecht weggebeamt.

Sind Sie in einer Notsituation, liegt Glück in weiter Ferne. Mir wird gerade bewusst, dass ich mich in diesem Buch nur an fünf Prozent der Weltbevölkerung wende: An jene, die genug zu essen und anzuziehen haben. Die meisten Menschen auf dem Erdball haben keine Zeit, über Glück nachzusinnen, sie leben auf Messers Schneide zwischen Leben und Tod. Ich möchte mich bei ihnen entschuldigen – nicht etwa, dass ich glaube, sie würden das Buch lesen, aber falls sie zufälligerweise ein paar Seiten des Buchs zum Feueranmachen nutzen und dabei diese Zeilen lesen: Es tut mir leid!

Einige große Namen haben sich zu Glück geäußert, und sie sind keine Dummköpfe.

Seneca: »Unser Geist ist das Einzige, was wir besitzen. Alles andere ist ein Geschenk.«

Epikur sagte, es gäbe nur drei wichtige Zutaten zum Glück: Freundschaft, Freiheit (die niemandem gehört) und ein reflektiertes Leben. Je mehr es einem an diesen mangelt, desto eher wird man Macht und Geld anhäufen wollen, und das führt immer ins Unglück.

Aristoteles hielt Glück für das Ziel aller Ziele.

Nietzsche schrieb, dass großes Glück großes Leid voraussetzt.

Dr. Seuss: »Weine nicht, dass es vorbei ist, sondern lache, weil du es erleben durftest.«

Kurt Vonnegut: »Ich bitte Sie dringend, es zu würdigen, wenn Sie glücklich sind. Rufen, murmeln oder denken Sie in diesem Moment: ›Wenn das nicht schön ist, dann weiß ich auch nicht, was es sonst ist!‹«

Abraham Lincoln: »Die meisten Menschen sind so glücklich, wie sie es sich selbst vorgenommen haben.«

Buddha: Alles Bedingte ist Leid. (Ich liebe ihn dafür.)

Unbekannter: »Wenn du glaubst, die Sonne mache dich glücklich, hast du definitiv noch nie im Regen getanzt.« (Jemand mit dieser Einstellung hat mit Sicherheit noch nie eine Depression gehabt.)

Der 14. Dalai-Lama: »Glück ist keine Fertigware. Es ist das Ergebnis unserer Handlungen.«

Im Grunde sind sie alle meiner Meinung …

Meinetwegen jetzt auch noch meine Einstellung zu Glück: Wir alle (oder zumindest ich) bekommen den Höhenflug des Glücks, wenn wir für das Volleyballteam der Mädchen ausgewählt werden (ich wurde das nie, aber ich kann mir vorstellen, welcher Kick das gewesen wäre … Natürlich bin ich nach den ganzen Jahren darüber noch immer sehr verbittert) oder uns verlieben – sofern die Liebe gegenseitig ist (was in meinen jungen Jahren nicht gerade häufig geschah, weswegen ich begann, auf die Pirsch zu gehen).

Der Knackpunkt ist: Ganz gleich, wie hoch der Höhenflug ist, er ist nicht von Dauer. Keiner von uns kann die Intensität der Gefühle ewig aufrechterhalten. Selbst wenn eine Liebe lange genug anhält, um zu heiraten, werden Sie Ihre Partnerin oder Ihren Partner unweigerlich eines Tages anschauen und sich sagen: »Was habe ich mir nur dabei gedacht?« Der Tag wird kommen, an dem Ihnen sogar auf die Nerven geht, wie er oder sie das Essen kaut. Alles ist endlich. Ganz gleich, wie talentiert, bezaubernd oder intelligent Sie sind, eines Tages wird man Sie ersetzen, so wie man einen alten Toaster gegen ein neueres Modell auswechselt. Und das ist der Punkt: Wir verbringen unser Leben damit, nach Dingen zu jagen, die eine sehr begrenzte Haltbarkeitsdauer haben. Wenn Orgasmen ewig wären, bekämen wir nichts anderes auf die Reihe.

Zufriedenheit

Wenn wir schon Glück nicht richtig beschreiben können, tun wir uns mit Zufriedenheit noch schwerer. Vielleicht klingt Zufriedenheit für Sie etwas nach einem senilen Alten, der selig lächelnd in seinen Inkontinenzhosen dasitzt, aber es ist mehr: Das Problem ist, dass wir es sogar *lernen* müssen, zufrieden zu sein. Wenn ich etwas für jemand anderen getan habe, ohne etwas zurückzuerwarten, so lehrt die Erfahrung, verspüre ich ein warmes, zuckersüßes Gefühl in meinen Venen. Genau so würde ich Zufriedenheit beschreiben. Dies funktioniert allerdings nur, wenn Sie Ihre altruistische Handlung im Privaten ausführen, ohne allen lauthals zu verkünden: »Hört mal alle her, ich habe einen Papageientaucher gerettet!« Denn dann ist das bei Weitem nicht so befriedigend, wie wenn ich dies im Stillen tue. (Aber vielleicht verliere ich gerade ein wenig den Faden.)

Ich glaube, mein Ziel im Leben ist es, ein inneres Gleichgewicht zu finden, zu hohe Höhenflüge und zu tiefe Abstürze zu vermeiden und es quasi zu schaffen, auf dem Surfbrett Leben die Balance zu halten. »Du kannst die Wellen nicht aufhalten, aber du kannst lernen zu surfen« habe ich einmal auf einem T-Shirt gelesen. Ich finde, das fasst gut zusammen, warum ich Achtsamkeit praktiziere: um nicht vom Surfbrett zu fallen.

Die Zukunft der Menschheit

Was unseren evolutionären Fortschritt betrifft, brauchen wir nicht noch mehr Daumen, um zu überleben, und müssen dank der Autoindustrie nicht noch schneller rennen, um ans Ziel zu kommen. Der Fortschritt unserer Gattung wird künftig erst einmal darin liegen, psychologisch aufzuholen, um unserer Technologie gewachsen zu sein. Glauben Sie mir bitte: Ich beklage mich nicht romantisierend über ein Zuviel an Technologie. Sicher begeistert niemand die Vorstellung mehr als mich, eines Tages einen virtuellen Brasilianer abzubekommen. Doch wir müssen lernen zu erkennen, wenn wir ausgelaugt sind, dann rechts ranfahren, eine Rast einlegen und auftanken.

Es wäre sicher sinnvoll, wenn man uns etwas ins Gehirn implantieren könnte, das uns signalisiert, wann wir auf die Bremse treten und eine Verschnaufpause einschieben sollten. Dabei würden wir nicht einmal viel verlieren, denn wenn wir anschließend wieder am Wettkampf teilnehmen, sind wir schneller, belastbarer und besser in der Lage, den Feind zu schlagen. (Man kann Achtsamkeit tatsächlich dazu nutzen, beim Rennen den Sieg davonzutragen, ohne dabei selbst auf der Strecke zu bleiben.)

Ich finde es gut, wenn Leute sagen: »Ich habe es in den Sand gesetzt. Ich weiß nicht, was ich tue. Ich habe Angst. Ich bin verloren.« Wenn man seine Schwächen eingesteht, zeigt man damit, dass man ein Mensch ist.

Wir sollten Leute bewundern, die es fertigbringen, einfach im Bett liegen zu bleiben und sich deswegen keine weiteren Gedanken zu machen. Wir sollten uns sagen: »Unglaublich! Er kann es sich leisten, seine Zeit zu verschwenden. Wir sollten ihn in den Ritterstand erheben.« Wir können es doch in Wirklichkeit insgeheim nicht erwarten, dass jemand, der perfekt zu sein scheint, scheitert. Mich allerdings zieht es immer zu Menschen, die Fehler machen, denn es beruhigt mich, dass sie hinter der Fassade wie ich sind. Aber aus Angst, aus dem Stamm ausgestoßen zu werden, zeigen wir unsere Limits nicht. Wir halten den Mund, verstecken unsere Fehler und begießen uns mit Scham. Und aufgrund dieser Geheimniskrämerei und der Weigerung, uns zu öffnen, fühlen wir uns einsam und isoliert.

Schlussfolgerung

Den nächsten Evolutionssprung in der Geschichte der Menschheit wird nicht die Natur für uns erledigen, sondern *wir selbst*. Statt irgendwelche neuen »Dinge« zu erfinden, die in technologischer Hinsicht umwerfend sind, aber weder das Leben irgendwie einfacher noch uns selbst glücklicher machen, wird er sich als bemerkenswerte Entwicklung unseres emotionalen Gewahrseins äußern. Uns mangelt es nicht an Intelligenz. Wir brauchen mehr Herz.

Mir ist aufgefallen, dass sich Menschen, die ausgesprochen erfolgreich sind, oft für unbesiegbar halten. Sie sind so damit beschäftigt, schlau zu sein, dass sie vergessen, dass auch sie nur ein Stück Fleisch mit beschränkter Haltbarkeitsdauer sind. Ihnen ist nicht im Geringsten bewusst, dass sie irgendwann einmal sterben werden. Auch vergessen sie meist, dass sie »biologisch abbaubar« sind und sich eigentlich mit Umsicht behandeln müssten, da sie sich sonst bald abschreiben können.

Sollten wir es verpassen, unsere menschlichen Qualitäten zu entwickeln, wird uns die Evolution dazu verurteilen, Menschmaschinen zu werden. Unsere Zellen werden durch Silikonchips ersetzt werden, unsere Finger durch Zangen (natürlich Hunderte von ihnen, um unseren vielen Aufgaben gewachsen zu sein): So werden wir zu perfekten Wesen ohne Fehler und Schwachstellen, zu silbern glänzenden wandelnden Kadavern, die dort ein Apple-Emblem haben, wo heute unsere Herzen sitzen.

2

Achtsamkeit: Wer? Was? Warum?

Mach nicht einfach irgendetwas, setz dich lieber hin.

Was es nicht ist

Bevor ich richtig anfange, möchte ich Ihnen erst einmal aufzählen, was Achtsamkeit meiner Meinung nach *nicht* ist.

1. Zu lernen, zu den anderen nett zu sein.
2. Ihr Besteck zu begrüßen, bevor Sie es abspülen, oder Ihre Seife richtig lieb zu haben, bevor Sie sich mit ihr waschen.
3. Nackt im Regen zu stehen und dabei dümmlich zu lächeln.
4. Im Zeitlupentempo zu laufen, sodass sich hinter Ihnen eine lange Schlange bildet.
5. In der Unterwäsche dazusitzen und dabei zum absoluten Nichts zu werden.
6. Gott und/oder den Weihnachtsmann zu sehen.
7. Ein One-Way-Ticket ins Nirwana oder zu *Burning Man*[1] zu buchen (beides ist das Gleiche).
8. Ihre alte Haut zurückzulassen, um Teil des Großen Ganzen zu werden – und etwas schlanker als zuvor.

Was es ist

Mit Achtsamkeit üben wir uns darin, aufmerksam zu sein. Wenn Sie sich auf etwas konzentrieren, ebben die kritischen Gedanken ab. Zwar wurden wir besonders als Kinder immer wieder ermahnt aufzupassen, aber keiner hat uns beigebracht, wie man das eigentlich genau macht. Üben Sie sich darin, Ihre Aufmerksamkeit auf einen Menschen oder eine Sache zu richten, und versuchen Sie, sie dort ruhen zu lassen. Vielleicht schaffen Sie es einige Sekunden lang, bevor unsere Konzentration wie ein Schmetterling zu einer anderen Sache entwischt. Wahrscheinlich merken Sie es nicht einmal, dass Sie bei etwas Neuem gelandet sind, da Sie schon zuvor nicht wirklich präsent waren. Es geht nicht darum, auf etwas *Äußeres* zu achten, sondern darum, sich *innerlich* zu sammeln und in der Lage zu sein, sich zurückzulehnen und die eigenen Gedanken zu beobachten, ohne sie wie üblich zu kommentieren. Wie alle anderen Fertigkeiten muss man auch diese erst entwickeln. Sie müssen sie üben, denn sie ist nicht Teil des Gepäcks, mit dem wir auf die Welt gekommen sind. Meine Definition von Achtsamkeit ist, sich der eigenen Gedanken und Gefühle bewusst zu werden, ohne sich deswegen in den Hintern zu treten.

Ich stelle mir unser Verhältnis zu unserem Geist gerne wie das zwischen Reiter und Pferd vor: Manchmal fordert das Pferd (also unser Geist) seine Freiheit ein, möchte galoppieren oder Farnkraut essen; also reißt es Ihnen die Zügel aus den Händen und kugelt ihnen dabei fast die Schultern aus. Wie bringen Sie Achtsamkeit in diese Situation? Wenn Sie zu sehr an den Zügeln reißen, wird Ihr Bewusstsein nur noch widerspenstiger. Ziehen Sie jedoch sanft an und schnalzen so behutsam mit der Zunge wie ein Cowboy und rufen dabei

»Brrrr, mein Guter!«, wird sich Ihr Geist sicherlich langsam beruhigen und Ihnen gehorchen. Dann können Sie ihm »Danke« (pferde)flüstern.[2] Doch falls Sie Ihren Geist, der mit Ihnen durchgehen will, mit Gewalt zurückzuhalten versuchen, wird er nur bocken und Sie abwerfen. Bringen Sie sich hingegen Mitgefühl entgegen und weigern Sie sich dabei, Ihren fordernden Gedanken zu gehorchen, werden diese sich beruhigen.

Wenn Sie im Beobachtermodus bleiben, verlieren die Gedanken ihre Macht und ihren Stachel. Sie beginnen zu verstehen, dass Sie nicht Ihre Gedanken sind. Wäre beides untrennbar, wie könnten Sie sie dann beobachten?

Wenn Sie sie ausschließlich beobachten, navigieren Sie um Ihre Worte, Gedanken, Konzepte und Urteile. Sobald Sie aufhören, Ihrem Impuls nachzugeben, auf Ihre Gedanken zu reagieren, wird Ihnen klar, dass Gedanken einfach nur Bewegungen im Geist sind. Sie kommen und gehen, ganz wie es ihnen gefällt, manche sind schwer, andere leicht, manche bewundernswert, andere pornografisch. Alles, was Sie tun müssen, ist, sich im Sessel zurückzulehnen, Ihre Schuhe abzustreifen und die Fernsehshow namens *ich* anzuschauen, ohne sich in die Geschichte verwickeln zu lassen. Achtsamkeit stärkt Ihren inneren Beobachter und schafft ein Gewahrsein des gesamten Denkprozesses. Es ist, als schauten Sie von oben auf Ihre Gedanken herab und sähen ihrem Treiben zu. Es ist fast wie in einem Traum, in dem Sie sich selbst beobachten, aber gleichzeitig wissen, dass Sie träumen.

Dies hört sich ganz einfach an, aber das täuscht. Ihr Geist zielt darauf, verzweifelt zuzuschnappen und wieder die Macht über Sie zu erlangen. Nachdem er Sie für zwanzig, dreißig, neunzig – oder wie alt Sie auch sein mögen – Jahre fest im Griff hatte, gibt er nicht so einfach auf.

Stellen Sie sich Ihren Geist als Versuchslabor vor. Sie erforschen das, was auf dem Tisch ist, ohne irgendwelche Vorurteile zu haben oder es zu beurteilen. Haben Wissenschaftler eine bestimmte Vorstellung, wenn sie das Auge einer Fliege untersuchen? Nein.

Annehmen

Mit Achtsamkeit lernen Sie, die Dinge so anzunehmen, wie sie sind. Sie hören auf, sie ständig zu manipulieren. Es ist das Tor zur *So ist das Leben*-Schule der Erleuchtung. Alle wollen den Lauf der Dinge zu einem Besseren wenden, doch meistens gelingt dies nicht. Wie gehen Sie damit um? Bekommen Sie einen Wutanfall? Auch wenn es schwer zu schlucken ist, bleibt Ihnen, wenn Sie nachts schlafen wollen, nichts anderes übrig, als die Dinge zu akzeptieren: Als Beobachter sind Sie Zeuge des Guten, des Schlechten sowie des Hässlichen, ohne andauernd zu kommentieren, ob Sie es mögen oder nicht. Immer dann, wenn Sie wieder ins Urteilen verfallen, verlieren Sie Ihren Logenplatz am Spielfeld des Geschehens und werden erneut ins Gefecht der Worte zurückgesogen.

Die folgende Metapher hilft Ihnen vielleicht, Ihre Gedanken besser zu verstehen: Stellen Sie sich Ihren Geist als Flasche vor, die mit klarem Wasser gefüllt ist und auf deren Boden sich Sand abgesetzt hat. Sind Sie von Gedanken oder Gefühlen aufgewühlt, ist es, als schüttelten Sie die Flasche: Ihr Inhalt wird trüb. Steht die Flasche jedoch still, setzt sich der Sand wieder. In der gleichen Weise setzt sich Ihr Geist, wenn Sie auf Ihre Gedanken nicht reagieren, sondern sie nur betrachten. Wie bereits erwähnt, können Sie sich nicht aus einem emotionalen Problem *herausdenken*. Alle Bemühungen, herauszufinden, warum Sie sich so fühlen, wie Sie sich fühlen, macht die Lage nur noch schlimmer. Es ist, als steckten Sie im Morast fest: Je mehr Sie sich anstrengen herauszukommen, desto tiefer versinken Sie. Sie müssen akzeptieren, dass Sie Ihre Gefühle nicht stoppen können. Die Art, wie Sie auf sie reagieren, liegt jedoch in Ihrer Hand.

Unser Schatten folgt uns, ganz gleich, wie schnell wir ihm zu entfliehen versuchen. Gehen wir aber auf ihn zu, ist er es, der flieht (ich bin mir sicher, dass irgendein schlauer Kopf das schon irgendwann einmal gesagt hat).

Ich kann all diejenigen von Ihnen nur zu gut verstehen, die bereits versucht haben, Achtsamkeit täglich zu üben, es aber – besonders wenn Sie in sich einem Schweinestall wiederfanden – zu quälend oder zu langweilig fanden, es täglich zu tun. Das Problem ist allerdings, dass Ihre giftigen Gedanken auch dann in Ihrem Geist sind, wenn Sie sich ihrer nicht bewusst sind, vor ihnen davonrennen, sich verstecken oder sie sich wegwünschen. Vielleicht denken Sie, Sie hätten eine wunderbare Zeit, weil Sie die perfekten Kinder/den Traumpartner oder die Traumpartnerin oder die perfekten Zähne haben, aber spätestens wenn Sie eines Tages einen Blick in die Niederungen Ihres Geistes werfen, wird der Vulkan Ihrer negativen Seiten aktiv, und seine Lava wird alles verbrennen. Wenn Sie sich diesen Seiten nicht zuwenden, werden Sie weiterhin Ihren Müll den anderen überstülpen und sie obendrein beschuldigen, für ihn verantwortlich zu sein.

Mein ganzes Leben lang habe ich das Mantra »Wem kann ich die Schuld geben?« kultiviert. Immer dann, wenn ich etwas an mir selbst nicht mag, finde ich einen Unschuldigen, kippe ihm meinen Unrat über und mache ihm die Hölle heiß. Ich bin ausgesprochen geübt darin, auf andere zu deuten und zu behaupten, sie seien die Verursacher meiner Wut, statt das Teleskop auf mich selbst zu richten und zu sehen, wer eigentlich die Verantwortung für sie trägt. Ich bin wahrscheinlich nicht die Einzige, die sagt, dass sie die Menschen um sich genauso behandelt wie sich selbst. Wir projizieren das, was in unserer Psyche vorgeht, nicht nur auf die Familie und unsere Freunde, sondern auf den gesamten Planeten. Ich vermute, dass alle hinter mir her sind, wahrscheinlich weil ich selbst es bin, die versucht, sie dranzubekommen. Wir selbst sind unser eigentlicher Feind. Alle anderen sind nur Statisten.

Es gibt keine Pille, die einen achtsam werden lässt (als jemand, die es liebt, Pillen zu nehmen, hätte ich das nur allzu gerne), und Sie können sich auch nicht jedes Mal, wenn Ihr Geist Ihnen den Krieg erklärt hat, einem Reiki-Meister, Hundeflüsterer[3] oder Bodybuilder aufdrängen. Kein anderer kann Ihnen helfen außer Sie selbst und nur Sie selbst.

Das Ermüdende daran ist, dass Sie dies wie jede andere Fertigkeit üben müssen, um die alten Gewohnheiten zu durchbrechen. Es gibt keinen anderen Weg, um das eigene Tempo unter Kontrolle zu bekommen, sich der Situation bewusst zu werden, die Rosen zu riechen, die Schokolade zu schmecken und das Geheul der Wölfin zu hören.

Es braucht eine immense Willensstärke, um sich hinzusetzen und zu praktizieren. Aber um ehrlich zu sein, ich schleppe mich auch nicht jeden Tag unter die Dusche (manchmal lasse ich es ausfallen, aber bitte erzählen Sie es nicht weiter). Selbst beim Zähneputzen habe ich nicht die beste Zeit meines Lebens. Sehen Sie es als persönliche Errungenschaft an, die Disziplin aufzubringen, sich jeden Tag hinzusetzen und zu praktizieren. So mache ich das zumindest, denn ich bezwinge dabei jede nur menschenerdenkliche Ausrede, es nicht zu tun: Mein Haus steht in

Flammen, ich muss unbedingt eine Socke finden, die mir abhandengekommen ist … besonders da das Haus brennt.

Jeden Morgen schleppe ich mich zu meinem Stuhl, um Achtsamkeit zu praktizieren. Es ist eine Qual, dem Strudel des Irrsinns in meinem Kopf zuhören zu müssen. Es ist, als habe jemand einen gigantischen Laubbläser angestellt, der die ohnehin schon wahnsinnig aufgewühlten Gedanken noch mehr durcheinanderwirbelt. Es ist nicht meine Art, regungslos wie ein Bettvorleger dazusitzen. Normalerweise treibe ich mich an, etwas »Sinnvolles« zu tun. Jeden Morgen beginne ich damit, mir eine endlose Liste dessen vorzusagen, was ich alles erledigen muss, und diese umfasst nicht nur die Aufgaben für den Tag, sondern für den Rest meines Lebens. Das ewig selbe Lied hat zwar keine Melodie, sehr wohl jedoch einen Text:

»Die angeschlagene Seifenschale wieder kleben, den Truthahn auftauen, über Ebola sinnieren, mein Telefon finden, alles Mögliche mailen, die lackierten Nägel überlackieren, dieses Buch schreiben, die Schwellung meiner Katze anschauen …« Ich würde es ja noch verstehen, wenn es etwas wirklich Wichtiges gäbe, über das ich nachdenken muss, zum Beispiel wenn ich eine Herz-OP bräuchte. Aber ich mache mir Gedanken darüber, dass ich unbedingt meine Nägel überlackieren sollte, sorge mich über solche Dinge, und das ist unverzeihlich … Einige wichtige Sachen, die ich gerne tun würde, stehen aber auch einfach nicht in meiner Macht: Ich kann beispielsweise nicht Kim Jong-un, den Nordkoreaner, anrufen und ihm sagen, er solle sich zusammenreißen.

Durch all diese Listen habe ich mein halbes Leben vertrödelt. Was ich auch tue, ich höre nie auf, sie mir vorzubeten, nicht einmal auf der Bühne oder beim Sex …

Warum wollte meine Mutter nie, dass ich einen echten

Weihnachtsbaum besorge? Es musste immer einer aus Plastik sein. Mein BH hat Schaumstoffpolster – wo habe ich die hin? Ich werde es Dagmar Steward nie verzeihen, dass sie das Kleid meiner Barbiepuppe gestohlen hat, als ich acht Jahre alt war. Ich habe Lust auf Bratwurst mit Senf. Wann war ich das letzte Mal Snowboarden? Habe ich das eigentlich geträumt, oder bin ich wirklich bei einem Flugzeugabsturz in Bayern oder Fort Lauderdale in Schlagsahne gelandet? Ich muss Shampoo kaufen gehen; ich verabscheue meine Füße; ist es zu spät, um ins Royal Ballet aufgenommen zu werden? War ich ein Waisenkind?

Wozu soll es gut sein, auf dem Stuhl sitzen zu bleiben, wenn ich mir all diesen Wahnsinn bezeugen muss? Es kommt vor, dass ich mich während einer ganzen zwanzigminütigen Sitzung nur eines einzigen Ein- und Ausatmens bewusst bin, bevor der übliche Soundtrack wieder einsetzt: »Steh auf, du Idiotin, und bestelle einen Duschvorhang.« Doch jedes Mal, wenn es mir gelingt, meine Aufmerksamkeit von den Ablenkungen zurück zum Atem zu lenken, ist er wie ein Schiffsmast in stürmischer See, an dem ich mich festhalte, um nicht weggerissen zu werden. Manchmal gelingt es mir tatsächlich, mich zurückzulehnen und den Sturm zu betrachten, der über mich hinwegfegt, so als schaue ich mir all dies wie eine Show im Fernsehen an. Wenn der Text und die Darsteller – meist nur ich selbst – auch grauenvoll sein mögen, so bekomme ich doch ein bisschen inneren Abstand. Es ist weit weniger schmerzhaft, einer schrecklichen Situation als *Zuschauerin* beizuwohnen, als gänzlich in ihr gefangen zu sein. Und genau das ist es, was mich jeden Tag dazu bringt, mich auf den Stuhl zu setzen. Ich weiß, dass jedes Mal, wenn ich von mich bedrängenden Gedanken zurück zum Atem komme, der Muskel, der mich zurückhält, an der hitzigen Auseinandersetzung teilzunehmen, etwas stärker wird. Achtsamkeit ist das einzige Mittel, das ich kenne, das mich aus der Verzweiflung befreit und mir wenigstens einige Augenblicke Verschnaufpause von meinem Gehirn gönnt.

Das Gehirn trainieren

Sollten Sie verzagen und denken, Sie würden es nicht hinbekommen, möchte ich Sie bitten, folgende Fragen zu beantworten: Konnten Sie, als Sie auf die Welt kamen, beim Basketball bereits einen Korbleger landen? Konnten Sie spontan Swahili sprechen? Grillen? Einen Poledance aufführen?

Natürlich konnten Sie es nicht! Alles, mit Ausnahme von essen, in die Windeln machen und atmen mussten und müssen Sie durch Übung lernen. So wie wir Muskeln trainieren, müssen wir auch das schulen, was in unserem Gehirn geschieht. Warum haben wir also hinsichtlich dieser mentalen Übungen so große Widerstände?

Nur wenige von uns machen im Fitnessstudio gerne zahllose Rumpfbeugen. Wenn irgendetwas Verschwendung von Lebenszeit ist, dann das. Wenn Sie gesund leben wollen, dann gehen Sie lieber spazieren. Als ich vor dreißig Jahren nach Großbritannien kam, putzten sich die Leute nicht einmal die Zähne. Heute trainieren sie täglich im Fitnesscenter.

Dieser Tage sieht man mich nur selten in solchen Studios: Wenn ich dort sehe, dass andere fünfzig Rumpfbeugen machen, muss ich mich beherrschen, sie nicht gleich mit hundert überbieten zu wollen – und mir dabei am besten noch ein Fünf-Kilo-Gewicht auf den Kopf zu binden. Ich habe eine Art Rottweiler-Gene, die aktiv werden, sobald ich unter anderen bin: Selbst wenn dies Topathleten sind, will etwas in mir mit ihnen mithalten oder sie sogar übertreffen. Ich kann mir nicht einmal die Olympiade anschauen, denn ich würde mir bei meinen Hürdensprüngen über den Wohnzimmertisch das Genick brechen.

Das ist ein Charakterzug, den ich an mir wirklich nicht leiden kann. Doch seitdem ich Achtsamkeit praktiziere, akzeptiere ich, dass auch dies zu mir gehört, und habe es mir abgewöhnt, mich deswegen zu geißeln. Wenn ich heute in einer Gruppe trainiere, schließe ich die Augen und konzentriere mich ausschließlich auf meinen Körper.

Mitgefühl – für manche kaum auszuhalten

Der schwierigste Aspekt der Achtsamkeit liegt für mich darin, mir selbst Mitgefühl entgegenzubringen – und dabei ist dies einer der Grundpfeiler der Achtsamkeitspraxis.

Ich möchte dieses Wort mit »M« nicht einmal näher besprechen, denn es ist das Letzte, was man sich schenken möchte, wenn man negativ denkt. Es kann einen schon auf sich selbst wütend machen, wenn man traurig und aufgewühlt ist, obwohl man alles nur Erdenkliche hat und sogar morgens früh um vier Uhr eine schwedische Bulette bestellen kann, während andere Erdenbewohner, die in Kriegsgebieten leben, um ihr Überleben kämpfen. Vielleicht denken Sie, dass Güte das Letzte sei, was Sie verdienen. Wenn ich höre, dass Leute sich selbst Güte entgegenbringen, stelle ich mir immer vor, sie würden Duftkerzen anzünden und sich in eine mit fötaler Yak-Milch aus dem Himalaja gefüllte Badewanne sinken lassen.

Während meines Studiums der Achtsamkeit in Oxford sprach ich mit meinem Professor Mark Williams über diese Abneigung. Er erklärte, dass man sich bereits dann Mitgefühl entgegenbringt, wenn man sich für nur eine Minute zur Praxis der Achtsamkeit hinsetzt. Und wenn man sich selbst Güte schenkt, sei man auch gewillt, sie anderen entgegenzubringen. Sich davon eine Pause zu gönnen, sich mit den ganzen Listen und anderem selbst zu tyrannisieren, sei bereits Mitgefühl.

Es mag nihilistisch klingen, aber ich versuche tatsächlich, mit meinem Pessimismus Frieden zu schließen. Selbst in meiner Kindheit hatte ich nie zärtliche und herzliche Gedanken, sondern meistens unversöhnliche. Niemand ist so grausam zu mir wie ich selbst. Ich habe stets regelrecht Granaten nach mir geworfen. Meine willentlichen Versuche, damit aufzuhören, führen nur dazu, dass dieser Charakterzug noch hartnäckiger wird. Das Einzige, womit ich den Sturm beruhigen kann, ist, Achtsamkeit zu praktizieren – und das tue ich nun seit so vielen Jahren. Dies sind für mich sozusagen geistige Rumpfbeugen. Ich gehe von den Gedanken zum Atem und vom Atem zu den Gedanken, wodurch mir mein innerer Beobachter zugänglicher wird. Wie gesagt: Ich bin mir in zwanzig Minuten Praxis oft nur eines einzigen Atemzugs bewusst, und immer dann, wenn ich es beginne zu genießen, torpediert es mein Geist, indem er zu dem üblichen Soundtrack zurückkehrt: *»Du hast vergessen, einen Duschvorhang zu bestellen, du Niete.«*

Wir alle haben einen inneren Beobachter, der es uns möglich macht, uns unserer Gedanken und Handlungen bewusst zu werden, indem er Kommentare abgibt wie: »Oh, ich kaue gerade an meinen Fingernägeln«, oder: »Ich schmecke das Essen, statt es einfach nur gierig zu verschlingen.« Achtsamkeit ist die einzige Methode, die ich kenne, mit der ich mich aus dem Zustand der Verzweiflung befreien kann und die mir einige Sekunden Urlaub von mir selbst schenkt.

Wie macht man das?

Zügeln Sie Ihr Pferd! In Kapitel 5 werde ich Ihnen meinen sechswöchigen Übungskurs vorstellen und mit ihm in Ihre jungfräulichen Gehirne einpflanzen, wie man Achtsamkeit praktiziert. Sie werden lernen zu bemerken, wenn Ihr Geist Amok läuft, und ihn wieder in ruhige und klare Gewässer zurückzubringen. So können Sie besser Entscheidungen treffen und unternehmen – quasi als Bonus – eine Reise in die Gegenwart. Es gehört für mich zu den befriedigendsten Dingen, die ich für mich tun kann, um mich aus meiner andauernden Geschäftigkeit zu befreien und Gleichmut zu finden.

Doch ebenso wie jede andere Fertigkeit, für die es der Übung bedarf, kommt dies nicht vom Däumchendrehen. Die Übungen der Achtsamkeit sind nicht an sich schwierig – ganz im Gegenteil: Oft sind sie sogar angenehm. Das Problem liegt allerdings darin, dass sie nur dann wirkungsvoll sind, wenn man sie täglich macht, und sei es auch nur für wenige Minuten. Bevor Sie Ihren Kopf schütteln, möchte ich Sie daran erinnern, dass Sie alles in Ihrem Leben durch Wiederholen gelernt haben, einschließlich der Fähigkeit, *dieses Wort* lesen zu können. Und um Achtsamkeit immer dann, wenn Sie sie in Ihrem täglichen Leben benötigen, anwenden zu können, brauchen Sie Übung. Mit dieser trainieren Sie den entsprechenden »Muskel«, mit dem Sie Ihre Fähigkeit stärken, sich konzentrieren und sammeln können.

Als Erstes beginnen Sie also damit, sich auf das zu fokussieren, was in Ihrem Geist vorgeht (normalerweise schauen Sie, welches Wetter draußen ist, doch jetzt betrachten wir einmal das innere Klima). Wenn es schön ist und eine leichte Brise weht, wünsche ich Ihnen einen angenehmen Tag – machen Sie einfach mit dem weiter, was Sie gerade tun. Sollten Sie jedoch bemerken, dass sich gerade eine starke Böe des endlos nörgelnden und zweifelnden Denkens oder der Anspannung breitmacht, konzentrieren Sie sich besser bewusst auf einen Ihrer Sinne (Sehen, Schmecken, Riechen, Hören und Tasten).

Der Punkt ist, dass der plappernde Geist sich ganz natürlicherweise zu einem Hintergrundgeräusch verflüchtigt, wenn Sie sich auf Ihre Sinne konzentrieren, denn wir können nicht gleichzeitig auf Gedanken und Sinneswahrnehmungen achten. Das menschliche Gehirn ist schlicht nicht in der Lage, seine Aufmerksamkeit auf zwei Dinge gleichzeitig zu richten. Es erdet Sie, wenn Sie sich Ihrer Sinneswahrnehmungen bewusst werden, auch wenn die Gedanken weiter umherspringen. Die Praxis stärkt Ihre Fähigkeit, willentlich Ihre Aufmerksamkeit auf etwas anderes zu richten, wenn Sie von Gedanken weggetragen werden.

Auch Sie können achtsam sein – Sie müssen es nur wollen, davon bin ich überzeugt. Sobald Sie die Anstrengung unternehmen, Ihren Fokus bewusst neu zu orientieren, kommen Sie sofort in die Gegenwart. Sie können keinem Klang von gestern oder morgen zuhören, sondern nur dem, der gerade jetzt zu hören ist. Und wenn Sie im »Jetzt« ankommen, gibt es keine kritischen Gedanken, nur Wahrnehmung. Die Fähigkeit, die eigene Konzentration auf eine Sinneswahrnehmung zu lenken, dient Ihnen und Ihrer Praxis hierbei als Anker.

Aufmerksamkeit

Ich praktiziere auch dann Achtsamkeit, wenn es mir nicht danach ist (und, glauben Sie mir, das ist häufig der Fall), denn ich weiß, welche Auswirkungen dies auf mein Gehirn und damit auf mein Wohlbefinden hat. Bei Rumpfbeugen zeigt sich ihr Effekt recht bald: Sie bekommen einen Waschbrettbauch, und das motiviert Sie, weiterzumachen. Jedes Mal, wenn Sie Achtsamkeit praktizieren, stärken Sie den Bereich in Ihrem Gehirn, der für die Fähigkeit, aufmerksam zu sein, zuständig ist. Ihr logisches Denken wird Sie anflehen, schreien, quälen und alles versuchen, Sie mit sich zu reißen, doch wenn Sie sich bewusst sind, dass Achtsamkeit sowohl in organischer, psychologischer als auch neurologischer Hinsicht nützlich ist, wird der Erfolg nicht auf sich warten lassen. Ich wette, dass Sie all dies noch nie mit Gewahrsein in Verbindung gebracht haben. Wenn Sie Glück suchen, lernen Sie Achtsamkeit!

Dr. Daniel Siegel verbindet Hirnforschung mit Psychotherapie. Kein anderer beschreibt Achtsamkeit so gut wie er, indem er uns Wege aufzeigt, wie wir unseren Geist bändigen und so zu einem gesünderen und glücklicheren Leben finden können.

Er erklärt: »Wenn wir unsere Aufmerksamkeit bewusst fokussieren, hilft uns dies, die innere Funktionsweise unseres Geistes zu verstehen, ohne uns von ihr bestimmen zu lassen. Sind wir aufmerksam, können wir den Autopiloten ausschalten und die reaktiven emotionalen Endlosschleifen verlassen, in denen wir uns allzu oft verfangen. Indem wir die Fähigkeit kultivieren, unser Gewahrsein auf unser Innenleben zu richten, nehmen wir im übertragenen Sinne das Skalpell und schneiden unsere Nervenbahnen neu. Achtsamkeit verändert die Struktur unseres Gehirns.«

Ich schätze Herrn Siegel wirklich sehr. Wir konnten es einrichten, uns in einem vegetarischen Restaurant zu treffen. Ich war etwas früher dort und wählte den Tisch aus, von dem ich glaubte, dass er ihm am besten gefalle. Ich versuchte mich zu beruhigen. Als er schließlich kam, stand ich auf und warf dabei mein gefülltes Wasserglas um. Ich reichte ihm sein Buch und bat ihn, es zu signieren. Es war vollkommen durchnässt, die Tinte verwischte, aber ich versuchte, so zu tun, als sei alles ganz normal.

Die Fähigkeit, gewahr zu sein, ist das Goldene Vlies der Achtsamkeit. Ich weiß, dass dies ganz einfach klingt, aber glauben Sie mir: Von selbst wissen wir nicht, wie man das anstellt. Im Schnitt schaffen wir es nur, unseren Geist 1,2 Sekunden lang auf etwas zu richten, und schon schwirren unsere Augen – getrieben von unserem rastlosen Geist – zu etwas anderem. Unser Geist ist nicht dafür gemacht, auf etwas zu verweilen, er schweift umher. Jede einzelne Zelle unseres Körpers vermittelt uns die Botschaft, unsere Umgebung auf mögliche Gefahren abzusuchen. Ohne diese Rastlosigkeit existierten wir nicht mehr, wir hätten vor einigen Millionen Jahren bereits auf einem Grillspieß geendet. Vergessen Sie nicht: Unser Gehirn hat keinen Schimmer davon, dass die Tage, in denen wir in Höhlen lebten, vorbei sind, und daher ist es, vergelt's ihm Gott, noch immer vor Raubtieren auf der Hut.

Wie viele Sonnenuntergänge habe ich verpasst, obwohl sie direkt vor mir waren? Wenn ich einen amerikanischen Weißkopfseeadler oder meine Kinder bei einer Schulaufführung sehe, wünsche ich nichts inniger, als mein Bewusstsein von dem Soundtrack des Profanen zu befreien und mich auf das zu konzentrieren, was in diesem Moment als Einziges meine Aufmerksamkeit verdient. Sogar mein Kater Sox kann sich konzentrieren. Er könnte tagelang damit verbringen, einen Wollfaden zu zerreißen. Ich setze mich also täglich hin, um zu lernen, was mein Kater von Natur aus kann: tagelang ununterbrochen von einer einzigen Sache gebannt zu sein.

Für mich ist die Antwort auf die Frage, wie man besser, zufriedener und gesünder leben kann, eindeutig: Man muss seine Aufmerksamkeit bewusst lenken können, denn dies erlaubt es uns, die großartige und komplexe Ansammlung der Milliarden von Zellen, die uns ausmachen, zu kontrollieren, statt uns von ihnen fertigmachen zu lassen.

Ich kannte jemanden, der, wie ich dachte, den Gipfel des Erfolgs erklommen hatte. Er leitete ein Unternehmen der *Fortune 500* (das sind die 500 umsatzstärksten US-Unternehmen) und saß in mindestens fünfzig renommierten Aufsichtsräten. Schließlich hatte er einen Herzinfarkt. Als seine Frau zu ihm ins Krankenhaus kam, fand sie dort eine andere Frau vor, die ihn mit einem Löffel fütterte. Wie sich herausstellte, war auch sie mit ihm verheiratet, und die beiden hatten drei Kinder. Diese Sorte Mensch glaubt, jenseits von uns armseligen Normalsterblichen zu leben und nicht mehr an die Gesetze gebunden zu sein. Sich ihres Verhaltens gänzlich unbewusst, leben sie ein Leben, das sie aus den Augen verloren haben. Häufig zwingt ihr eigener Größenwahn solche Menschen irgendwann in die Knie. Hätte dieser Mann gelernt, Achtsamkeit zu kultivieren, wäre es ihm bewusst geworden, dass sich die beiden Frauen notgedrungen eines Tages treffen würden und ihn dann bis auf seinen letzten Cent verklagen würden.

Mit Gewahrsein ist es wie mit einem Muskel: Wenn Sie ihn nicht benutzen, schwindet er. Um ihn in Topform zu bringen, müssen Sie ihn trainieren und nochmals trainieren. Ein solcher Muskel hilft uns, das Armaturenbrett im Auge zu behalten und sogar inmitten all der emotionalen Wirren und Stimuli unseres Lebens die richtigen Entscheidungen zu treffen.

Im Jahr 2006 kam das Wort »pizzled« auf. Es war eine Kombination aus »puzzled« (durcheinander) und »pissed« (sauer). Es drückte das Gefühl aus, das man hatte, wenn jemand, mit dem man telefonierte, plötzlich begann, mit jemand anderem zu reden. Damals ärgerten sich die Leute noch über ein solches Verhalten, heute ist es vollkommen normal. Dieser freie Fluss der digitalen Informationsflut zieht all unsere Aufmerksamkeit auf sich, worunter diese paradoxerweise mehr und mehr leidet.

Sofern wir es nicht schaffen, unseren Geist aus seinen Endlosschleifen zu befreien, kann es passieren, dass wir möglicherweise bald unter Angststörungen, obsessivem Verhalten, Depression und ganz allgemein an Hilflosigkeit leiden. Lernen wir es jedoch, unsere Aufmerksamkeit von einer Sache auf eine andere zu lenken, wird uns dies helfen, den Weg zum Glück zu beschreiten.

Oft konzentrieren wir uns auch auf nichts Bestimmtes: Der Geist plappert fröhlich, was ihm gerade in den Sinn kommt. Dabei ist der wandernde Geist keineswegs unser Feind. Die Frage ist eher: Von was schweift er ab? Wenn Sie von einem Karussell des Grübelns erfasst werden, ist dies sicher nicht hilfreich. Sollten Sie das Problem einfach nur ewig wiederkäuen, werden Sie es nie verdauen. Wandert Ihr Geist aber zu einem Geistesblitz, ist es ein Geschenk.

Ein klarer und ruhiger Geist macht Sie kreativer und produktiver. Verursachen Ihre Gedanken jedoch Beunruhigung und Angst, blockiert Sie das. Aufgrund Ihres Bedürfnisses nach Sicherheit werden Sie dann den Autopiloten einschalten, der Sie in Ihrer eigenen engen Sicht der Welt gefangen hält.

Ich weiß nicht mehr, wo ich das Folgende gelesen habe (ich kann mir schließlich nicht alles merken): Wenn Sie Ihre Gedanken wiederholen, führt dies zu Handlungen, wenn Sie Handlungen wiederholen, wird dies zu einer Gewohnheit. Eine eingefahrene Gewohnheit führt dazu, dass Sie eine festgelegte Rolle einnehmen. Und eine so festgefahrene Persönlichkeit wird zu Ihrem Schicksal.

Ist Ihr Geist jedoch befreit, bekommen Sie Zugang zur ganzen Bandbreite Ihrer verschiedenen Facetten. Wir haben weit mehr Gesichter, als wir glauben, was unser Leben einerseits bereichert, es andererseits aber auch unvorhersehbarer macht. Nie wissen wir, welche Seite von uns zum Vorschein kommt. In manchen Situationen bin ich schüchtern und erröte, in anderen wie ein Elefant im Porzellanladen, in wieder anderen wie eine Teenagerin, die vor Aufregung kein Wort herausbringt. Dank der Achtsamkeit können wir uns der Rolle, die wir gerade spielen, bewusst werden und uns entscheiden, ob wir sie weiterspielen wollen oder nicht. Letztendlich sind wir in Bezug auf unsere Gehirne und unserer Identitäten sowohl Bildhauer als auch die von ihm gestaltete Skulptur.

Schauspieler machen sich dies geschickt zunutze. Sie lassen sich von den Gedanken und Gefühlen des Charakters, den sie spielen, erfüllen und können, auch wenn sie sonst beispielsweise eher nervöse Personen sind, völlig seriös ihre Rolle spielen: Ich kenne einen Darsteller, der eigentlich schrecklich stottert, auf der Bühne jedoch zu Heinrich dem Fünften wird und – ganz ohne Sprachfehler – über England regiert.

Wer sind wir?

Immer dann, wenn wir aufmerksam sind, treten ganze Wasserfälle von Chemikalien in Aktion, wodurch sich die Neuronen im nie endenden neuronalen Tanz mit neuen Partnern vernetzen. (Dies werde ich in Kapitel 3 ausführlicher besprechen.) In jeder Millisekunde richten wir unsere Aufmerksamkeit auf etwas anderes und verändern unsere Gemütsverfassung, weswegen die Struktur unseres Gehirns einem kontinuierlichen Wandel unterliegt.

Glücklicherweise sind wir mit einem autobiografischen Gedächtnis ausgestattet (der Datei, in der wir alles, was wir je erlebt haben, abgespeichert haben). Sie gibt uns ein ziemlich schnelles Feedback darüber, wer wir gestern waren, und versorgt uns mit anderen unverzichtbaren Informationen, wie etwa der, was unsere Lieblingsfarbe ist und wie unsere erste Katze hieß etc. Wenn wir das nicht hätten, wären wir wie der Typ im Film *Memento*[4], der sich seine Tattoos anschauen muss, um sich zu erinnern, mit wem er die Nacht davor geschlafen hat und ob er Frau oder Mann ist. Das autobiografische Gedächtnis ist Ihre persönliche Geschichte (und wenn wir uns an viele Details auch nicht richtig erinnern, ist dies doch die einzige Lebensgeschichte, die wir haben).

Noch bevor wir darüber nachdenken, hat unser Körper bereits mit dem Sympathikus oder Parasympathikus[5] reagiert. Unser Gehirn braucht Millisekunden, um zu interpretieren, was eine Emotion oder ein Gefühl bedeuten könnte. Diese Interpretation bedient sich dabei der Erinnerung und vergleicht, ob wir früher bereits Ähnliches erlebt haben, wie wir reagierten und ob die Situation gefährlich war. Doch das ist nicht immer stimmig: Zwei Situationen sind nie dieselben, und obendrein ist das Gedächtnis nicht verlässlich, sondern erfindet manchmal Dinge dazu. Waren Sie je bei einem Unfall dabei? Nicht nur, dass die anwesenden Zeugen ihn so verschieden beschreiben, dass man denken könnte, sie kämen von unterschiedlichen Planeten, auch Ihr eigener Bericht ändert sich bei jedem Erzählen ein wenig. Manchmal kommt Ihnen ein Gedanke, der von einer Emotion ausgelöst wurde, Sie können sich aber nicht erklären, warum. Sie sind vielleicht gerade dabei, auszuparken, und bekommen plötzlich ein stechendes Gefühl im Magen, weswegen Ihnen schwindelig wird. Sie zermartern sich Ihr Hirn, um herauszubekommen, was diesen Angstschub ausgelöst hat, wo doch nichts Besonderes geschehen ist. Vielleicht ist Ihr Geist außer Kontrolle geraten, weil er das Erlebnis mit einer früheren Erfahrung assoziiert hat, Ihnen das aber nicht klar ist. Sie drehen durch, weil Sie sich unbewusst daran erinnern, dass Ihr Vater Sie in seinem Wagen vergessen hat, als Sie sechs Jahre alt waren, und dann in Urlaub flog. Jetzt sitzen Sie hier als 57-Jährige in einem Auto auf einem Parkplatz, die Situation hat mit dem früheren Erlebnis nichts zu tun, und dennoch klappern Ihre Zähne vor Angst. Manchmal haben Emotionen aber auch einfach nur körperliche Ursachen: Wenn wir denken, dass wir uns betrogen oder schuldig fühlen, kann dies in Wirklichkeit einfach nur ein Problem mit der Verdauung oder Blähungen sein. Unser Bewusstsein tut sein Bestes, um anhand der fragwürdigen Datei der Erinnerungen eine Erklärung für unser Erleben zu liefern. Es ist, als spielten wir *Blindekuh:* Man verbindet uns die Augen, und wir müssen raten, wohin wir zu schlagen haben. Frauen wird all dies vielleicht etwas mehr sagen, weil sie das Gefühl gut kennen, all ihre Kolleginnen und Kollegen am liebsten umbringen zu wollen, wobei sie wissen, dass dies nicht unbedingt etwas damit zu tun hat, dass die Betreffenden ihnen etwas getan hätten, sondern eher damit, dass wieder einmal, wie jeden Monat, ihre frechen Hormone ihre hässliche Fratze zeigen. Wenn eine Bluessängerin davon singt, dass ihr Mann mit ihrem Geld getürmt, ihre Mutter eine Nutte und ihr Vater ein Schwein ist, dann liegt das vielleicht an nichts weiter als ihrem Sodbrennen.

Sie werden nie herausbekommen, was in Ihnen wirklich vorgeht. Selbst wenn man Ihren Körper bei lebendigem Leibe seziert, wird niemand »Ihre« tiefsten Seiten ergründen ... außer Sie sind ein Proktologe.

Es gibt noch viele weitere Arten der Erinnerung, die in den verschiedenen Teilen des Gehirns abgespeichert sind. Durch sie erinnern wir uns daran, wie man bestimmte Fertigkeiten anwendet und wie man in gewissen Situationen am besten reagiert. Immer dann, wenn wir etwas Neues lernen oder eine neue Erfahrung machen, bilden die Neuronen entsprechend neue Verknüpfungen. Sie setzen Chemikalien frei, die wiederum verschiedene Gefühle auslösen. Und genau diese Gefühle helfen uns, uns an frühere Erfahrungen zu erinnern. Auf diese Art werden Erinnerungen abgespeichert. Wenn es nach gebratenem Truthahn riecht und es Ihnen warm ums Herz wird und Sie ein Prickeln verspüren, dann können Sie den Dateipfad namens »Truthahngeruch« öffnen und das Video abspielen, auf dem man sieht, wie sich Oma an *Thanksgiving* bückt, um den Braten aus dem Ofen herauszuholen, und das damals Erlebte Revue passieren lassen. Allein schon ein Geruch genügt, um diesen ganzen geistigen Film zu aktivieren. Setzen wir uns auf ein Fahrrad, übernimmt das motorische Gedächtnis das Kommando und lässt jeden einzelnen Teil unseres Körpers wissen, was er zu tun hat. Wir müssen uns dessen nicht einmal gedanklich bewusst sein.

Auf was wir unsere Aufmerksamkeit richten, bestimmt also, wer wir in der jeweiligen Situation sind, und was wir uns vorstellen und erfahren, wird wiederum zu einer ganz konkreten physiologischen Realität auf unserer neuronalen Landkarte, die ausmacht, wer »wir« sind. Welches Gefühl es auch sei – Angst, Liebe, Lust oder Hass –, findet seinen Ausdruck in den neuronalen Vernetzungen und definiert, welche Chemikalien bei der Aktivierung dieser Verbindungen ausgeschüttet werden. Selbst wenn Sie in Hawaii im Urlaub sind, innerlich aber noch bei der Arbeit Überstunden machen, haben Sie geistig das Büro noch nicht verlassen. Sie hätten also ebenso gut dort bleiben können. Oder Sie sind vielleicht im Kino und sehen sich eine Verfolgungsjagd an. Die Vernetzung Ihres Gehirns schaltet auf ein Muster des Terrors und des Nervenkitzels, weswegen Unmengen von Adrenalin ausgeschüttet werden. Nach etwa einer Minute werfen Sie etwas Popcorn in Ihren Schlund. Nun wendet sich Ihre Aufmerksamkeit diesem zu und signalisiert Ihren Speicheldrüsen, aktiv zu werden: Ihr ganzes Wesen besteht in diesem Augenblick aus nichts als Zucker und Knusprigkeit.

Aus alledem können wir schließen, dass, wenn Sie bemerken, dass Ihr Bewusstsein zu Negativität tendiert, es möglich ist, die eigene Aufmerksamkeit bewusst auf etwas Erfüllenderes und Positiveres zu lenken. Tun Sie dies, bahnen Sie sich schon den Weg ins Land des Glücks. Erinnern Sie sich das nächste Mal, wenn Sie Aufmerksamkeit für nichts als ein abstraktes Konzept halten, daran: Es ist so wirklich, wie Sie es sind.

Vollkommen in einer Beschäftigung aufgehen

Es heißt, vollkommen in etwas aufzugehen sei eines der großartigsten Dinge, die wir erleben können. Unsere Konzentration ist präzise und einsgerichtet; alle Ablenkungen verblassen zu einem fernen Hintergrundrauschen – wir arbeiten optimal und sind gänzlich gegenwärtig. Und das Beste daran: All die kritischen Stimmen verstummen. Packt das Konfetti und die Partyhüte aus.

Wenn Sie in etwas vollkommen aufgehen, sind Sie ganz und gar konzentriert (allerdings immer nur so lange, bis uns einfällt, dass wir unbedingt die Pflanzen gießen müssen). All die üblichen, quälenden Nörgeleien unserer Aufgabenliste lösen sich in den unendlichen Weiten des Universums auf. Ich lebe für diese Erfahrung, eins mit meinem Computer zu sein und mit ihm für ein gemeinsames Ziel zu arbeiten, denn so fühle ich mich nicht wie ein alter Sack, der gekrümmt dahängt und so schnell wie möglich wahllos Unmengen von Wörtern in die Tasten haut.

Man sagt, dass man, wenn man in seiner Beschäftigung vollkommen aufgeht, keine Anstrengung verspürt, es ist befreiend, und man fühlt sich wie ein übermenschliches Wesen. Man bleibt konzentriert, da das Gehirn bei jedem Teilerfolg Dopamin ausschüttet. Es ist diese Art von Freudenschub in Ihrem Herzen, den Sie haben, wenn Sie bei einem Kopfsprung vom Zehnmeterbrett nach einem dreifachen Salto rückwärts mit den beiden Füßen perfekt parallel ins Wasser tauchen. Nicht etwa der Schwalbensprung selbst gibt Ihnen dabei den Kick, sondern die Ausschüttung von Dopamin. Der Sprung selbst schmerzt eigentlich nur höllisch.

Während der Arbeit an diesem Buch kam ich manchmal in diesen glorreich befreienden Zustand, alles war wie von alleine im Fluss, und ich musste nicht dauernd das Synonym-wörterbuch zurate ziehen, um genau den passenden Begriff zu finden. Ich mag diesen Zustand so sehr, dass ich in ihm nie von der Arbeit lassen würde, ganz gleich, ob mir vor Müdig-keit die Augen zufallen und ich im Kopf nichts als Brei habe. Dabei gebe ich mir eigentlich Mühe, den Punkt zu bemer-ken, wenn der Geist umschlägt – von einem inspirierten Zu-stand zu einem dumpfen, wo ich schließlich nur noch dum-mes Zeug schreibe. Doch noch immer fällt es mir schwer, gut zu mir zu sein und im richtigen Augenblick aufzuhören, da im Hintergrund stets eine Stimme flüstert: »Du bist so faul! Du hast erst sechzehn Stunden gearbeitet! Was ist los mit dir?« In solchen Situationen vergesse ich jedes Mal, dass ich, wenn ich mir ein paar Augenblicke Ruhe gönne, hinter-her wieder zurück in die geliebte kreative Verfassung finde und sogar besser und länger arbeiten kann.

Achtsamkeit ist ein Weg, sich des Gewahrseins gewahr zu werden. Man muss aufpassen, dies nicht mit dem zuvor be-schriebenen achtsamen Zustand zu verwechseln, denn hier konzentriert man sich derart auf eine einzige Aktivität, dass man vollkommen vergisst, was um einen herum geschieht. Man verliert sich restlos in der Aufgabe, die gerade ansteht. Wenn Sie vollkommen in einer Beschäftigung aufgehen, haben Sie weder Zeit noch Abstand, über Ihre geistige Verfassung zu reflektieren, und können sich also auch nicht bewusst entscheiden, eine Pause zu machen.

Sollten Sie sich wirklich nach einer Sie voll absorbieren-den Erfahrung sehnen, stellt sich die Frage: Wie behält man diese eingerichtete Konzentration bei und bleibt sich den-noch der inneren Verfassung bewusst? Ich glaube nicht, dass man auf beiden Hochzeiten gleichzeitig tanzen kann, außer man hat bereits Tausende Stunden meditiert, ähnlich dieser

Mönche, die beim Untertongesang zwei Töne gleichzeitig singen (wobei sich das so anhört, als würden sie rülpsen). Ideal wäre es, in der Lage zu sein, in seiner Beschäftigung voll aufzugehen und gleichzeitig, und sei es nur für eine Sekunde, zu bemerken, dass es Zeit ist, sich eine Pause zu gönnen und das Gehirn zu erfrischen, indem man einen Spaziergang macht, ein Bad nimmt, fernsieht, Fußball spielt, einkaufen geht oder – wenn Sie wirklich übereifrig sind – eine dreiminütige Achtsamkeit-Übung praktiziert (siehe: *Ein sechswöchiger Kurs in Achtsamkeit* in Kapitel 5). Es ist wichtig, sich nicht selbst zu strafen, wenn man bei der eigenen Arbeit abbaut: Bei Achtsamkeit geht es darum, die Dinge zu bemerken, und nicht darum, alles richtig zu machen.

Noch einmal zurück zum Nutzen der Achtsamkeit

Im ersten Kapitel habe ich geschrieben, dass einige menschliche Funktionsweisen, wie etwa auf Autopilot zu laufen, auch ein Fluch sein können. Dank der Praxis der Achtsamkeit können Sie aus dem Autopiloten ausbrechen. Dies ist uns allerdings nicht natürlicherweise gegeben: Wir werden nicht mit der Begabung geboren, uns zu sammeln, uns zu beruhigen und nach Belieben präsent zu sein. Falls dies für Sie aber ganz selbstverständlich sein sollte, dann legen Sie das Buch aus der Hand, rufen Sie die Leute vom Dalai-Lama an und kündigen Sie ihnen an, dass Sie sein Nachfolger werden.

Ich höre Sie förmlich sagen: »Was ist mit den Menschen, die überhaupt keinen inneren Antrieb haben, die den ganzen Tag auf dem Sofa abhängen und irgendwelche Reality-Shows anschauen? Sind dies ebenfalls geborene Dalai-Lamas?«

Nein. Auch wenn sie auf der Couch sitzen, sind sie dabei aller Wahrscheinlichkeit nach nicht präsent. Ihr Geist dreht sich genauso wie der eines obsessiven Innenausstatters oder eines eBay-Abhängigen. Aber vielleicht haben jene, die dauernd durchhängen, auch eine innere nörgelnde Stimme, die ihnen einredet, sie sollten ihren immer dicker werdenden Hintern hochbekommen. Wahrscheinlich ist der Grund, warum sie zur Flasche greifen und so viele Kartoffelchips verschlingen, dass sie ihre inneren kritischen Stimmen übertönen oder ausblenden wollen.

Forschungsergebnisse

Man kann heute genau untersuchen, wie sehr die Praxis den Geist stärkt. Neuere Forschungsergebnisse zeigen, dass sie bereits nach relativ kurzer Zeit zu merklichen Verbesserungen führt. Dr. Amish Jha untersuchte eine Gruppe von Medizin- und Pflegestudentinnen und -studenten der Universität Pennsylvania vor einem achtwöchigen achtsamkeitsbasierten Trainingskurs mit computerbasierten Untersuchungsmethoden. Der Kurs sollte ihnen helfen, mit Achtsamkeit ihren Stress zu bewältigen, ihre Kommunikationsfähigkeiten zu verbessern und Empathie zu kultivieren.

Die anschließende Analyse zeigte, dass diejenigen von ihnen, denen man Achtsamkeit beigebracht hatte, schneller ihre Aufmerksamkeit auf etwas ausrichten und fokussieren konnten als die Testgruppe, die keinen Kurs besucht hatte.

Auch andere Untersuchungen, die in Dr. Jhas Laboratorium durchgeführt wurden, beweisen, dass bereits zwölf Minuten Praxis der Achtsamkeit pro Tag die Fähigkeit, Ablenkungen zu widerstehen, erhöht.

Im Gegenwärtigen präsent sein

Achtsamkeit schenkt Ihnen eine Freifahrt zu einem ganz seltenen Ziel: zur Gegenwart. Okay, ich weiß, Sie werden jetzt sagen: »Was ist daran so besonders, im gegenwärtigen Augenblick anzukommen? Vielleicht möchte ich gar nicht auf die Flügel eines Schmetterlings starren und nicht den Klang des Windspiels genießen? Ich möchte lieber Orte besuchen, die ich noch nicht kenne, und Leute treffen.«

Die Erfahrung, gegenwärtig zu sein, kann man nicht begrifflich erfassen, man muss sie erleben und sie mit den Sinnen spüren, statt sie gedanklich zu durchdringen. Vielleicht glauben Sie, einfach nur mit geschlossenen Augen dazusitzen und zu atmen sei wirklich das Letzte auf Erden, das Sie brauchten oder wozu Sie Zeit hätten. Unter Umständen denken Sie auch, dass, nachdem Sie Ihre Zähne geputzt, ein paar Gymnastikübungen gemacht, eine Dusche genommen, sich eingecremt, ein paar Toasts getoastet und mit Ihrem Freund oder Ihrer Freundin geschlafen haben (ich schreibe absichtlich nicht »Ehemann oder -frau«, denn im späteren Leben kommt es sowieso nicht mehr dazu), bereits der halbe Tag vorbei ist, obwohl er eigentlich noch gar nicht begonnen hat.

In der Art, wie die Leute oft von Achtsamkeit oder Gegenwärtigsein reden, zeigt sich, dass sie in der Hierarchie ihrer Bedürfnisse recht weit unten liegen.

Auf den ersten Blick scheint auch kein besonderer Nutzen darin zu liegen, in der Gegenwart zu sein, und so besuchen wir sie auch nicht sonderlich häufig. Auch wissen wir nicht, wie wir präsent sein sollen, außer es passiert plötzlich etwas wirklich Außergewöhnliches wie etwa, dass unser Haus abbrennt oder eine Seemöwe auf unserem Kopf landet. Manchmal finden wir uns dabei wieder, wie wir einen Aha-Moment haben, der uns aus unseren Tagträumen reißt und durch den wir eine plötzliche Einsicht gewinnen, eine Offenbarung, bei der sich die Tore der Wahrnehmung für einen kurzen Moment öffnen. Niemand weiß, wie man zu einem Aha-Moment kommt, aber wenn wir einen haben, ist dies unverkennbar.

MBCT lehrt Sie, immer dann präsent zu sein, wenn Sie es sein wollen, aber es ist nicht leicht, diese Meisterleistung zu vollbringen. Sind Sie neugierig, es auszuprobieren und zu schauen, wie es sich anfühlt? Innerlich sind Sie wahrscheinlich gerade überall und können sich vielleicht nicht einmal auf mein Buch konzentrieren, und manchmal bin auch ich beim Schreiben nicht voll da, im Jetzt: Ich schaue aus dem Fenster, denke über die verschiedensten Dinge nach wie etwa darüber, dass ich meine Freundin Dagmar Steward anrufen muss, mit der ich seit dem Kindergarten nicht mehr geredet habe … und schon weiß ich nicht einmal mehr, was ich eigentlich gerade tippe.

Und dennoch ist die Gegenwart der Ort, an dem jeder sein möchte. Falls Sie es nicht glauben, dann lassen Sie es mich beweisen: Wir planen unsere Urlaube Monate im Voraus, um in ihm »in der Gegenwart« zu leben. Aber wenn Sie schließlich in Ihr Traumhotel oder Ihr Zelt kommen, ist Ihr Geist wahrscheinlich dennoch woanders. Sie denken sich Dinge wie: »Weswegen habe ich hierfür so viel Geld ausgegeben?« »Warum habe ich stattdessen keine Diät gemacht? Ich sehe aus wie Moby Dick!« »Ich habe vergessen, meinen Hamster zu füttern.« »Das hätte ich mir schöner vorgestellt.« Oder: »Ich wette, dass es woanders besser ist.« Sie haben ein Vermögen für einen Wein ausgegeben, den man mit einer Summe, die höher als das jährliche Bruttosozialprodukt von Bolivien ist, so gezüchtet hat, dass sein hölzerner Unterton mehr zur Geltung kommt, sind beim Trinken jedoch ganz woanders und genießen ihn somit gar nicht richtig. Wenn Leute also behaupten, es wäre ihnen gleichgültig, ob sie in der Gegenwart sind oder nicht, sollten wir sie daran erinnern, wie viel Geld und Zeit sie investiert haben, dort anzukommen.

Wenn Sie auf die Frage nach der besten Zeit Ihres Lebens mit »jetzt!« antworten, dann sind Sie in der Gegenwart angekommen.

Ich beende das Kapitel mit einem Zitat eines an Krebs erkrankten Teenagers: »Sie haben heute 86 400 Sekunden. Verschwenden Sie keine davon.«

3

Wie Ihr Gehirn funktioniert: Die wissenschaftliche Basis der Achtsamkeit

Sie denken vielleicht (woher ich das wohl weiß?), dass es schön und gut ist, dass ich dauernd darüber schreibe, wie sinnvoll es ist, präsent zu sein. Doch ich höre förmlich schon, wie Sie einwenden: »Zu alldem habe ich keine Zeit, ich muss E-Mails beantworten, meine Kinder ernähren … Ich wende mich diesen ganzen Glück bringenden Dingen später zu.« Ich verstehe Sie voll und ganz. Auch ich bin in Eile, muss das Buch zum festgelegten Termin fertig bekommen und denke nicht wirklich über Glück nach, nur darüber, wie niederschmetternd es für mich wäre, wenn ich es nicht rechtzeitig abgeben kann. (Offensichtlich habe ich es geschafft, sonst würden Sie es jetzt nicht lesen.)

Aber Achtsamkeit bringt noch weit mehr Nutzen, als gegenwärtig zu sein. Neuere Forschungen zeigen, dass wir mit der Praxis der Achtsamkeit unsere innere Landschaft verändern und sogar das Immunsystem verbessern können. Wir werden widerstandsfähiger gegen Depressionen, weniger anfällig für Herzkrankheiten und verbessern ganz allgemein unser Wohlbefinden. Auch zeigen die Forschungen, dass Achtsamkeit uns hilft, besser mit unseren Gefühlen umzugehen und unser Leben selbst in die Hand zu nehmen.

Die meisten von uns sind der Auffassung, dass wir mit einer guten Ausrüstung auf die Welt gekommen sind, unser Wesen bereits quasi in Stein gemeißelt ist und sich nicht mehr großartig ändert. Wenn Sie allerdings den Neurowissenschaftlern glauben (und warum sollten Sie nicht), ist das Gehirn flexibel und formbar: Es verändert sich bei jeder Begegnung, jeder Erfahrung und jedem Gedanken. Eine Sache verstehe ich nicht: Wenn Neuroplastizität eine bewiesene Tatsache ist, warum haben wir, die Massen, noch nicht viel davon gehört? Warum lässt man uns hier mit ein paar schäbigen Grauschattierungen sitzen, wenn wir in Wirklichkeit hinsichtlich unseres Gehirns eine Billion mögliche Zwischentöne haben können?

MAN KANN UNSER GEHIRN SO TRAINIEREN, DASS ES BESSER WIRD. Warum titeln dies nicht alle Zeitungen des Landes? Warum ist dies keine Top-Story im Frühstücksfernsehen? Da vor gar nicht langer Zeit jemand die wissenschaftliche Theorie der Epigenetik entwickelte, können wir nicht einmal mehr behaupten, dass uns unser Erbgut limitiert. Der Wissenschaftler entdeckte, dass selbst unsere Gene von unseren Erfahrungen und Umwelteinflüssen aufpoliert werden können. Wenn Sie also ein paar lausige Gene geerbt haben, müssen diese nicht notwendigerweise aktiv werden: Es ist, als trügen Sie eine Granate durch Ihr Leben, deren Zünder jedoch nicht gezogen ist.

Ich kann mich für Neurowissenschaft begeistern, denn ich fühle mich nun weniger alleine, seit ich weiß, dass wir alle weitgehend mit der gleichen Ausstattung unter dem Skalp auf die Welt kommen: Wir alle teilen die gleichen Fehler. Mir wurde bewusst, dass sie nicht mir, sondern der Evolution geschuldet sind. Wenn mir heute jemand Kummer bereitet, dann ist mir klar, dass es möglicherweise nicht an mir liegt, sondern daran, dass ein Teil seines Gehirns ausklinkt und ich mich vielleicht einfach nur zufällig in der Schusslinie befinde. Da das Gehirn sich im Laufe des Lebens verändern kann, ist es auch für mich nicht zu spät, mit einigen meiner unschöneren Denkgewohnheiten zu brechen. Durch die Praxis kann ich mich selbst regulieren, meine neuronalen Netze neu konfigurieren und den Fokus meiner Aufmerksamkeit schärfen – ganz genau, wie es das Etikett verspricht.

Ich bin geneigt, MBCT geistige Fitness zu nennen, das hört sich weniger »öko« an. Obendrein ist es billiger als alle Fitnessstudios, denn Sie haben bereits die ganze Ausrüstung in Ihrem Kopf. Je besser man die Funktionsweise des Gehirns versteht und dank der Forschungsergebnisse des Brain-Imaging und MRT weiß, wie sehr man es verändern kann, umso mehr Sinn macht es auch, dass man sich hinsetzen und praktizieren soll.

Hier nun ein kleiner Führer, der erklärt, was in Ihrem Kopf vorgeht. Bevor ich anfange, würde ich gerne betonen, dass Neurowissenschaft die komplexeste Disziplin nicht nur des ganzen Planeten, sondern des gesamten Universums ist. Ich hörte einmal im Radio eine Diskussion zwischen Brian Cox und einem Neurowissenschaftler. Nachdem Brian einen seiner flötenden Monologe über den Kosmos gehalten hatte, sagte der Neurowissenschaftler: »Das ist alles gar nicht so kompliziert. Neurowissenschaft ist weit komplexer.«

Ich bat den berühmten Professor Oliver Turnbull, mich für dieses Kapitel zu beraten. Der Neurowissenschaftler und Neuropsychologe ist stellvertretender Vizekanzler (Bereich Lehre) der *School of Psychology* der Universität Bangor sowie Autor von 150 neurowissenschaftlichen Publikationen. Um ehrlich zu sein: Ich habe kein einziges Wort von dem, was er mir erklärte, verstanden.

Wenn ich jetzt sagen würde, die Neurowissenschaft vereinfacht zu haben, wäre dies eine grobe Untertreibung. Wenn ich zu dem komplexen Thema schreibe, ist das so, als würde Schweinchen Dick Quantenphysik unterrichten. Ich werde Ihnen nur kurz die Bereiche, Schaltkreise und Funktionen des Gehirns vorstellen, die für Selbstregulation und Fokussierung der Aufmerksamkeit zuständig sind. Ein anderer Grund für mein Interesse am Thema ist, dass ich Neurowissenschaftler (und um genau zu sein, ihre schlauen Köpfe) für absolut attraktiv halte. Da ich über das Thema schrieb, hatte ich einen Vorwand, sie zu treffen.

Das dreieinige Gehirn

Ich möchte gerne mit der Tatsache beginnen, dass keiner von uns je das Gefühl hat, wirklich ganz bei Verstand zu sein. Ein Grund dafür könnte sein, dass wir drei Gehirne haben und vielleicht gerade nicht wissen, welches derzeit den Ton angibt. Jedes von ihnen wurde von der Evolution dafür ausgebildet, dass wir den verschiedensten Aufgaben gewachsen sind, vom Schwingen von Baum zu Baum bis dahin, einen Ehevertrag zu bekommen. Dabei ist der jeweils gerade aktive Gehirnteil sich manchmal nicht bewusst, was die anderen beiden momentan tun. Diese Dreieinigkeit spiegelt unsere evolutionäre Entwicklung vom frühsten Modell (den einzelligen Bakterien) bis zum letzten (George Clooney). Keines der Gehirne wollte sich vom nächsten ersetzen lassen, jedes blieb standhaft, und so wurden sie wie durch einen zerebralen Auffahrunfall zusammengepfercht.

(Über das dreieinige Gehirn diskutieren Wissenschaftler bereits seit Jahrzehnten. Jeder der drei Teile ist von den anderen beiden allerdings nicht unabhängig, sie sind auf komplizierte und bislang nur wenig verstandene Weise miteinander vernetzt. Wenn ich hier sage, dass sie getrennt sind, dann nur weil es so für Sie – und auch für mich – besser nachvollziehbar ist.)

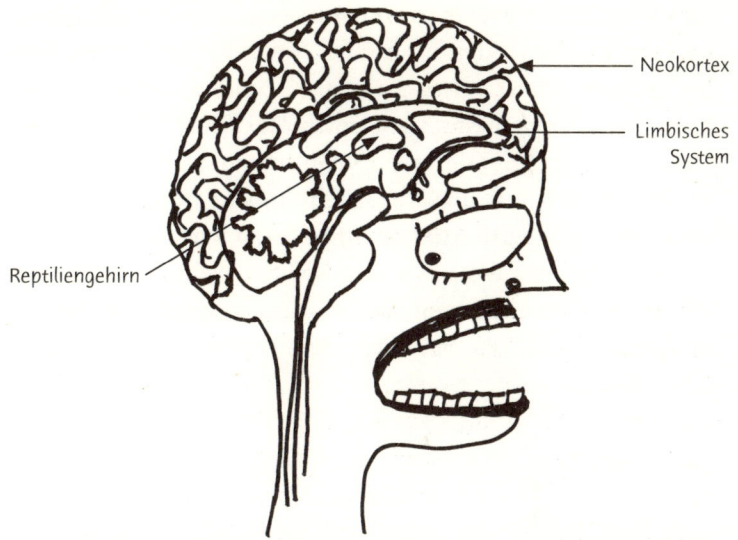

Hier meine Zeichnung (ich habe sie tatsächlich selbst gezeichnet).

Das Reptiliengehirn

Vor etwa 500 Millionen Jahren entwickelte sich der älteste Teil unseres Gehirns, bekannt als *Reptiliengehirn*, auch *Archipallium* genannt (ein schicker Name, aber Sie brauchen sich ihn nicht zu merken). Damit bezeichnet man einen ausgesprochen archaischen Bereich (unseren Hirnstamm und die

Schichten darum herum und darüber), der für ganz grundlegende Funktionen zuständig ist: Atmen, Herzschlag, Schlaf, Sex und starke Emotionen (das trifft meinen Charakter ziemlich gut).

Das limbische System

Vor etwa 200 Millionen Jahren entwickelten wir schließlich das Paläopallium oder limbische System des Gehirns, das direkt rechts oberhalb und um das Reptiliengehirn herum einzog und dort einen Laden eröffnete. Dieser Teil des Gehirns übersetzt die tieferen Strömungen und Signale des älteren Gehirns, was uns ermöglicht, uns nicht nur an unsere Gefühle zu erinnern, sondern auch daran, wer sie verursachte und wann und wo wir sie verspürten. Mit dem neueren Gehirn vor Ort begannen wir, uns um unseren Nachwuchs zu kümmern. Zuvor verjagten wir ihn nur oder suchten selbst das Weite.

Der Neokortex

Schließlich hatten wir *(der Homo sapiens)* vor etwa dreieinhalb Millionen Jahren hauptsächlich in den Sphären unseres Gehirns einen enormen Wachstumsschub. Das neue, gigantische Gehirn nannte man später das neomammalische Gehirn oder Neokortex, es ist der große Junge unter den Gehirnen und ist für das Lösen von Problemen, Selbstregulation, Selbstbeobachtung, Kontrolle der Impulse, Aufmerksamkeit, Empathie u. v. a. zuständig. Und es gibt uns die erstaunliche Fähigkeit, über das Denken nachzudenken.

Vereinfacht dargestellt, schnellt eine Emotion aus dem Hirnstamm hervor, das limbische System registriert, analysiert und erinnert sich an sie, und der Neokortex schätzt sie ein und entscheidet, was als Nächstes zu tun ist.

Alle drei Gehirnteile

Wären sie Nachbarn, die Tür an Tür wohnten, würden diese drei Gehirnteile Gespräche wie das Folgende führen:

Reptiliengehirn (völlig in Fahrt): »Ich will f**ken, knurren, essen, schlafen. Und zwar sofort!«

Neokortex: »Du bist vulgär, ekelhaft und abscheulich. Könntest du bitte versuchen, deine obszönen Gedanken für dich zu behalten, sonst rufe ich die Polizei.«

Limbisches System: »Ich habe es satt mit euch. Ich kümmere mich um die Kinder, während sich einer von euch auf Ravepartys rumtreibt und der andere dauernd an allem herumkritisiert.«

Auch wenn wir mit diesen eng zusammengezwängten Gehirnen leben müssen, entschädigt uns Mutter Natur wie üblich für das Schlamassel, denn bislang lief alles ziemlich rund, obwohl die Bettgenossen so unterschiedlich sind. Das Stammhirn hat offensichtlich seine Arbeit ordentlich gemacht, denn wir atmen noch immer und pflanzen uns fort. Das limbische System funktioniert ebenfalls anstandslos, denn wir haben kalte und heiße Emotionen und kümmern uns um unsere Kinder, selbst wenn sie uns manchmal aufzehren. Auch der Neokortex ist offensichtlich weiter aktiv, denn wir benehmen uns meist zivilisiert und wissen, wie man ein Stofftaschentuch benutzt.

Die drei Gehirne sind weder gut noch schlecht, sie sind einfach nur nützlich und erfüllen je nach Umständen ihre entsprechende Aufgabe. Selbst wenn Sie die beiden etwas primitiveren loswerden wollten, ist dies nicht möglich, denn sie haben ihre Funktion zu erfüllen. Sie brauchen das limbische, wenn ein Messerstecher aus einer Hecke hervorspringt. (Falls es uns jedoch von da an mahnt, künftig alle Hecken zu meiden, haben wir ein Problem.) Auch das Reptiliengehirn hat seine großen Auftritte (z. B. wenn Sie einen Porno sehen).

Mit etwas Übung können Sie lernen, nicht mehr unharmonisch in die Saiten zu greifen, sondern die drei Gehirne wie drei Noten nacheinander zu spielen, statt sie alle gleichzeitig anzustimmen. Je mehr Sie praktizieren, umso einfacher wird es, die Noten einzeln zu spielen.

Sympathikus oder Parasympathikus

Im Bereich des limbischen Systems befindet sich ein kleines Neuronen-Bündel, das nach seiner Form benannt ist: die Amygdala, die man auch als Mandelkern bezeichnet. Es ist der Alarmknopf unserer Flucht-Kampf-Starre-Reaktion sowie anderer starker Emotionen. Neuere Forschungen haben gezeigt, dass diese Emotionen keinesfalls auf die Amygdala beschränkt sind, sondern auch andere Bereiche des Gehirns umfassen. Wie auch immer, um es einfach zu halten, könnte man sagen, dass der Amygdala-Notrufschalter uns in einer gefährlichen Situation reflexhaft half, »unseren Mann zu stehen«, indem er eine ganze Reihe chemischer Botenstoffe aktivierte, die man als endokrines System kennt (unsere angeborene innere Chemie). Auf diese Art stellten wir uns dem Feind. Das Resultat unterscheidet sich nicht besonders vom Verhalten des Hauptdarstellers der Serie *Breaking Bad*: Heisenberg kocht die Designerdroge Crystal Meth (Methamphetamin) und lässt es dann seinen Kompagnon Jesse verteilen. In diesem Fall ist es allerdings nicht Meth, sondern sind es Hormone wie Cortisol und Adrenalin (die hoch dosiert sogar giftig sind). Jesse (die Hypophyse) vercheckt diese Eins-a-Hormone an seine Komplizin (die Adrenalindrüse), die sie dann an die Straßendealer verkauft (sämtliche Organe unseres Körpers). Sie wiederum verticken sie an die kleinsten Blutgefäße (die Abhängigen vor Ort). Unser Sympathikus funktioniert also mehr oder weniger wie der Dealerring von *Breaking Bad* ...

Vielleicht meinen Sie, der Name »Sympathikus« impliziere, dass Sie wirklich Mitgefühl mit sich haben und Ihren inneren Organen quasi Postkarten mit kleinen weinenden Hundebabys darauf schicken würden, auf denen geschrieben steht: »Mir tut es soooo leid!« – um ihnen zu zeigen, wie sehr Sie mit dem, was sie durchmachen, mitfühlen. Seltsamerweise ist dies allerdings keineswegs der Fall: Das sympathischen Nervensystem, das durch die Amygdala aktiviert wird, bringt Ihr Inneres regelrecht um. Chemikalien wie Adrenalin erhöhen Ihren Herzrhythmus und den Blutdruck. Cortisol schwächt Ihr Immunsystem (um die Entzündung von potenziellen Verletzungen zu verhindern) und meldet an die Amygdala zurück, dass es sich um einen Notfall handelt. Dies wiederum feuert den Prozess von Neuem an, es kommt zu einem fortlaufenden Kreislauf, wodurch immer mehr dieser giftigen Hormone produziert werden ... Dies ist der Grund, warum uns der Stress stresst und wir Angst haben, ängstlich zu werden. Natürlich ziehen diese Gefühle entsprechende Gedanken nach sich, und wir beginnen, uns auch geistig im Kreis zu drehen.

Ist der Sympathikus aktiv, fahren die anderen Körperfunktionen herunter, damit alle Kraft zur Verfügung steht, um sich schnellstens aus dem Staub zu machen, dazubleiben und dem Angreifer in den Hintern zu treten oder, wenn Sie ein Loser sind, wie ein Kaninchen im Scheinwerferlicht zu erstarren, bevor es Opfer des Straßenverkehrs wird. In diesen Zuständen verabschiedet sich auch das Fortpflanzungssystem und der Verdauungstrakt, denn in Notfallsituationen sind Sex und Snacks nicht wirklich vonnöten. Keiner möchte mit heruntergezogenen Hosen sterben oder wenn er gerade dabei ist, ein leckeres Sandwich zu verspeisen.

Nichts von alledem ist dazu da, Sie zu ärgern. All diese Prozesse dienen dazu, Ihnen besondere Kräfte zu verleihen, um Sie, koste es, was es wolle, am Leben zu erhalten. Emotional gesehen, stärkt all dies hingegen nur Ihre Angst, alles in Ihnen ist bereit, zu den Waffen zu greifen, das Stresslevel steigt, das Gehirn wird von Cortisol überflutet, und Sie gleichen einem aufgeschreckten Elefanten, tobend und vollkommen außer Kontrolle.

Wenn der sympathische Zustand weiterbesteht, welken die Neuronen und sterben ab, insbesondere jene, die für das Gedächtnis zuständig sind. Das ist auch der Grund, warum Sie sich unter Anspannung und Stress an überhaupt nichts mehr erinnern. Ihr Gehirn ist leer. Wenn Sie einen schlechten Tag haben, kann es sogar vorkommen, dass Sie nicht einmal wissen, warum Sie gestresst sind.

Cortisol schwächt die Fähigkeit der Neuronen, sich mit dem Hippocampus zu verbinden, und hindert Sie daran, sich zu regenerieren. Angesichts all dieses neuronalen Sterbens wundert es niemanden, wenn Sie sich in den Gewohnheiten Ihres negativen Denkens verfangen, das im Schneeballeffekt zum gedanklichen Wiederkäuen führt: »Keiner mag mich. Ich bin ein Versager. Wer möchte mit mir etwas zu tun haben? Denn dann wären auch sie Versager …« Diese Litanei des Grauens kann Tage andauern.

Jeder Gedanke produziert biochemische Reaktionen im

Gehirn, die zu einem Gefühl im Körper passen. Wenn Ihre Gedanken freudig sind, fühlt sich Ihr Körper dank der Kraft der Dopamine ebenfalls gut an. Sind Sie traurig, wird auch dies physisch gespiegelt. Das Gehirn eruiert Körperwahrnehmungen und übersetzt sie in Gedanken. Es ist wie die Katze, die ihren Schwanz jagt: Gefühle werden zu Gedanken, Gedanken zu Gefühlen, Gefühle zu … Es ist endlos. (In Kapitel 5 werde ich Ihnen zeigen, wie Sie diese Endlosschleife durchbrechen können, indem Sie sich darin üben, den Fokus auf den Körper zu richten und ihn dort zu belassen. Tun Sie das, verlieren die Gedanken an Kraft.)

Die einzige Art, aus diesem frenetischen Selbsthass auszubrechen, ist, irgendwie das Stressniveau zu senken, um so den Körper wieder in die ausgeglicheneren Gewässer seines Normalzustands zu bringen.

Sobald Sie das Level der Anspannung senken, aktiviert sich Ihr Parasympathikus, was die genau gegenteilige Wirkung hat: Ihre Körpertemperatur sowie der Blutdruck sinken, der Herzrhythmus verlangsamt sich, und Ihrem Gehirn und Ihren Organen wird wieder Energie zugeführt. Er signalisiert Ihrem Körper, dass es nichts gibt, wovor man Angst haben müsste: Sie können Sex haben, etwas essen und bekommen einen klaren Geist. Alles ist vergeben.

Sich selbst regulieren zu können bietet den Vorteil, dass Sie es lernen, selbst zu entscheiden, welches Nervensystem gerade aktiv ist. Wenn Sie einen sehr energetischen Zustand brauchen, weil Sie einer Politesse Ihre Meinung sagen wollen, die Ihnen gerade einen Strafzettel verpasst, obwohl Sie nur eine Minute nach dem Ablauf der Parkzeit am Wagen waren, scheuen Sie sich nicht und heizen Sie Ihren Sympathikus an. Ist die Sache aber geregelt und wollen Sie nicht den ganzen Tag lang die Geschichte mit dem Strafzettel wiederkäuen und den Ärger Ihren Freunden aufladen, was den eigenen Ärger nur noch verstärken würde, können Sie zum Parasympathikus umschalten.

Das Problem ist allerdings, dass schon in unserem Normalzustand (selbst dann, wenn wir nur Belanglosigkeiten reden und unser Geist umherwandert) der Sympathikus aktiv ist. Unser uns angeborener und tief innewohnender Zustand ist, negativ zu denken, wir sind unbewusst immer auf der Suche nach Ärger, dauernd darauf aus, uns von Problemen aufwühlen zu lassen, uns zu sorgen und uns zu beunruhigen … Von Zeit zu Zeit zeigt sich vielleicht eine bezaubernde Erinnerung, aber für gewöhnlich macht uns selbst diese traurig, da sie bereits vorbei ist. Sie bekommen angesichts Ihrer anstehenden Hochzeit vor Aufregung Herzklopfen, und schon Sekunden später sorgen Sie sich, ob Sie das richtige Fischbesteck für diesen Anlass haben ... Mensch! Dieses wiederkäuende Tagträumen wird zum Einzigen, worauf wir uns beziehen, und es geht dabei nur um »mich«. Es gibt verschiedene Bereiche, die für die vielen »Ichs« zuständig sind: die narrative und konzeptuelle Identität, das Körperbewusstsein sowie das Sprachzentrum (die Quelle aller Selbstgespräche). Wenn wir diese sich selbst überlassen, dreht sich unser Menschsein andauernd nur um mich, mich und nochmals mich.

Einer der Bereiche des Gehirns, der Selbstbezogenheit hemmt, ist der dorsolaterale präfrontale Kortex (DLPFC): Das sind quasi die Eltern des Gehirns, die sich einschalten, wenn Sie zu sehr abdrehen. Er ist auch an der Entscheidungsfindung bei einem moralischen Dilemma beteiligt und gehört zu einem Teil des Gehirns, den ich mir gerne wie die beiden Zügel eines wilden Pferdes vorstelle, das alles tut, um Reißaus zu nehmen. Achtsamkeit stärkt den DLPFC, wodurch es leichter wird, den Fokus wieder zurückzuholen und ihn auf die Aufgabe, die gerade ansteht, zu lenken und nicht von irrelevanten Gedanken mitgerissen zu werden.

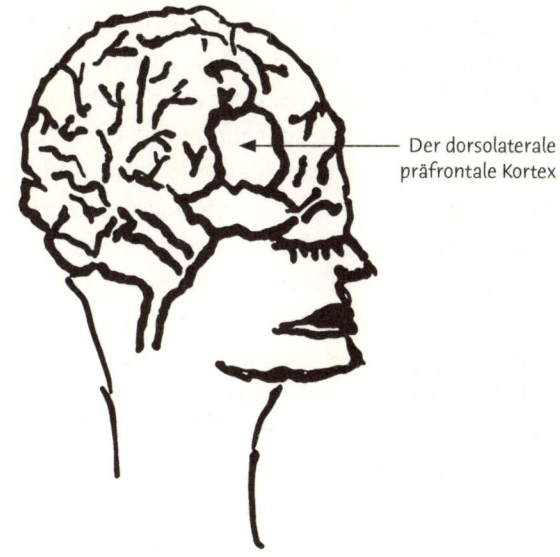

Der dorsolaterale präfrontale Kortex

Meine Zeichnung.

Für drei Dinge brauchen wir allerdings ein Selbstgewahrsein: Selbstreflexion, Konsistenz[6] und Identität (es wäre furchtbar, wenn Sie wie so manche andere denken würden, Sie seien Napoleon, denn dann würde man Sie schnell wegsperren). Wenn Sie beginnen, sich mit anderen zu vergleichen, kann dies jedoch diesem gesunden Identitätsgefühl schaden, da Sie unter Umständen voller Scham denken, Sie seien schlechter als die anderen, was auf Kosten Ihres Selbstwertgefühls geht.

Mit funktionaler Magnetresonanztomografie (fMRT), die ein Bild des lebenden Gehirns aufzeichnet und zeigt, welche Hirnregion gerade aktiv ist, kann man beispielsweise den Unterschied zwischen konzentriertem und abschweifendem Geist untersuchen. Wenn man lernt, seinen Fokus bewusst zu lenken, ist dies quasi wie die Befreiung von der Diktatur der Gedanken: Ihr Geist wird demokratischer, und so können Sie selbst wählen, welchen Informationen Sie Beachtung schenken und welche Sie lieber ignorieren möchten. Falls Ihnen das Beispiel mit Pferd und Zügeln nicht gefällt, hier ein anderes, das ich manchmal benutze: Ich stelle mir jemanden vor, der seine Hände dort auf meinen Kopf legt, wo der DLPFC ist, und ihn dort sacht wiegt, bis sich der Tumult in mir beruhigt hat. (Sie müssen nicht Freud sein, um zu wissen, dass diese Hände die liebevolle Mutter symbolisieren, die ich nie hatte.) Wenn sich bestimmte Bereiche des Gehirns beruhigen und die Selbstgespräche abklingen, liegt dies daran, dass im DLPFC mehr neuronale Verbindungen geknüpft werden und er somit gestärkt wird. Erst kürzlich wurde wieder mit dem MRT-Scanner bewiesen, dass es während eines achtwöchigen Achtsamkeitkurses genau dort zu einer erheblichen Steigerung dieser neuronalen Verknüpfungen kommt.

Das bedeutet nicht, dass Sie mit den Zügeln oder dem Handauflegen die Selbstgespräche abstellen können (die brauchen Sie, um zu existieren), aber sie sind nicht mehr so aufdringlich wie vorher, und Sie selbst bekommen den Volumenregler in Ihre Hand. Die Zeit ist vorbei, in der die Gedanken die Stars der Show waren: Jetzt sind es einfach Darsteller, denen der Regisseur sagt, wann sie auf die Bühne zu kommen haben und wann der Auftritt vorbei ist. Und dieser Regisseur ist niemand anderer als Sie selbst.

Mehr über das Gehirn

Wozu all dieser neurowissenschaftliche Fachjargon? Ich bin Pragmatikerin. Wenn mein Boiler kaputt ist, will ich wissen, warum. Ich rufe nicht etwa einen Heiler oder Reiki-Meister an, sondern einen Installateur und möchte von ihm wissen, wie der Hahn funktioniert und warum. Das Gleiche gilt für all diese Gehirnregionen, -bereiche und Netzwerke: Allein zu wissen, wie sie heißen, beruhigt mich und wärmt mein Herz. (Und ich werde jetzt mit all diesem etwas aufgeblasenen Vokabular abheben … verzeihen Sie mir.)

Hier nun einige Bereiche des Gehirns, die von Achtsamkeit beeinflusst werden:

Graue Substanz Diese Substanz, die man auch als »graue Zellen« kennt, umfasst die meisten Gehirnzellen. Wenn sie zunimmt, bedeutet das, dass es zwischen den Neuronen zu einer stärkeren Verbindung kommt. Stellen Sie es sich als Muskel vor: Je mehr Sie die betreffende Region nutzen, desto dichter wird dort die graue Substanz und umso mehr Neuronen gibt es dort. Die Dichte bestimmt die Vitalität und die Kraft Ihres Denkens.

Achtsamkeit stärkt das Wachstum der grauen Substanz in vielen Bereichen des Gehirns. Hier einige davon:

Präfrontaler Kortex (PFC), auch Stirnhirn genannt Je mehr Sie praktizieren, desto mehr wachsen die Zellen hier – und das bedeutet, dass Sie in der rechten Geistesverfassung sind.

Amygdala Mit dem Wachstum des PFC schrumpft die Amygdala und nicht nur das: Gleichzeitig werden durch Achtsamkeitspraxis die funktionalen Verbindungen zwischen Amygdala und PFC geschwächt. Dies ermöglicht es uns, weniger impulsiv zu reagieren, aufmerksamer zu sein und uns besser zu konzentrieren.

Inselrinde Diese Region ist für das emotionale Gewahrsein Ihrer Sinneswahrnehmungen zuständig, nicht für die begriffliche Zuordnung. Je mehr Achtsamkeit Sie praktizieren, desto größer wird die vordere Inselrinde. Und dies ist auch erwünscht, da sie Metakognition ermöglicht (die Fähigkeit, sich die Gedanken und Gefühle mit etwas Abstand anzuschauen). Immer dann, wenn Sie sich auf eine Sinneswahrnehmung konzentrieren (Tasten, Hören, Schmecken, Riechen, Sehen), wird die Inselrinde aktiviert, und je stärker sie wird, desto leichter fällt es uns, den Geist in der Gegenwart zu verankern und uns zu beruhigen.

Hippocampus MRT-Untersuchungen haben gezeigt, dass Achtsamkeit mit einer größeren Konzentration von grauen Zellen im Hippocampus einhergeht, der sich dabei auch strukturell verändert. Die Geburt dieser funkelnagelneuen Neuronen verbessert geistiges Geschick, Flexibilität des Denkens und das Gedächtnis.

Anteriorer cingulärer Kortex (ACC) Ein regelrechter Star in der Show der Selbstregulation und Aufmerksamkeit. Dank ihm ist es möglich, es zu bemerken, wenn der Fokus nicht mehr dort ist, wo man ihn gerne hätte. Jedes Mal, wenn wir ihn dorthin zurückbringen, wird dieser Teil des Gehirns stärker, was es uns erleichtert, vom rationalen Denken zum fühlenden Geist zu wechseln. Der ACC ist der Meister der Konzentration und hilft uns, nicht von Ablenkungen davongetragen zu werden. Er umgibt unsere Amygdala und kann daher unser Elend unter Kontrolle halten und die Aufmerksamkeit in sichere Gewässer lenken. Ihn zu stärken könnte in Hinsicht auf die Regulierung der Achtsamkeit für diejenigen Erfolg versprechend sein, die unter Aufmerksamkeitsdefizit-/Hyperaktivitätsstörung (ADHS) leiden, sowie wahrscheinlich auch für Menschen mit bipolarer Störung, auch wenn es diesbezüglich noch keine genaueren Beweise gibt. Hingegen ist inzwischen eindeutig nachgewiesen, dass er der Verbesserung der Aufmerksamkeit dient.

Der temporoparietale Übergangskortex Wie bereits zuvor erwähnt, steigert es unser Körperbewusstsein, wenn man achtsam den Fokus auf die Wahrnehmungen im Körper richtet. Das bestätigen auch MRT-Untersuchungen, die bezeugen, dass während der Achtsamkeitspraxis die graue Substanz in einem Bereich namens temporoparietaler Übergangskortex zunimmt, der für das Körperbewusstsein zuständig ist. Dies ist der Schlüssel, Menschen mit Essstörungen, Borderline-Syndrom oder Suchtverhalten zu helfen.

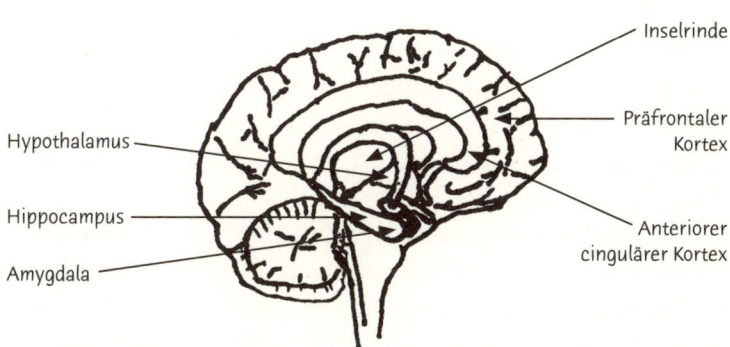

Meine Zeichnung der oben erwähnten Regionen – das Gehirn ist in der Mitte durchgeschnitten. (Probieren Sie das aber ja nicht an sich selbst aus).

Parasympathikus Achtsamkeit geht mit erhöhter parasympathischer Aktivität und geringerer sympathischer Aktivität einher. Dadurch kommt es zu geringerem Blutdruck und Puls sowie langsamerem Atemrhythmus und verringerter Muskelspannung.

Ich versuche die ganze Zeit rüberzubringen, dass wir dank der Achtsamkeitspraxis lernen, uns emotional besser zu regulieren und unsere primitiveren Reaktionen mehr und mehr durch höher entwickelte Gehirnaktivität zu ersetzen. Man hat inzwischen nachgewiesen, dass durch Achtsamkeit der präfrontale Kortex stimuliert wird und gleichzeitig die Aktivität der Amygdala abnimmt. Wird Letztere hingegen aktiver und tritt der präfrontale Kortex in den Hintergrund, führt das zu ernsteren sozialen Phobien und Ängstlichkeit.

Die wissenschaftlichen Grundlagen des Genannten findet sich – neben vielen anderen Studien – in folgendem Artikel:

Hölzel, B., Gard, T., & Ott, U. (2013). Mechanismen der Achtsamkeit: eine Betrachtung aus konzeptueller und neuronaler Perspektive. In A. Knuf & M. Hammer (Hrsg.), Die Entdeckung der Achtsamkeit in der Arbeit mit psychisch erkrankten Menschen.

Für die unter Ihnen, die genau wie ich noch gerne ein paar mehr wissenschaftliche Belege hätten, kommen gleich noch einige weitere.

Die Neurowissenschaftlerin Sara Lazar von der psychiatrischen Abteilung des Massachusetts General Hospital war die Erste, die die Wirkung der Meditation auf die Gehirnstruktur wissenschaftlich nachwies. Mithilfe der funktionellen Magnetresonanztomografie (fMRT), auch funktionelle Kernspintomografie genannt, wies sie nach, dass bei

Praktizierenden der Achtsamkeit die graue Substanz in der Inselrinde zunahm. Bei einer weiteren Untersuchung nahm sie die Gehirne von zwanzig Meditierenden auf und verglich sie mit entsprechenden Aufnahmen einer ebenso großen Kontrollgruppe, die noch nie meditiert und auch noch nie Yoga gemacht hatte. Die Meditierenden praktizierten im Schnitt bereits seit neun Jahren durchschnittlich etwa eine Stunde am Tag. Sie alle waren ganz normale Berufstätige aus dem mittleren Westen der USA. Die Sozialstruktur der beiden Gruppen glich sich hinsichtlich ihres Alters, der Herkunft und des Geschlechterverhältnisses.

Anhand der Gehirnscans der beiden Gruppen konnte Lazar erkennen, dass die Bereiche der Gehirne, die nach Erkenntnissen der zuvor genannten Studie durch Meditation gestärkt werden, auch bei diesen Meditierenden weit dicker waren als bei jenen, die nicht meditierten.

Kürzlich fanden Lazar und ihre Kollegen außerdem heraus, dass bei Meditierenden in der Gehirnregion, die am stärksten für emotionale Reaktivität zuständig ist – die Amygdala –, die graue Substanz abnimmt und sie obendrein weniger Stress erfahren. Dank dieser Untersuchungsmethoden sieht man, dass sich Ihre geistige Verfassung durch die Praxis der Meditation bereits in relativ kurzer Zeit deutlich verbessern kann.

Sie haben vielleicht bemerkt, dass in den genannten Studien Meditation, nicht aber Achtsamkeit untersucht wurde. Auch wenn man der Ansicht sein kann, dass sich beide ähneln, bedient sich Achtsamkeit der Meditation, um die Fähigkeit zu entwickeln, im täglichen Leben im gegenwärtigen Augenblick, ohne zu bewerten, präsent zu sein.

Und hier etwas, was meinen Wissensdurst gänzlich löschte: Cliff Saron von der University of California untersuchte die Auswirkungen der Meditation auf ein Enzym, das die Lebensdauer von Zellen beeinflusst.

Das Enzym Telomerase verlängert die DNS-Segmente am Ende von Chromosomen. Diese Segmente sichern während der Zellteilung die Stabilität von genetischem Material. Jedes Mal, wenn sich eine Zelle teilt, wird sie kürzer. Ist sie einmal auf eine bestimmte Länge reduziert, hört die Zelle auf, sich zu teilen, und kommt langsam in den Zustand der Seneszenz [Vergreisung]. Im Vergleich zu einer Kontrollgruppe hatten die Meditierenden, die den höchsten Rückgang an physischem Stress verzeichneten, die höchste Telomerase-Aktivität. Diese Forschungsergebnisse legen nahe, dass Achtsamkeitstraining bei manchen Praktizierenden den Prozess der zellulären Alterung verlangsamt.

Wenn ich tagsüber etwas Zeit habe, fällt mir die Entscheidung, ob ich meinen Hintern straffen oder MBCT praktizieren soll, um mein Leben zu verlängern und lebenswerter zu gestalten, nicht schwer. (Lassen Sie den Kopf nicht hängen, in meinem sechswöchigen Kurs in Kapitel 5 zeige ich Ihnen, wie Sie gleichzeitig Ihren Hintern straffen und Achtsamkeit praktizieren können. Es ist eine Win-win-Situation.)

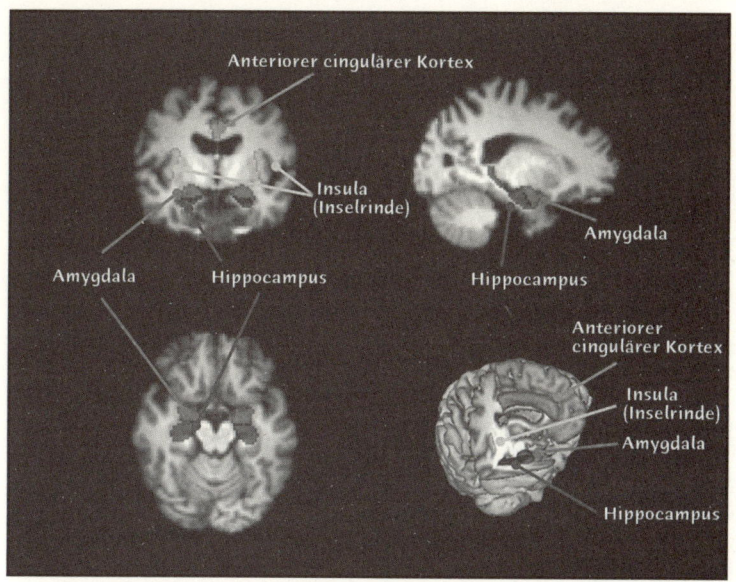

Ich dachte mir, ich sollte auch einmal mein eigenes Gehirn scannen lassen, um zu zeigen, dass wir hinter unseren unterschiedlichen Fassaden doch alle die Gleichen sind. Mit dem Unterschied, dass *meine* Hirnregionen einfach anziehender sind als die der meisten anderen Menschen.

Hier also mein Gehirn …

Warum wir schnell etwas unternehmen müssen: Körperliche und geistige Krankheiten

- Neunzig Prozent der Menschen, die sich ärztlich behandeln lassen, leiden unter Krankheiten, die keine körperlichen Ursachen haben, sondern stressinduziert sind und mit extremen Emotionen in Zusammenhang stehen.
- Vierzig Millionen Menschen in der Europäischen Gemeinschaft haben Stress, der von ihrer Arbeit kommt.
- Die Kosten, die durch stressbedingte Arbeitsausfälle verursacht werden, belaufen sich in Europa auf zwanzig Milliarden Euro.

Auch wenn kurzzeitiger Stress dem Immunsystem nutzen kann und seine Reaktionen verstärkt (weswegen beispielsweise Wunden schneller heilen), verschlimmert chronischer Stress Infektionskrankheiten und macht uns für folgende chronische und andere Krankheiten anfälliger:

- Verringerte Libido
- Demenz
- Diabetes
- Verdauungsstörungen
- Arteriosklerose
- Herzkrankheiten
- Unfruchtbarkeit
- Gedächtnisverlust
- Psychische Erkrankungen
- Fettleibigkeit
- Vorzeitiges Altern
- Manche Krebsarten
- Virusinfektionen

Verglichen mit dem Schaden, den Stress anrichtet, ist Rauchen vielleicht das kleinere Übel … sagen Sie so was nicht, aber ich hab's gesagt.

Der Zusammenbruch des Immunsystems ist für viele der oben genannten Krankheiten verantwortlich. Stress trägt seinen Anteil dazu bei, indem er die Interaktion zwischen Nerven- und Immunsystem beeinträchtigt. Ziel der Achtsamkeit ist es, das Stressniveau zu senken, indem wir unsere Einstellung zu ihm bessern. Eine Vielzahl an Untersuchungen dokumentiert die Effizienz von MBCT bei der Behandlung von Drogenmissbrauch, Essstörungen und chronischen Schmerzen sowie bei der Stärkung des Immunsystems, der Senkung des Blutdrucks und des Cortisolspiegels. Das zeigt, dass MBCT nicht nur einen positiven Einfluss auf Krankheiten hat, sondern auch unser allgemeines psychisches Wohlbefinden verbessert.

Lassen Sie mich schnell etwas detaillierter einige Konsequenzen von Stress beleuchten.

Sucht

Eine Sache möchte ich von Anfang an klarstellen: Wir können nicht nur nach Drogen, Sex oder Alkohol süchtig werden, sondern auch nach Gedanken und Gefühlen, wie etwa Ängstlichkeit, Panik oder Verzweiflung. Um einen neuen Kick zu bekommen, jagen wir möglicherweise nach Menschen, die diese Gefühle bei uns hervorrufen. Stets finden wir den perfekten Täter. Manche Leute können nicht sagen, ob sie ihren Partner lieben oder ob er einfach nur die Chemikalien, nach denen sie süchtig sind, in ihren Venen zum Brodeln bringt. Selbst von Erniedrigung kann man abhängig werden.

Ganz gleich, ob es die Freizeitdroge oder eine von den Emotionen aktivierte körpereigene Chemikalie ist, von beidem können Sie abhängig werden. Diese Substanzen aktivieren die entsprechenden Rezeptoren, die wie Schlüssellöcher sind, die man nur mit dem passenden Schlüssel (ebendie betreffenden Chemikalien) öffnen kann: Serotonin wird nur von einem Serotonin-Rezeptor angenommen. Sie sehen: Rezeptoren sind sehr monogam ...

Wenn Sie große Mengen an Dopamin ausschütten, was zu Allmachtsgefühlen führt, wird es Ihnen nach mehr davon verlangen. Produziert Ihr Körper zu häufig diesen Stoff, werden die Rezeptoren desensibilisiert, und Sie bekommen nicht mehr den gewohnten Kick. Schütten Sie selbst nicht mehr ausreichend Dopamin aus, greifen Sie möglicherweise nach dieser passenden Freizeitdroge: Kokain, denn zufällig passt das weiße Pulver perfekt in das Rezeptoren-Schlüsselloch von Dopamin. Und selbstverständlich brauchen Sie davon immer mehr, denn die Rezeptoren wollen immer mehr stimuliert werden ... Genau dies kennzeichnet die räudige Hündin der Abhängigkeit: Sie endet nicht von allein. Entweder Sie befreien sich von ihr, oder sie macht mit Ihnen Schluss.

Ich für meinen Teil hatte eine Vorliebe für Ärger (ich habe sie noch heute, aber ich bin mir eher bewusst, dass es, wenn ich ihm freien Lauf lasse, eine giftige Rückwirkung hat, und das ist der Grund, warum ich auch heute noch Sodbrennen habe). Heute träume ich also nur noch von ihr, von der alten Beschleunigung des Herzschlags, dem Gefühl, mein Körper werde zu einem Alien, mit gefletschten Zähnen und knurrend. Ich legte es auf solche Situationen an, in denen mein Zorn zuschlagen und ich dies auskosten konnte. All dies bewohnt noch heute mein Gehirn. Noch immer scanne ich morgens nach dem Aufstehen alle, die ich kenne, durch – auf der Suche nach jemandem, auf den ich zornig sein kann. Wen könnte ich heute anrufen und beschimpfen? Und selbst wenn es nur ein armer kleiner Angestellter der Firma ist, der mir eine Bettdecke in der falschen Größe geschickt hat (ich wollte eine Extragröße, nicht die einfache, himmeldonnernochmal) …

Ich stehe auf solche Anrufe, denn ich kann spüren, wie der Verkäufer innerlich bebt, gleichzeitig aber versucht, freundlich zu bleiben, was mich nur noch mehr erzürnt. Ärger gehört zu mir wie mein Schatten, aber je weniger ich ihm nachgebe, desto weniger macht mich sein Fieber abhängig. Langsam wird er wie eine Erinnerung, die verblasst. Das bedeutet nicht, dass ich jetzt ein Schaf wäre. Ich habe immer noch das Potenzial, bis unter die Hemdsärmel wütend zu werden, aber jetzt nutze ich diese Energie nur noch in Situationen, in denen sie wirklich nötig ist, wie beispielsweise, wenn jemand auf meinem Parkplatz parkt.

So wie ich es versucht habe, meine Gewohnheit abzulegen, Politessen zu attackieren, können auch Sie den Langzeiteffekt Ihrer Körperreaktion auf Stress ändern, indem Sie lernen, Ihre archaische Flucht-Kampf-Starre-Reaktion in den Griff zu bekommen. Stress ist nicht immer eine Reaktion auf Notfälle oder Katastrophen, sondern entsteht auch aufgrund von alltäglichen kleinen Spannungen am Arbeitsplatz, im Privatleben oder in der Gemeinde und kann langfristige körperliche und psychische Auswirkungen haben. Darüber hinaus erhöht eine zu reichhaltige Ernährung, Rauchen, Alkoholgenuss und überhaupt alles andere, was Ihren Cortisolspiegel steigen lässt, Ihr Stressniveau. Es hängt nicht nur von genetischen Faktoren ab, wie Sie ein Ereignis interpretieren und in welch allgemeiner körperlicher sowie geistiger Verfassung Sie sind, sondern auch von den Entscheidungen bezüglich Ihres Verhaltens und Ihres Lebenswandels. Mit anderen Worten: Beschuldigen Sie nicht Ihre Mutter dafür, dass sie Ihnen die Gene vererbt hat, wegen denen Sie heute crackabhängig sind.

Typ-2-Diabetes

In Notfällen (wie bei Flucht oder Kampf) brauchen wir einen höheren Blutzuckergehalt, der uns Kraft und Energie gibt. Dauert dieser Stress aber zu lange, kann der Körper die Glukose nicht mehr aufnehmen, und als Ergebnis bekommen Sie Diabetes. (Insulin reguliert die Glukose, und wenn es aufgebraucht ist, darben die Zellen.)

Was uns kurzfristig hilft, schädigt uns also längerfristig. Ein Stück Schokolade ist kein Problem, aber eine Schokoladenquelle, die sie mit einem Strohhalm von Ihrem Bett aus anzapfen können, sehr wohl.

Fettleibigkeit

Wie ich bereits erwähnt habe, pausiert in einer Stresssituation die Verdauung, da Sie all Ihre Energie für die Flucht-oder-Kampf-Reaktion brauchen und Sie ohnehin keine Zeit haben, über Ihr Mittagessen nachzudenken. Wenn der Zuckerspiegel über längere Zeit ansteigt, wird das Insulin, wie im Fall von Diabetes, gegen Glukose unwirksam, weswegen diese nicht mehr aufgenommen werden kann. Das bedeutet, dass man schlussendlich – wie es unlängst in einer Fernsehshow zu sehen war – Ihr Dach abnehmen muss, um Sie mit einem Hubschrauber aus Ihrem mit Spaghetti überfüllten Bett zu retten, da Sie nicht mehr durch die Tür passen.

Unfruchtbarkeit

Leiden Sie unter zu großem Stress, hört auch Ihr Fortpflanzungssystem auf zu arbeiten. Während solcher Perioden gehört die Produktion von Testosteron und Sperma nicht zu den Top-Prioritäten der Männer, denn wenn sie um ihr Leben rennen, ist eine Erektion das Letzte, was sie brauchen können. Und Sie wissen auch ohne wissenschaftliche Untersuchungsergebnisse, dass es einer gestressten Frau nicht nach Sex ist. Dies liegt daran, dass lästige Dinge wie Menstruation, der wachsende Fötus und Stillen ihr die Flucht erschweren (diese Regel hat allerdings einige Ausnahmen: Eine Frau, die von einem »Raubtier« auf der Balz gejagt wird, rennt nicht unbedingt davon … sie epiliert ihre Beine und zieht sich ihre aufreizende Unterwäsche an. Sie flieht nicht vor ihm, sie kämpft nicht mit ihm, sondern hat ein Date mit ihm.)

Krebs

Eine mögliche Erklärung, warum Stress Krebs begünstigt, ist, dass Stress das Immunsystem schwächt, das Tumore sonst bekämpft.

Herzkrankheiten

Kurzfristig gesehen, steigen bei Stress sowohl der Blutdruck als auch der Puls, und wir produzieren mehr Blutzucker, um mehr Energie zur Verfügung zu haben. Auf lange Sicht allerdings kann uns das wiederholte Ansteigen des Blutdrucks und des Pulses jedoch für Herzkrankheiten und Herzinfarkte anfälliger machen.

Gedächtnisverlust und altersbedingte Krankheiten

Wenn der präfrontale Kortex dünner wird, ist dies ein Zeichen dafür, dass wir altern. Dies kann durch das Anwachsen der grauen Substanz verlangsamt werden, die ein längeres Leben begünstigt. Ganz anders als jemand, der nur ein paar schnöde Löffel voll graue Zellen besitzt, bekommen wir einen lebendigeren, scharfsinnigeren und vitaleren Geist.

Depression und andere psychische Krankheiten

Keiner kann mit Gewissheit sagen, wie weit psychische Krankheiten durch Veranlagung und in welchem Maße sie durch die Sozialisation bedingt sind. Doch selbst wenn Sie eine Veranlagung zur Depression haben, muss diese, vereinfacht dargestellt, nicht aktiv werden, sofern Sie ein großartiges Leben führen. Wenn umgekehrt Ihre Eltern wilder als Hyänen sind und Ihnen im Leben etwas Schreckliches zustößt, schlägt sie zu, und Sie finden sich unverhofft mit einer psychischen Störung wieder. Es gibt chemische Substanzen, denen man nachsagt, sie würden Depression begünstigen, aber nichts davon konnte bislang mit hundertprozentiger Sicherheit nachgewiesen werden. Durch Adrenalin fühlen Sie sich vitalisiert, aber Cortisol und besonders die Glucocorticoid-Hormone kosten Energie, weswegen Sie das Gefühl haben, im tödlichen Griff der Depression gefangen zu sein. Die Glucocorticoide verringern auch die Produktion von Dopamin, und so haben Sie weniger inneren Antrieb und weniger Genuss.

Stress verringert Serotonin (die große Waffe, die Frechheit fördert) und kann dazu führen, dass man das Interesse am Leben verliert.

Man kann vielleicht einfach sagen, dass Stress mit geistiger Verwirrung einhergeht, da die endlose Parade der Schamgefühle und der Selbstverachtung dazu führt, dass die schädlichen Chemikalien den Aufstand proben. Und was provoziert ihn? Ein Täter mit Fängen wie Rasiermesser? Oder ist etwa eine Atomrakete auf dem Weg in Ihren Gemüsegarten? Nein, der Grund liegt darin, dass sich Ihre Gedanken im Abwärtsstrudel des Grübelkarussells befinden, was Verängstigung, Panikattacken und Depressionen verursachen kann.

Der Stress des Stresses

Ganz gleich, an welcher physischen Krankheit Sie leiden, Stress kann sie verschlimmern oder sogar zu einer weiteren Krankheit führen. Sie können einen Herzinfarkt bekommen, weil Sie sich zu sehr über Ihre Gürtelrose sorgen. Dieser zusätzliche Stress, der vom Grübeln über Ihre Krankheit oder Verletzung herrührt, kann grenzenlosen Schaden anrichten. Hier kann Achtsamkeit helfen, die Gedanken zu beruhigen, um dieses zusätzliche Leid zu vermeiden. Und genau dieser Stress, den Sie dem Schamgefühl und der Krankheit noch hinzufügen, ist letztendlich das, was Sie erdrückt, nicht unbedingt das körperliche oder psychische Problem selbst.

Was die Lage rettet: Neuroplastizität

An diesem Punkt zucken Sie vielleicht mit den Schultern und denken: »Wozu sind all diese Informationen über Stress eigentlich gut? Ich bin, wie ich bin. Macht es mich zu einem schlechten Menschen, wenn ich von meinen Gewohnheiten abhängig bin?« Diese Einstellung ist vergleichbar damit, zu sagen: »Mir sind die Hände gebunden. Ich bin einfach unglaublich unordentlich, es ist mein Schicksal, und es steht außerdem in meinem Horoskop.« Und natürlich können Sie nichts dafür! (Als ob nachts, als Sie schliefen, ein Geist in Ihr Haus gekommen wäre und es verwüstet hätte.) Doch daran ist nichts Schicksalhaftes. Selbst wenn sie weder Arme noch Beine haben, können Sie immer noch Ihr Zimmer sauber machen – meine Mutter staubsaugte für gewöhnlich mit ihren Zähnen –, wir könnten viel von ihr lernen.

Heute wissen wir, dass die Gene unseren Ausgangspunkt bestimmen (wir können uns das so vorstellen, dass wir wie ein Topf voller Chemikalien sind, die das Potenzial haben, aktiv zu werden, und mit einer vagen Blaupause neuronaler Verbindungen auf die Welt kommen), aber dieser ist nicht statisch, und wir können uns verändern. Bereits im Mutterleib werden die neurologischen Muster von allem – und ich meine damit wirklich *allem* –, was Sie erleben, neu konfiguriert. All das, was Sie seither gedacht oder gefühlt haben, und all ihre Handlungen spiegeln sich in diesen Strukturen. Das Gehirn ist nie statisch, all die Muster und Verbindungen sind in dauerndem Fluss und ermöglichen mehr verschiedene Konstellationen, als es Sterne im Universum gibt. Es gibt kein fertiges Modell namens »Ich«, denn wir verändern uns andauernd, und diese Veränderung der Gehirnstruktur wird als Neuroplastizität bezeichnet, was bedeutet, dass sich andauernd neue neuronale Vernetzungen bilden. Unser Gehirn ist wie ein Schwamm, es nimmt bei jedem neuen Gedanken und jeder neuen Erfahrung eine neue Form an. Selbst jeder Satz, den Sie hier lesen, verändert die Schaltungen in Ihrem Gehirn.

Dieses besteht aus Billionen von kompliziert miteinander verknüpften Neuronen, die beständig miteinander kommunizieren, indem sie sich elektrochemische Signale zusenden. Wir können sie dabei jedoch nicht heimlich belauschen und wissen nicht, was sie sich mitteilen. Es ist aber möglich, jemanden, der in einem fMRT-Scanner liegt, bestimmte Aufgaben ausführen und gewisse Gedanken denken zu lassen. Angesichts dessen, welche Neuronen in den verschiedenen Bereichen dabei aktiviert werden, bekommen wir eine gewisse Idee davon, was »da oben« in uns vorgeht. Obwohl Sie vielleicht einfach nur dasitzen und Ihre Fußnägel schneiden, passieren dort Dinge, die im Scanner wie eine Lightshow bei einer Tour des Rappers Kanye West aussehen.

Es gleicht dem Kinderspiel *Pass the Parcel*.[7] Jedes Neuron reicht Informationen – und in diesem Fall kein billiges Plastikspielzeug in Pappkartons, sondern wichtige Informationen mittels elektrischer Strömungen – weiter, welche die Ausschüttung bestimmter Chemikalien oder Neurotransmitter auslösen. Sie baden das Gehirn in verschiedenen vorprogrammierten Rezepturen, was dazu führt, dass Sie tun, was Sie tun, denken, was Sie denken, und fühlen, was Sie fühlen. Wiederholen Sie bestimmte Gedanken oder Gefühle bzw. ein bestimmtes Verhalten, werden die neuronalen Verknüpfungen stärker verschaltet, was wiederum zur Folge hat, dass sie die entsprechenden Gedanken, Gefühle und Handlungen eher wiederholen. *Et voilà* … eine Gewohnheit ist geboren, die Ihr Verständnis der Welt und von Ihnen selbst einschränkt.

Jetzt, wo wir wissen, dass sich unser Gehirn in konstantem Wandel befindet, ist es auch klar, dass wir, wenn wir anders denken und unheilsame Muster durchbrechen, seine Landschaft verändern können und damit die Ausschüttung von Chemikalien, die diese begleiten, verhindern.

Und hier nun die Theorie, die erklären könnte, warum es

die Neuroplastizität beeinflusst, wenn man seine Aufmerksamkeit fokussiert. Der Teil des Gehirns, den man Nucleus basalis nennt (er grenzt an den Gehirnstamm), besitzt kleine neurale Verzweigungen (ich nenne Ihnen nicht einmal ihre Namen, sie sind viel zu lang), die Chemikalien im Kortex freisetzen, wenn er stimuliert wird. Diese chemische Suppe kann die Verbindungen zwischen den Neuronen stärken, wenn sie aktiviert werden. Wenn wir unsere Aufmerksamkeit fokussieren, fördern wir damit diese Neuroplastizität. Dies könnte ein Grund sein, warum die Kraft unseres Geistes auch die Anatomie unseres Gehirns ändert. Aber wie erreichen wir das? Hierfür würde ich Ihre Aufmerksamkeit gerne wieder zurück zu dem alten Gehirnskulpteur bringen: MBCT.

Wie Achtsamkeit die Neuroplastizität fördert

Bei der Praxis der Achtsamkeit machen wir uns die Neuroplastizität zunutze, um uns von der Bürde unserer Gewohnheiten zu befreien. Allerdings müssen wir hierzu lernen, unsere Gehirne effektiver zu gebrauchen, um bestimmte neuronale Verbindungen zu stärken und andere zu unterbrechen sowie bestimmte Chemikalien zu aktivieren und andere zu hemmen, sodass all dies für und nicht gegen uns arbeitet.

Manchen Menschen ist es egal, welche Hardware ihren Computer zum Laufen bringt oder welcher Motor ihren Wagen antreibt. Ich habe dafür vollstes Verständnis: Ich finde das auch nicht gerade spannend, und wer hat schon Zeit, sich damit zu befassen? Der Witz ist jedoch: Wenn der Motor unseres Autos kaputt ist, können Sie, statt ihn zu reparieren, einfach einen neuen Wagen kaufen. Aber wenn Sie selbst zusammenbrechen, können Sie sich nicht durch ein neues Modell ersetzen. Sie müssen Ihren Motor reparieren können.

Jetzt, wo man uns über Neuroplastizität aufgeklärt hat, können wir nicht länger behaupten, wir seien nun einmal so, wie wir sind, und könnten uns nicht ändern. Wir können nicht vorgeben, es gäbe keine Hilfe, und wir seien nur eine größere Version dessen, was wir schon als Baby waren. Denn je mehr wir über unser Gehirn und seine Wandlungsfähigkeit erfahren, desto besser verstehen wir, dass unser Gehirn sich verändert, wenn wir beim Denken neue Wege einschlagen: Dabei stellen wir unser Denken und unsere Gewohnheiten infrage und treffen bezüglich der Art, wie wir unser Leben leben möchten, bewusste Entscheidungen. Es ist möglich, unsere neuronale Innenausstattung willentlich neu zu gestalten, alte Muster aufzugeben sowie die neuronale Ausstattung auf den neusten Stand zu bringen und uns zu verbessern.

Tiere bleiben immer im gleichen alten Trott, bis ihnen die Natur einen Höcker verpasst, wenn es nicht genug Wasser gibt, oder einen langen Hals, damit sie an die Blätter weiter oben in den Baumkronen kommen. Sie müssen diese Dinge nicht erfinden, die Natur kümmert sich darum. Wir hingegen haben das Potenzial, unsere Gedanken bewusst zu nutzen, um uns zu entwickeln, wir können uns selbst verbessern und müssen nicht warten, bis es über uns kommt. Das Gehirn ist dazu da, immer Neues dazuzulernen. Doch wenn wir aufhören, sie »upzudaten«, blockieren sich unsere Verschaltungen und greifen dann auf den Autopiloten und unsere alten Angewohnheiten zurück. Um uns weiterzuentwickeln, müssen wir uns von alten, genetisch bedingten Gewohnheiten lösen und das, was wir als Gattung gelernt haben, ausschließlich als Arbeitsgrundlage nehmen.

»Evolution ist unser Beitrag zur Zukunft, und unser freier Wille ist es, mit dem wir den Prozess initiieren.«

Dieses Zitat stammt von einem der größten Experten im Bereich Neurowissenschaft der Achtsamkeit, Richard Davidson.

»Derzeit ist eine vielversprechende Wissenschaft im Begriff zu entstehen, die sich damit auseinandersetzt, wie Achtsamkeit auf der Ebene der Physiologie des Gehirns und des Körpers ›funktioniert‹: Ihre Untersuchungsergebnisse spiegeln die subjektiven Erfahrungen der Menschen (also z. B. wie die Leute das Erlebte konkret empfinden).

Neue Strömungen in der Neurowissenschaft haben bewiesen, dass die Struktur und die Funktion des Gehirns in keiner Weise in der Kindheit festgelegt werden, sondern dass es das ganze Leben lang ›neuroplastisch‹, d. h. veränderbar, bleibt. Eine zunehmende Zahl an funktionellen und strukturellen Bildgebungs-(MRT-)Studien, die die Auswirkungen von Achtsamkeit untersuchen, legen nahe, dass diese mit Sicherheit die Struktur und Funktion des Gehirns tief greifend verändert und die Qualität sowohl der Gedanken als auch der Gefühle verbessert. Sie zeigen, dass Achtsamkeitsmeditation die neuronalen Netzwerke neu gestaltet, indem sie Dichte und Komplexität in Bereichen, die mit kognitiven Fähigkeiten in Verbindung stehen, erhöht. Hierzu zählen Aufmerksamkeit, Eigenwahrnehmung und Selbstbeobachtung sowie emotionale Bereiche wie Güte, Mitgefühl und Rationalität. Gleichzeitig verringerten sich Gehirntätigkeit und Wachstum in Regionen, die für Ängstlichkeit, Feindseligkeit, Sorgen und Impulsivität zuständig sind.«

Ich will den Punkt nicht überstrapazieren, aber es gibt noch einige weitere Gründe, warum man sich überlegen sollte, Achtsamkeit zu praktizieren.

Das US-amerikanische *National Institute of Health* (ein dem US-Gesundheitsministerium unterstelltes Forschungsinstitut) veröffentlichte die Ergebnisse einer Studie, in der Meditierende mit Nichtmeditierenden verglichen wurden. In dieser ist zu lesen: »Im Vergleich zu den Nichtmeditierenden zeigt das Ergebnis einen massiven Rückgang der frühzeitigen Sterblichkeit bei den Meditierenden. Die Untersuchungsergebnisse zeigen, dass Meditierende gegenüber Nichtmeditierenden eine weit höhere Lebenserwartung aufweisen. In den neunzehn Jahren der Studie starben von ihnen 23 Prozent weniger als bei der Kontrollgruppe, die die gleiche Altersstruktur aufwies. Bei auf Herz-Kreislauf-Probleme zurückzuführenden Todesursachen lag der Wert sogar bei 30 Prozent.«

Falls Meditation nichts für Sie ist, gibt es auch noch andere Arten, das Leben zu verlängern: oft mit Freunden zusammen sein, jemanden heiraten, der Sie häufig zum Lachen bringt, nie aufhören zu lernen, Gymnastik, Brokkoli essen und nicht rauchen.

4

Ein deprimierendes Zwischenspiel

Den vorherigen Abschnitt des Buchs schrieb ich am 9. November 2014. Erst am 25. Januar 2015 schrieb ich weiter. In der Zwischenzeit hatte ich erstmals nach sieben Jahren eine neue depressive Episode. Ich war nie so anmaßend, mir einzubilden, dass mir das nie wieder passieren könnte: Ich wusste, dass es dazu kommen würde. Ich hätte nur gedacht, dass ich dank meines Achtsamkeitstrainings merken würde, wenn es wieder so weit ist. Eine der vielen ärgerlichen Seiten der Depression ist, dass Sie aufgrund der Erkrankung des Gehirns nicht den nötigen inneren Abstand haben, um sich die Sache so objektiv und klar anzuschauen, wie Sie es tun können, wenn Sie sich etwa den Fuß verstaucht haben. Ich weiß, dass es dafür keine magische Pille gibt, aber ich wäre gerne gewappnet gewesen, als es wieder aus den dunklen Bereichen meines Seins zuschlug. In Wirklichkeit schleicht sich die Depression natürlich heimlich und verstohlen in unser Selbst, sodass wir glauben, sie sei Teil von uns, ähnlich den Fältchen Ihrer Haut, an die Sie sich so gewöhnt haben, dass Sie denken, sie seien schon immer da gewesen.

Die Depression kam auf einer Reise in die USA, wo ich mein erstes Buch promotete und eine Show machte. Dort zu arbeiten hatte meiner Gesundheit schon immer geschadet. Überall gibt es Auslöser, versteckte psychische Bomben.

Amerika erinnert mich immer an mein Versagen. Aufgrund des elterlichen Missmanagements in meiner frühen Kindheit habe ich in dem Land nur eine Sache richtig gemacht: es verlassen. Ich will damit nicht sagen, dass meine Eltern nie hätten dorthin emigrieren sollen, denn dann wäre ich nicht hier und würde diese Zeilen nicht tippen. Doch jedes Mal, wenn ich diese sonnigen Ufer erreiche, werde ich von dem Gefühl überwältigt, ich würde alle ungemein enttäuschen, und das beginnt schon mit den Leuten vom Zoll. Ich will nicht in die Details von alledem gehen, was ich während der Buchtour erlebte, denn sonst bekomme ich noch Flashbacks und werde erneut traumatisiert.

Nach meiner Heimkehr senkte sich der Vorhang der Depression dann gänzlich und blockierte alle Gedanken. Dank der Achtsamkeitspraxis dauerte es diesmal nur ein paar Wochen, bis ich meine Depression erkannte. Früher geschah dies immer erst nach mehreren Monaten: Ich hatte mich also wacker geschlagen. Jetzt wusste ich, dass ich krank bin, wusste, dass ich kein Widerling war, der sich all das nur ausdenkt. Es dauerte eine Weile, aber dann gelang es mir, mich nicht mehr selbst zu bestrafen.

Ich ergab mich der vollen Last meiner inneren Erstarrung, ließ es zu, dass sie von mir Besitz ergriff: Ich kapitulierte, vergab mir und brüllte mich innerlich nicht mit Worten wie »verdammt noch mal, komm endlich in die Gänge« an. Ich akzeptierte meine Verfassung. Es war schon einmal ein guter Anfang, dass ich mir verzieh, die Krankheit zu haben, und mir nicht auch noch all diese vernichtenden Kommentare antat, wie weshalb ich die Frechheit besitze, mich schlecht zu fühlen, obwohl ich doch genug zu essen habe und mir sogar eine Tasche eines Fashionherstellers leisten kann. In der Schaltzentrale meines Hirns war mir bewusst, dass die Krankheit echt war und dass sie mich in ihren Fängen hatte. Zumindest im Augenblick.

Es ging weit schneller vorbei als all die anderen Depressionen, die ich bisher gehabt hatte, da es mir gelang, nicht besorgt über meine Sorgen, ängstlich über meine Angst und deprimiert aufgrund der Depression zu sein. Allein dadurch konnte ich die Metaebene des Leids vermeiden, denn mir war bewusst, dass die Krankheit an sich echt war, ich dieses zweite Niveau aber selbst zu verantworten hatte. Diesmal war ich nur eine Woche hospitalisiert, danach fuhr ich nach Hause, legte mich ins Bett und wartete die Sache ab. Während dieser Zeit sorgte meine Tochter für mich, die wusste, dass es mich selbst zu sehr ängstigte, mir einen Tee zu machen. Auch stellte ich erstmals fest, dass ich sogar in dieser Verfassung schreiben konnte. Während ich also die Sache ausstand, ohne zu wissen, ob ich je wieder »ich« werden würde, schrieb ich diese Zeilen.

10. Dezember 2014

Depressiv ... und kein Ende in Sicht. Ich interpretiere die Sache als Hinweis meines Gehirns, das mir mitteilen will: »Du bist zu weit gegangen, hast mich zu weit getrieben. Deswegen schließe ich jetzt für den Rest der Saison. Ich lege dich lahm und werde dafür sorgen, dass du gar nichts mehr tun kannst, selbst wenn du es willst.« In gewisser Hinsicht ist dies reiner Selbstschutz und dient dem Überleben: Wenn Ihre Gedanken Ihnen den Krieg erklärt haben, Sie das Gefühl haben, Sie hätten keine Freunde, die ganze Welt hasse Sie und habe Sie vergessen, dann schaltet sich Ihr Gehirn einfach ab. Was bleibt, ist ein verschwommener Fleck, ein Nebelschleier, in dem ich etwa eine Woche blieb. Es war, als habe ich einen alten, verloren geglaubten bösen Verwandten wiedergetroffen, jemanden aus meiner Vergangenheit, den ich kaum mehr kenne – doch dann kommt es mir: Ja genau, das ist Depression. Jetzt erinnere ich mich. Wenn es Ihnen gut geht, erinnern Sie sich nicht einmal daran, es je erlebt zu haben. Wahrscheinlich löscht Ihr Gehirn es sinnvollerweise aus Ihrem Gedächtnis, da allein schon die Vorstellung, dass es je wieder passieren könnte, zu erschreckend ist. Und jetzt, wo die Depression wieder die Bühne betreten hat, habe ich dieses Aha-Erlebnis, dass sie genau das charakterisiert: das Gefühl, von meinem Körper und meiner Seele entfremdet zu sein.

Diesmal ist es jedoch anders als bei all den früheren Episoden. Früher hatte ich in diesem Stadium der Depression eine wahnsinnige Angst, dass mein altes Selbst, meine alte Persönlichkeit für immer durch diese neue, leblosere Version von mir ersetzt worden sei. Diesmal weiß ich irgendwie – und dies sogar inmitten all des Chaos –, dass die Depression vorbeigehen wird. Ich habe diese Krankheit, und der Identitätsverlust ist ein Teil von ihr. Mein Geist ist nur einfach mal kurz außer Haus.

Mir war klar, dass es eines Tages wieder passieren würde. Da ich weiß, dass es keine Wunderheilmittel gibt, versuchte ich mich mit der Praxis der Achtsamkeit darauf vorzubereiten, und vielleicht ist dies auch der Grund, warum ich diesmal noch etwas Abstand habe, statt ohne jeglichen Überblick völlig im Dunkeln festzustecken.

Oh mein Gott, wie sehr bin ich mit dem Herzen bei denen, die eine Depression haben, sich also genauso fühlen wie ich mich jetzt und dennoch zur Arbeit gehen müssen.

Sie haben die ganze Last der Krankheit auf den Schultern und müssen sich gleichzeitig verstecken, weil die anderen sonst denken, sie suhlten sich wie Hypochonder in ihrem Leid. Gleichzeitig schreckt sie die Vorstellung, gefragt zu werden, was sie haben, und es dann nicht wirklich beschreiben zu können. Keiner ist zu uns, die wir an Depressionen leiden, so grausam wie wir selbst. Obwohl wir gebrochen sind, wollen wir weiter funktionieren. Es ist, als treibe man ein sterbendes Tier mit Schlägen an, weiter den Wagen zu ziehen. Mich überrascht immer wieder, wie viele Menschen während eines Depressionsschubs weiter zur Arbeit gehen und dabei versuchen, so zu tun, als sei alles normal. Man sollte sie für ihren Heldenmut in den Ritterstand erheben oder ihnen so etwas wie das *Purple Heart*[8] verleihen, denn sie versuchen das Schwierigste auf Erden zu vollbringen: wie ein Mensch zu handeln, wenn sie sich nicht mehr wie einer fühlen.

Ich habe wirklich großes Glück, dass ich es einfach aussitzen kann, weil ich keinen Job mit festgelegten Arbeitszeiten habe. Ich kann einfach hier liegen bleiben. Ich babysitte mich selbst: Ich warte und warte, bis das riesige Ding, das die Sonne verdeckt, endlich weiterzieht.

Ich kann nicht lesen. Ich bin nicht lustig. Ich kann nicht richtig sprechen, aufstehen oder spazieren gehen. Doch diesmal macht mir die Depression keine Angst. Da ich ihre Funktionsweise studiert habe, weiß ich, wie sie sich äußert. Ich habe auch keine Schuldgefühle, dass ich mir all dies nur vormache und eigentlich problemlos »damit aufhören« könnte. Angst ist ein Symptom dieser Krankheit, ich merke, dass ich voll und ganz im Notfall-Modus bin, da gewisse Chemikalien mein Gehirn fluten und Chaos verursachen. Sie können sich nicht aus dieser Krankheit herausdenken:

Sie hat Sie im Griff und entzieht sich völlig Ihrem Einfluss. Ich muss mir weiterhin bewusst machen, dass es nicht meine Schuld ist, dass es keinen Unterschied zwischen dem Seelischen und dem Körperlichen gibt, denn unser Gehirn und unser Körper sind tatsächlich untrennbar miteinander verknüpft. Dennoch werden psychische im Gegensatz zu körperlichen Krankheiten stigmatisiert: Man nimmt sie nicht ernst. Stellen Sie sich vor, man würde jemandem, der eine Schuppenflechte hat (die Krankheit, die Dr. House in der gleichnamigen Serie jedem diagnostiziert), sagen: »Na ja, das ist nur körperlich, machen Sie nicht so rum!«

Ich habe mich gestern dazu gezwungen, einen Spaziergang zu machen. Bei jedem Schritt fühlte es sich an, als falle ich durch die Erde. Ich versuchte, mir eine gute Mutter zu sein, und lobte mich dafür, wie gut ich das mache, sagte mir, es sei schon ein wahrer Triumph, das Haus überhaupt verlassen zu haben. Ich ängstige mich weiterhin, doch diesmal nicht, den Verstand zu verlieren, denn ich weiß: Dies ist eine Depression, und all diese Dinge sind Teil von ihr. Ich kenne dieses Monster und weiß, wie tief seine Wurzeln in mich reichen und mir die Energie aussaugen. All dies ist mir bewusst, und dennoch spult mein Geist den endlosen Refrain der Depression ab und wiederholt: »Wie lange wird es dauern? Wie lange wird es dauern?« Es fällt mir schwer, all dies zu schreiben und die passenden Worte zu finden, die richtigen Sätze zu bilden, denn es fühlt sich an, als habe mein Schiff keine Steuerfrau. Ich treibe mich an weiterzuschreiben, damit ich mich hinterher daran erinnern kann, wie sich eine Depression anfühlt, und alle, die es lesen und unter dem Gleichen leiden, sagen können: »Ich bilde mir das nicht nur ein. Ich lasse mich nicht einfach nur gehen!«

19. Dezember 2014

Vor einer Woche habe ich die Einrichtung für die Betäubten und Verwirrten verlassen. Der Diktator in meinem Kopf blafft mich noch immer an und tyrannisiert mich, aber diesmal habe ich eine Entschuldigung, geschrieben von einem Seelenklempner, die bestätigt, dass ich krank bin. Ich muss nicht in die Schule und auch sonst nirgendwohin. Mich überschwemmen noch immer die Aufnahmen in meinem Gehirn: Jedes Mal, wenn ich einen Schub dieser »Ich sollte« habe oder mich daran erinnere, wie ich mich selbst fertigmachte, fühlt es sich an, als würde jemand eine Spritze in mein Herz stecken und etwas Giftiges direkt in die Arterien spritzen. Ich versuche, dieses schmerzhafte »Ich sollte« zu eruieren und zu akzeptieren. Es ist, als würde ich mich selbst babysitten oder versuchen, ein krankes Kind zu trösten.

21. Dezember 2014

Für körperliche Krankheiten gibt es meist eine Erklärung. Sie sagen sich dann beispielsweise: »Natürlich geht es mir furchtbar, schließlich habe ich eine Infektion.« Selbst Demenz hat zumindest einen Vorteil: Sie sind wahrscheinlich der Letzte, der mitbekommt, dass etwas nicht stimmt. Wenn Sie depressiv sind, sind Sie sich vollkommen bewusst, dass Sie abwesend sind und dass von Ihnen nur ein Zombie übrig ist, der gerade noch das Bad und etwas zu essen findet. Das ist alles.

25. Dezember 2014

Als ich heute aufwachte, war es vorbei. So heimlich, wie das Monster kam, so plötzlich ging es auch wieder. Es ist fast, als sei es nur ein schlechter Traum gewesen – doch dann sehe ich, dass ich *wirklich* nicht draußen war, denn es gab dafür ganz konkrete Beweise: Haare am Kopfende des Bettes und vergammelnde Schlafanzüge. Wie ein Tier nach einem langen Winterschlaf warf ich einen kurzen Blick nach draußen und sah alles ganz hell und klar. Dann klingelte das Telefon. Es war die Herausgeberin dieses Buchs, die fragte: »Ist Ihre Depression vorbei?« Noch bevor ich antworten konnte, sagte sie: »Gut, der neue Abgabetermin ist der 1. Juli.«

5

Ein sechswöchiger Kurs
in Achtsamkeit

Punkte, die man sich merken sollte

Anders als bei den übrigen Tätigkeiten Ihres Lebens kann man bei Achtsamkeit nichts falsch machen. Verabschieden Sie sich vom Wunsch, es Ihrem Lehrer, Ihrer Mutter oder Ihrem Chef recht machen zu wollen. Hier kann Ihnen keiner von ihnen in die Quere kommen, die Prüfungen sind vorbei, und man kann nicht durchfallen. Selbst wenn Sie Fehler machen, ist es trotzdem immer richtig, denn es geht nicht darum, irgendwas zu verbessern oder Ihren Geist von Gedanken zu befreien, sondern einfach nur darum, zu bemerken, was in Ihrem Inneren vorgeht. Dieser sechswöchige Kurs in Achtsamkeit ist für Menschen gedacht, die nachts problemlos einschlafen wollen und sich auf die Aufgabe, die gerade ansteht, konzentrieren möchten. Für diese Übungen brauchen Sie keinen abgeschiedenen Ort, keinen abgedunkelten Raum, in dem nichts als ein glutenfreies Räucherstäbchen qualmt, und Sie müssen sich nicht einmal auf ein Meditationskissen setzen. Ich möchte Sie ermuntern, diese Übungen in Ihr tägliches Leben zu integrieren, denn sie sind dazu da, sie dort anzuwenden.

Und noch ein letzter Punkt: Sie müssen in keinem andauernden Zustand der Achtsamkeit leben, denn dann bräuchten Sie zehn Jahre dafür, Ihr Haus zu verlassen, ganz zu schweigen davon, wie lange es dauern würde, die Socken anzuziehen. All diese Übungen werden nur für eine bestimmte Zeit praktiziert. Nach und nach wird sich die Achtsamkeit dank des neu ausgebildeten Muskels in allen Bereichen Ihres Lebens zeigen: Statt ein kümmerlicher Triangelspieler auf den hinteren Rängen zu bleiben, werden Sie Dirigent des Orchesters. Ich werde später im Kurs noch einmal genauer darauf zurückkommen, dass Sie überall und zu jeder Zeit praktizieren können.

Erste Woche
Bemerken und Aufwachen

Bisher habe ich nur über Aufmerksamkeit geschrieben, jetzt erkläre ich Ihnen, wie man es macht. In dieser ersten Woche werde ich Ihnen den Autopiloten abgewöhnen. Als Erstes werde ich Ihnen also aufzeigen, wie viel Zeit Sie in ihm verbringen, und Sie wieder mit Ihren Sinnen in Kontakt bringen.

Wie bereits beschrieben, dient Achtsamkeit dazu, im gegenwärtigen Augenblick präsent zu sein und alles, was geschieht, zu bemerken und zu akzeptieren. In dieser ersten Sitzung möchte ich Ihnen gerne erklären, was ich damit meine. Ich höre förmlich Ihren Einwand: »Aber natürlich ist mir bewusst, was passiert, das ist doch vollkommen selbstverständlich.« Wie ich schon im zweiten Kapitel schrieb, hilft uns der Autopilot, leichter durch das Leben zu kommen, aber wenn Sie sich von ihm leiten lassen, verpassen Sie möglicherweise den Anschluss. In der ersten Woche geht es also darum, zu bemerken, wenn Sie auf Autopilot fahren, und sich deswegen dennoch nicht innerlich zu vermöbeln.

Ich weiß, die Übungen werden Sie dazu bringen, die Augen zu verdrehen, aber wenn Sie sie nicht üben, werden Sie nicht genug geistige Muskulatur ausbilden, um den Steuerknüppel zu bedienen, wenn das Flugzeug an Höhe verliert.

Nach jeder Übung schlage ich Ihnen einige Reflexionen vor, über die Sie, wenn Sie mögen, nachdenken können. Mein erster Rat wäre, sich ein Tagebuch zuzulegen. Sie können Ihre Reflexionen niederschrieben, kritzeln Sie sie einfach hin oder, wenn Sie sind wie ich, notieren Sie sich auf einer Liste, die niemals (wirklich niemals) ein Ende findet, was Sie zu erledigen haben.

Schreiben Sie während des Kurses jeden Tag wenigstens einige Zeilen nieder. Ich werde Ihnen, wie gesagt, ein paar Fragen vorschlagen, über die Sie nachdenken können.

Übung: Schmecken

Suchen Sie sich etwas aus, das Sie gerne in den Mund stecken (aber bleiben Sie dabei bitte im Rahmen des Normalen). Ganz gleich, was es ist (Schokolade, eine Banane, eine Frikadelle ... bitte lassen Sie mich nicht weitermachen, ich bin sicher, Sie finden alleine das Richtige), schneiden Sie davon einige mundgerechte Stücke ab.

Legen Sie ein Stück davon in Ihre Handfläche. Untersuchen Sie, ohne sich dabei lächerlich vorzukommen (stellen Sie sicher, dass Ihnen niemand dabei zusieht), wie dieses aussieht. Stellen Sie sich vor, Sie seien ein Neugeborenes oder ein Außerirdischer (mit was von beidem Sie sich besser identifizieren können) und hätten in Ihrem Leben noch nie etwas Vergleichbares gesehen. *Bemerken* Sie voller Neugier seine Farbe, Form sowie seine Ränder und Konturen ...

Verfolgen Sie ganz langsam, wie es sich anfühlt, den Arm anzuheben, wenn Sie das Stückchen auf Ihre Zunge legen. *Bemerken* Sie den Geschmack, die Form, das Gewicht (aber schlucken Sie es noch nicht hinunter).

Nach etwa einer Minute beginnen Sie zu kauen und *bemerken*, wie Süße oder Bitterkeit schmeckt. *Bemerken* Sie, wie sich das Verlangen, das Stück hinunterzuschlucken, anfühlt. Kauen Sie und schlucken Sie es schließlich. Seien Sie sich dabei jeder Sekunde gewahr, erleben Sie genau, wie es Ihren Rachen zum Magen hinuntergleitet. Es geht nicht darum, ob man ein armer oder großartiger Schlucker ist, sondern darum, bei einer alltäglichen Handlung sehr aufmerksam zu sein. Sollten Ihre Gedanken irgendwann woandershin abschweifen, dann bringen Sie Ihr Gewahrsein wieder zurück zum Geschmack.

Hier ein paar Fragen, die Sie im Geist behalten können:

- Empfanden Sie diese Art zu essen als anders als normalerweise, und wenn ja, wie?
- Was *bemerkten* Sie hinsichtlich der Wahrnehmungen in Ihrem Mund, des Geschmacks, der Konsistenz, des Kauens und Schluckens?
- Wohin schweiften Ihre Gedanken ab, wenn Sie nicht mehr auf den Geschmack konzentriert waren?

Hausaufgaben

Suchen Sie sich eine Tätigkeit aus, die Sie regelmäßig jeden Tag tun, und versuchen Sie, sich während dieser jeder Wahrnehmung – Sehen, Hören, Schmecken, Riechen und Ertasten – bewusst zu sein. Denken Sie nicht darüber nach, sondern versuchen Sie, es zu erspüren. Unter anderem werden Sie möglicherweise *bemerken*, wie nervig es ist, dass ich *be-*

merken dauernd kursiv schreibe (meinetwegen höre ich jetzt damit auf).

Wählen Sie hierfür an jedem Wochentag die gleiche Handlung. Hier einige Vorschläge:

Duschen Wie fühlt sich das Wasser an? Und die Feuchtigkeit? Spüren Sie die Bewegungen, die Sie beim Einseifen und danach beim Abduschen machen, so als hätten Sie das noch nie zuvor in Ihrem Leben getan. Bemerken Sie es, wenn Ihre Gedanken das Ruder wieder übernehmen, und bringen Sie Ihre Konzentration erneut zurück zu den Empfindungen des Duschens.

Tee kochen Erleben Sie genau, wie es sich anfühlt, wenn Sie langsam Tee einfüllen, umrühren, riechen, schmecken und – hoffentlich – dabei Ihre Lippen nicht verbrennen. Falls doch … versuchen Sie auch in diese Empfindung hineinzuspüren.

Am Computer Stimmen Sie sich auf die Empfindungen ein, die Sie haben, wenn Sie tippen und wenn die Finger die Tastatur berühren. Schalten Sie den Autopiloten ab und bemerken Sie, wenn Ihr Geist Sie anfleht, etwas zu tippen. Wenn Sie ihm gehorchen, kommen Sie zurück zu den Empfindungen Ihrer Fingerspitzen. Beachten Sie, ob Ihre Schultern sich nach vorne beugen (ich schreibe meine E-Mails meistens in der Haltung des Glöckners von Notre-Dame).

Und nun noch eine wirklich einfache Übung: Achten Sie jeden Tag, wenn Sie durch eine bestimmte Tür gehen oder auf einem bestimmten Stuhl sitzen, auf das, was um Sie herum geschieht, auf die Geräusche, Gerüche, das, was Sie sehen.

Erspüren Sie dabei, was im Körper passiert. Kommen Sie schon, Sie werden doch nicht behaupten wollen, Sie seien zu beschäftigt, um durch eine Tür zu gehen …

Zweite Woche
Bemerken, dass der Geist seinen eigenen Kopf hat

Die Übungen der ersten Woche sollten Ihnen helfen, den Unterschied zwischen dem denkenden/»handelnden« Geist und dem erfahrenden/»seienden« Geist zu bemerken. In der zweiten Woche lernen Sie, sich auf diese abwechselnd zu konzentrieren. Sobald Sie bemerken, dass Ihr Geist abschweift, bringen Sie Ihre Aufmerksamkeit wieder zu dem zurück, auf das Sie sich gerade konzentriert haben, und zwar *ohne zu denken, Sie hätten etwas falsch gemacht.* Für mich ist es eine der schwierigsten Übungen, zu bemerken, wenn sich mein Geist wieder einmal in seiner eigenen Falle gefangen hat – und niemand ist sich selbst eine so grausame Disziplinarmeisterin wie ich.

In dieser Woche beginnen Sie Ihr geistiges Fitnesstraining mit der ersten Runde von »Rumpfbeugen«. Sie übernehmen die Verantwortung für Ihren Geist, indem Sie ihm sagen, worauf er sich konzentrieren soll, ähnlich wie ein Stabhochspringer, der aus Erfahrung weiß, wo er seinen Stab zu setzen hat. (Nehmen Sie das Beispiel einfach mal so hin, ich verstehe es auch nicht ganz.)

Es gibt zwei Achtsamkeitsübungen, die Sie an verschiedensten Orten machen können: in einem Zug oder in einem Bus (wobei Sie Ihre Augen schließen und Kopfhörer tragen können, damit es so aussieht, als hörten Sie Musik), wenn Sie sich die Haare schneiden oder färben lassen, bei einem Anruf, bei dem Sie in die Endlosschleife geraten und dabei von Musik berieselt werden, im Wartezimmer des Zahnarztes, in einem Waschsalon oder während einer langweiligen Besprechung (lassen Sie hier die Augen aber besser geöffnet!).

Übung: Der Bodyscan

Praktizieren Sie den Bodyscan mindestens zehn Minuten lang (falls Sie mehr Zeit haben, dann ruhig auch zwanzig Minuten). Legen Sie als Erstes fest, wie lange Sie sitzen wollen, und halten Sie sich dann auch daran.

Dies ist die Essenz der Achtsamkeit: Die verschiedenen Körperteile dienen uns als Anker, zu denen wir unsere Konzentration wieder zurückbringen können: Jedes Mal, wenn Ihre Gedanken Sie in die Irre geführt haben (und das tun sie andauernd), können Sie Ihre Konzentration wieder zu diesem Fokuspunkt lenken. Erinnern Sie sich: Je öfter Sie es bemerken, wenn der Geist abgeschweift ist, und ihn dann zurückbringen, umso stärker wird Ihr »Aufmerksamkeits-Muskel«. (Zählen Sie diesen ganzen Prozess als eine »Rumpfbeuge«.)

Setzen Sie sich aufrecht hin, ohne sich an die Stuhllehne anzulehnen. Ihr Rücken stützt sich selbst, allerdings ohne dabei angespannt und steif zu sein, Ihre Schultern sind locker, und Ihre Arme ruhen in Ihrem Schoß. Sie können Ihre Augen offen lassen oder schließen. Falls Sie im Schneidersitz sitzen, halten Sie auch hier den Rücken gerade, der, genau wie Ihre Schultern, entspannt ist.

Bringen Sie Ihre Aufmerksamkeit zu Ihren Füßen, dorthin, wo sie den Boden berühren – denken Sie nicht über sie nach, sondern spüren Sie in sie hinein und bleiben Sie konzentriert. Sobald Sie feststellen, dass Ihre Gedanken abgeschweift sind, bringen Sie sie, ohne sich deswegen zu ärgern, zurück zu den Fußsohlen. Vergessen Sie nicht: Wir bemühen uns nicht deswegen, dies zu bemerken, weil wir den Geist daran hindern wollen abzuschweifen, sondern weil wir uns Güte entgegenbringen möchten.

Nach einigen Minuten wenden Sie Ihre Aufmerksamkeit dem Körperbereich zu, der den Stuhl oder Boden berührt. Spüren Sie das ganze Gewicht, das die Schwerkraft auf diese Stelle drückt. Falls Sie bemerken, dass Ihr Geist abgewandert ist, wissen Sie, was zu tun ist: Seien Sie mit sich nicht streng, das geht allen so, der Geist ist dazu geschaffen abzuschweifen, seien Sie also freundlich zu sich und wenden Sie ihre Aufmerksamkeit einfach wieder der Stelle zu, wo Ihr Körper den Sitz berührt. Und nun lassen Sie diese Aufmerksamkeit los …

Versuchen Sie, nicht zu vergessen, sich bei der Übung des Atems gewahr zu sein – es hilft Ihnen wirklich, sich lebendig zu fühlen. Benutzen Sie nun Ihr Bewusstsein wie einen Richtscheinwerfer: Richten Sie ihn auf Ihr Steißbein und schwenken Sie ihn langsam, die Wirbelsäule hinauf, bis hoch zum Nacken, wobei Sie einen Wirbel nach dem anderen spüren. Fühlen sich manche Passagen verkrampft und angespannt an oder sind sie gekrümmt? Was auch immer Sie bemerken, korrigieren oder verändern Sie es nicht – nehmen Sie es einfach nur wahr und bringen Sie Ihre Aufmerksamkeit zurück zu der eigentlichen ursprünglichen Empfindung.

Lenken Sie nun Ihr Gewahrsein zu den Seiten Ihres Körpers, spüren Sie den gesamten Rumpf, wie er sich beim Einatmen mit Atemluft füllt und dehnt und sich beim Ausatmen leert und wieder zusammenzieht. Lassen Sie nach einer Minute auch diese Konzentration los …

Richten Sie nun ihren Fokus auf Ihre beiden Hände – die

Finger, Handflächen und Handrücken – und achten Sie darauf, ob sie kalt, warm, zerkratzt oder entspannt sind. Dann lassen Sie auch da wieder los …

Wenden Sie Ihre Aufmerksamkeit nun Ihrem Nacken und Ihren Schultern zu, zoomen Sie in Ihre verschiedenen Bereiche und konzentrieren Sie sich während des Scans auf die unterschiedlichen Empfindungen dort.

Und nun hoch zum Gesicht: zu Kinn, Lippen, Wangen, zur Nase, den Augen, der Stirn bis hoch zur Schädeldecke. Spüren Sie, welchen Gesichtsausdruck Sie gerade haben? Versuchen Sie es wie immer zu bemerken, wenn Sie innerlich abschweifen, seien Sie freundlich zu sich und konzentrieren Sie sich wieder auf genau den Bereich des Kopfes, auf den Sie sich zuvor fokussiert hatten.

Versuchen Sie, Ihren gesamten inneren Körper zu spüren, Ihre Knochen und Muskeln und dann den Bereich, wo Sie den Stuhl berühren, die Haut, die Sie umhüllt, und die Luft, die Sie berührt. Versuchen Sie zu spüren, wie der Atem Ihren ganzen Körper – von den Zehen bis zum Scheitel – erst auffüllt und dieser sich dann wie ein Blasebalg wieder leert. Spüren Sie in den letzten Minuten der Übung einfach nur, wie Sie sitzen und atmen, spüren Sie die Füße auf dem Boden und den Körper auf dem Stuhl. Wackeln Sie mit Ihren Zehen, öffnen Sie die Augen, wenn sie geschlossen waren, und machen Sie mit Ihrem Tag weiter. Bewahren Sie dabei, wenn Sie wollen, das Gefühl bei, präsent zu sein.

Wenn es für Sie die reinste Qual ist, sich auf nur einen Körperteil zu konzentrieren, können Sie auch einen generellen Scan des Körpers machen und dabei darauf achten, ob er sich irgendwo angespannt und unangenehm, belastet oder taub anfühlt. Es ist, als schauten Sie nach, wie die Wetterlage in Ihnen ist.

Hier einige Fragen für Ihr Tagebuch, die Sie sich stellen können.

- Auf welchen Körperteil konnten Sie sich nur schwer konzentrieren und auf welchen am leichtesten?
- Wohin ging Ihr Geist, wenn er Sie wegzog? Gab es dabei wichtige Themen?
- Was war Ihre spontane Reaktion, wenn Sie sich dabei erwischten, dass Ihr Geist abgewandert war?

Übung mit Geräuschen und dem Atem als Anker

Machen Sie die folgende Übung ebenfalls für zehn bis zwanzig Minuten.

Unsere Sinne eignen sich bestens für das Training, denn wohin wir auch gehen, sind sie stets bei uns. Wir brauchen kein Fitnesscenter zu besuchen oder für ein spirituelles Meditationsretreat auf die Malediven zu fliegen. Wir besitzen bereits die gesamte Ausrüstung für diese Übung.

Statt sich auf bestimmte Körperregionen zu konzentrieren, um den Geist zu stabilisieren, fokussieren Sie sich bei der folgenden Übung auf Geräusche und Ihren Atem.

Lehnen Sie sich als Erstes nicht mehr an die Stuhllehne an, Ihr Rücken ist gerade, aber nicht steif, und Ihr Scheitel deutet zum Himmel. Erden Sie sich, indem Sie sich auf Ihre beiden Fußsohlen konzentrieren, dort, wo sie den Boden berühren. Lenken Sie nun Ihre Konzentration auf den Bereich, wo Ihr Körper den Stuhl berührt … Nach einer Weile lassen Sie Ihre Empfindungen los …

Richten Sie nun Ihre Aufmerksamkeit auf die Geräusche, hören Sie … nach rechts, nach links, nach vorne, nach hinten, versuchen Sie, die verschiedenen Tonhöhen und Lautstärken zu unterscheiden. Ob es Ihnen gefällt oder nicht, aber nach einer Weile stellen Sie vielleicht fest, dass Sie damit beginnen, die Geräusche einzuordnen oder zu beurteilen. Sollten Sie sie nicht mögen oder sollte Ihr Geist abgeschweift sein, folgen Sie dem üblichen Ablauf: bemerken – zu sich freundlich sein –, die Aufmerksamkeit zurückbringen. Dies wird Hunderte Male passieren, und daher bringen Sie Ihre Konzentration Hunderte Male sanft wieder zu den Klängen zurück. Dann lassen Sie den Fokus los.

Auf die gleiche Weise, in der Sie zuvor Ihre Aufmerksamkeit auf die Geräusche gerichtet haben, lenken Sie sie nun auf Ihren Atem. Suchen Sie sich einen Bereich aus, wo der Atem für Sie besonders gut und angenehm spürbar ist: die Nase, die Rückseite Ihres Rachens, die Brust oder den Bauch. Falls Sie sich die Nase aussuchen: Untersuchen Sie, ob die Luft, die Sie ausatmen, wärmer ist als jene, die Sie einatmen. Fühlen Sie, so gut Sie können, wie sich der Körper ausdehnt und dann wieder zusammenzieht. Lassen Sie dem Atem seinen Lauf, statt zu versuchen, ihn zu kontrollieren. Achten Sie darauf, was in dem Moment zwischen dem Ein- und Ausatmen geschieht.

Ist es eine zu große Herausforderung für Sie, Ihre Aufmerksamkeit beim Atem zu behalten, zählen Sie zehn Atemzüge und beginnen Sie anschließend von Neuem (zählen Sie ein Ein- und ein Ausatmen als einen Atemzug). Wenn Sie sich verlieren, raten Sie einfach, bei welcher Zahl Sie waren, und zählen weiter. (Erinnern Sie sich daran: Hier geht es nicht darum, es richtig zu machen, sondern darum, zu bemerken, wenn Ihr Geist abgeschweift ist.) Sobald Sie feststellen, dass Sie mit den Gedanken in der Zukunft oder der Vergangenheit sind, ins Grübeln geraten oder Ihre Gedanken wandern, kehren Sie zu dem Bereich zurück, wo Sie den

Atem spürten. Ganz gleich, wie aufgewühlt der Geist ist oder wohin er abschweift – Sie können stets wieder den Atem als Anker nehmen.

Hier ein paar Fragen für Ihr Tagebuch:

- Wie unterschied sich diese Übung von der Art, wie Sie sonst im Alltag Geräusche hören und atmen?
- Was fiel Ihnen bei der Konzentration auf die Klänge am schwersten? Und beim Konzentrieren auf den Atem?
- Erinnern Sie sich daran, wohin der Geist abschweifte, als Sie in seine Fänge gerieten? Dachten Sie über Vergangenheit und Zukunft nach, machten Sie sich Sorgen, planten Sie, hingen Sie Fantastereien nach, oder war der Geist einfach wie ein unbeschriebenes Blatt?

Hausaufgaben

Hier nun zwei Übungen, die Sie die nächsten Abende entweder beide machen können oder aber im täglichen Wechsel.

Jetzt, wo Sie gelernt haben, sich auf Ihren Atem und Ihren Körper zu konzentrieren, möchte ich Ihnen eine schnelle Methode erklären, den Geist zu beruhigen, wenn Ihr Hirn heiß läuft und Sie fix und fertig sind:

Die dreiminütige Atemübung

Die meisten Menschen entspannen sich vor dem Fernseher, beim Fußball oder bei einem Glas Wein mit Freunden in einem Restaurant. Das Problem ist allerdings, dass Sie, wenn Sie gerade ein Examen schreiben, vor fünfhundert Leuten eine Rede halten oder ein Einstellungsgespräch haben, nicht schnell einen Fußball auspacken oder kurz etwas fernsehen können, um sich zu beruhigen. Sind Sie aber etwas in Achtsamkeit geübt, werden Sie in der Lage sein, vor solchen nervenaufreibenden Herausforderungen diese überall anwendbare dreiminütige Atempause anzuwenden. Wohin Sie auch gehen, Sie haben Ihren Atem immer im Gepäck.

Die Übung hat drei Teile, die jeweils etwa eine Minute dauern.

1. Erweitern Sie Ihren Fokus, indem Sie sich auf jeden einzelnen Gedanken, den Sie haben, einstimmen. Lassen Sie sie alle zu: die guten wie die schlechten und selbst die hässlichen. Lassen Sie sie nach etwa einer Minute einfach los …

2. Richten Sie Ihre Konzentration auf die einsgerichtete Wahrnehmung des Atems. Stimmen Sie sich auf einen ganzen Atemzug ein, beachten Sie, wie er durch die Nase, den Rachen und die Brust in den Bauch fließt, fühlen Sie, wie sich Ihre Lungen beim Einatmen ausweiten und sich beim Ausatmen wieder zusammenziehen. Nach etwa einer Minute lassen Sie dies alles einfach los …

3. Lassen Sie Ihre Aufmerksamkeit wieder weit werden und richten Sie sie darauf, wie der Atem den ganzen Körper erfüllt, wie er beim Einatmen vom Scheitel Ihres Kopfes den Körper hinunter zu Ihren Fußsohlen strömt und Sie sich beim Ausatmen entleeren wie ein gigantischer Blasebalg. Versuchen Sie, zweimal am Tag eine solche dreiminütige Atemübung zu machen, besonders dann, wenn Sie das Gefühl haben, dass Ihr Geist vom exzessiven Telefonieren, zwanghaften Mailen oder einer brennenden Abneigung heiß gelaufen ist. Gönnen Sie sich von dem ganzen inneren Geplapper eine Pause. Ich verspreche Ihnen, Sie werden sich dann besser fühlen.

Dritte Woche
Sich achtsam bewegen

In gewisser Weise ist die oben beschriebene Übung mit dem Üben von Tonleitern auf der Klaviertastatur vergleichbar: Irgendwann ist man schließlich so gut, dass man ohne Schwierigkeiten Rachmaninow spielen kann. Ein Balletttänzer macht die Pliés an der Stange nicht um der Pliés willen, sondern weil er, wenn alles gut läuft, eines Tages den *Schwanensee* tanzen möchte. Mit der Übung der Achtsamkeit lernen Sie, sich im Alltag zu verankern (was aber nicht dazu führt, dass man Sie einlädt, dem Ballett des Bolschoi-Theaters beizutreten).

Das Gehirn endet nicht am Nacken. Es sendet Botschaften die Blutbahnen entlang der Wirbelsäule hinunter, die sich zu Abermillionen von Blutgefäßen verzweigen (die alle zusammen dreimal so lang sind wie der Umfang unseres Planeten, so hat man mir gesagt). Sie versorgen die Billionen Zellen Ihres Körpers mit Blut. Es gibt keine Grenze, an der Ihr Gehirn endet und Ihr Körper beginnt, beide sind aus einem Guss, wie ein Overall. Sie stehen miteinander in andauerndem Austausch, interpretieren das Feedback auf die äußere Welt mit Ihrer inneren und schaffen so die Wirklichkeit, in der Sie leben.

Bei achtsamen Bewegungen geht es um die Art, wie Sie Ihren Geist und Ihren Körper miteinander verbinden – und dieser ist, auch wenn viele das denken, kein Sack aus Fleisch und Knochen, den man wie einen riesigen lästigen Rucksack mit sich herumschleppt. Wir glauben, dass wir unserem Körper genug Beachtung schenken, indem wir ihn im Fitnessstudio Gewichte stemmen lassen, ihn Strapazen aussetzen, damit er straffer wird, sowie indem wir ihm Implantate einpflanzen oder sein Fett absaugen. Den Körper hingegen als Teil von uns zu verstehen steht normalerweise nicht auf unserem Programm. Meistens nutzen wir unseren Körper eher als Köder, mit dem wir einen neuen Partner anzulocken versuchen.

Wir sind stolz darauf, uns an unsere Grenzen zu bringen oder auch darüber hinaus. So können wir Leute sagen hören: »Ich bin shoppen gegangen bis zum Umfallen«, »Es ist Juli, und ich habe bereits all meine Weihnachtskarten geschrieben!«, »Ich habe in einer Woche fünfzig Kilo abgenommen. Auch wenn ich nun an lebensverlängernden Apparaten hänge, passt mir jetzt Größe XXXS.«

Einmal sah ich einen Trainer, der stolz in einem Rückenkorsett in sein Fitnessstudio kam. Er gebärdete sich annähernd wie ein Kriegsversehrter, und man behandelte ihn, als sei seine Verletzung eine Heldentat. Er hatte sich beim Training jeden einzelnen Rückenwirbel ausgerenkt (oder so etwas in der Art). Offenbar war ihm nicht klar, dass er sich dies selbst zugefügt hatte. Doch was glaubte er, was passiert wäre? Dass ein Meteorit vom Himmel gefallen sei und ihn derart verletzt hätte? Man kann manchmal Schreie aus dem Trainingsraum hören, die klingen, als würde jemand gerade ein Kind durch ein Nasenloch gebären.

Ich habe eine Freundin, die im Namen des Yoga ihre Füße in einem Bogen über ihrem Kopf zusammenzubinden pflegte. Sie erklärte mir kürzlich voller Stolz, dass sie jetzt künstliche Hüften bräuchte … Gelenkig sein ist alles …

Bei den achtsamen Bewegungen werden wir uns der Körperwahrnehmungen gewahr, denn sie spiegeln unsere Gedanken. Wenn unser Körper angespannt und rigide ist, dann sind es unsere Gedanken wahrscheinlich ebenfalls. Wenn wir über Jahre die Wirbelsäule krümmen, uns nach vorne beugen und unsere Schultern bis zu den Ohren anziehen, kann das dazu führen, dass wir uns in einem Zustand der Wut und Angst festbeißen. Obendrein werden wir möglicherweise auf unseren Körper ärgerlich, da er nicht so funktioniert, wie wir es wollen. Eines Tages werden wir uns dann unter Umständen schmerzhaft bewusst, dass er irgendwann ohnehin in seine Bestandteile zusammenfallen wird, ganz unabhängig davon, wie oft wir an den Fitnessgeräten hingen. Wenn unser Körper beginnt, an Tonus und Kraft zu verlieren, triezen wir ihn nur noch mehr und strafen ihn dafür, dass er uns derart im Stich lässt, statt ihm dafür zu danken, dass er uns so weit getragen hat (nebenbei bemerkt: Das ist etwas, das ich selbst noch nicht hinbekomme: Ich peitsche mich immer noch in Form, jetzt, wo ich dies schreibe, straffe ich gerade meine Pomuskeln). Da wir uns in unseren Gedanken verlieren, hören nur sehr wenige von uns auf das, was uns unser Körper zu sagen versucht. Der Körper ist ein hervorragendes Barometer dafür, wer wir sind – weit verlässlicher als das Selbstbild, das wir uns von uns machen.

Achtsame Bewegungen stimmen Sie auf jeden Teil Ihres Körpers ein. Sie achten auf alle Verspannungen und Widerstände. Sie bemerken, wenn Ihr Geist Ihre Spannungen nur noch verstärkt, indem er versucht, sie mit endlosen negativen Urteilen wie: »Warum schmerzt das so? Ich will, dass das aufhört!«, oder: »Ich bin nichts als ein großer Berg Fett, ich bin nutzlos!«, fortzutragen.

In den seltenen Fällen, in denen sich mein Körper frei anfühlt (etwa nach einer Massage, bei der mich jemand wie mit einem Hammer von meinem soliden, schildkrötenpanzerartigen Rücken erlöst hat), kann ich deutlich spüren, dass mein Geist klarer ist. Ich bin weniger ängstlich, und es ist eine Freude, mit mir zu sein. Wenn ich aber den ganzen Tag in meiner üblichen Haltung verbringe, die wie gesagt jener des Glöckners von Notre-Dame oder einem Reptil in Rage gleicht, und meine Schultern so weit hochziehe, dass ich sie als Ohrenwärmer tragen könnte, bin ich unausstehlich. Wie wir uns in unserem Körper fühlen, ist Ausdruck unserer Gedanken, unsere Beziehung zu unseren Gedanken ist Ausdruck dessen, wie wir mit anderen in Verbindung treten, und wie wir auf die anderen Menschen reagieren, spiegelt wiederum, wie wir mit der Welt interagieren. Wenn wir uns auf den eigenen Körper konzentrieren, ist dies wie ein inneres Retreat, bei dem wir uns dem faschistischen Diktator unseres Geistes entziehen. Den eigenen Körper nach Spannungen abzuscannen und diese dann loszulassen ist für den eigenen Rücken äußerst befreiend.

Durch die Praxis werden Sie nach und nach immer besser in der Lage sein zu bemerken, wenn Sie bei der Arbeit an Ihre Grenzen kommen. Wenn Sie sich Ihrer körperlichen Grenzen gewahrer sind, können Sie in den verschiedensten Situationen darauf achten, sich nur so weit anzutreiben, wie es nötig ist, um die gewünschten Ziele zu erreichen, aber nicht so weit, dass sie unerträglich leiden. Stimmen Sie sich auf Ihren Körper ein, und wenn er Ihnen mitteilt, dass es ihm zu viel wird, hören Sie darauf und schalten einen Gang zurück.

Nehmen Sie aber bitte auch zur Kenntnis, dass es ein paar Leute gibt, die ins andere Extrem verfallen und sich weigern, sich auch nur ein klein wenig anzustrengen, und nicht einmal eine Rumpfbeuge machen (wie etwa Couch-Potato Homer Simpson). Von solchen Zeitgenossen können wir Ausreden wie: »Ich bin von Natur aus fett«, hören. Haben Sie je ein übergewichtiges Neugeborenes gesehen? Das würde mich wundern! Wenn Sie auf ihn hören, teilt Ihnen Ihr Körper schon mit, wann er härter arbeiten möchte und wann er aufhören muss.

Noch bevor MBCT entstand, entwickelte Jon Kabat-Zinn, ein Molekularbiologe und emeritierter Professor der Medizin an der Universität Massachusetts, MBSR (Achtsamkeitsbasierte Stressreduktion). Er arbeitet mit Menschen, die aufgrund von Verletzungen oder einer Krankheit an extremen chronischen Schmerzen leiden. Wenn sie zu Kabat-Zinn kommen, haben sie meist schon alles versucht, aber ihre Ärzte konnten ihnen nicht helfen. Kabat-Zinn rät seinen Patienten, sie sollten den Schmerz nicht unterdrücken oder ignorieren, sondern stattdessen ihre Aufmerksamkeit auf jene Bereiche lenken, in denen ihre Beschwerden liegen. Indem sie sich auf die ganz rohen Empfindungen (wie Klopfen, Pulsieren, Stechen) konzentrieren, hören die Patienten auf, permanent alles schwarzzumalen. Sie entdecken, dass ihr Schmerz kein solider Block ist. Die Empfindungen kommen und gehen, werden stärker und klingen wieder ab … Sie verändern sich ununterbrochen. Kabat-Zinns Behandlungsmethode hat großen Erfolg: Auch wenn die Patienten noch immer den Schmerz empfinden, verändern sie ihre Beziehung zu ihm und lernen, mit ihm umzugehen. Das Gewahrsein, dass sich der Schmerz von Moment zu Moment ändert, befreit sie aus dem Gefängnis ihrer unerträglichen Leiden.

Wie Sie sich sicher bereits gedacht haben, drehen sich die Übungen dieser Woche alle um achtsame Bewegungen. Hierbei gibt es drei Optionen:

1. Normale achtsame Bewegungen.
2. Achtsame Bewegungen beim Fitnesstraining (für Menschen, die achtsame Bewegungen nicht ausstehen können).

3. Achtsame Bewegungen unterwegs (für Menschen, die nicht einmal achtsame Bewegungen beim Fitnesstraining leiden können).

Mit all den folgenden Bewegungsübungen üben Sie sich darin, Ihren Körper als Anker zu benutzen, auf den Sie zurückgreifen können, wenn Ihr Geist völlig durchdreht. Beim Stretching werden Spannungen in Ihrem Körper gelöst, Sie werden sich dadurch von Ihren Muskeln weniger eingesperrt fühlen. Dank der Übungen befreit sich sowohl Körper als auch Geist, und dies nicht nur im übertragenen Sinne: Die Bewegungen aktivieren den Stoffwechsel, Ihre Organe werden besser durchblutet, und Ihr Gehirn bekommt mehr Sauerstoff. Allgemein gesprochen, führt ein starrer Körper zu einem ebensolchen Geist … außer Sie sind Stephen Hawking, aber in diesem Fall sind ohnehin alle Gesetze der Logik außer Kraft gesetzt.

Die Praxis der achtsamen Bewegungen sollten Sie allerdings *nicht* in einem Zug, einem Taxi, in einer Warteschlange oder dem Warteraum Ihres Zahnarztes (außer Sie sind dort allein) oder im Konferenzraum Ihrer Arbeit (wenn er Glasfenster hat und die Leute hereinschauen können) tun. (Mir persönlich ist es allerdings egal, was die anderen von mir denken, weswegen ich sie an all diesen Orten mache.)

Übungen: Normale achtsame Bewegungen

Machen Sie die folgenden Übungen die nächsten sechs Tage täglich zehn oder zwanzig Minuten lang.

Den Kopf beugen

Sie stehen aufrecht, die Füße schulterbreit auseinander, Ihre Wirbelsäule ist gerade, aber nicht angespannt, die Schultern sind locker, und der Scheitel zeigt zum Himmel. Konzentrieren Sie sich nun auf den Scheitel. Sein Gewicht zieht den Kopf leicht nach rechts, sodass Ihr rechtes Ohr zu Ihrer rechten Schulter zeigt. Lassen Sie ihn eine Weile so und spüren Sie, wie sich die Sache anfühlt. Drücken Sie ihn weiter nach unten oder zieht ihn sein eigenes Gewicht nach unten? Scannen Sie Ihren ganzen Körper nach Zeichen der Anstrengung. Nehmen Sie jetzt den Atem zu Hilfe … Stellen Sie sich Ihren Atem als Lichtstrahl vor, der ihnen hilft, diese angespannten Stellen zu finden und sie zu untersuchen. Senden Sie beim Einatmen Ihre Aufmerksamkeit zu dem gedehnten Muskel auf der linken Seite Ihres Halses und entspannen Sie die Dehnung beim Ausatmen. Da er gerade nicht gefragt ist, ist Ihr Geist vielleicht nicht länger bei der Empfindung selbst, sondern hat sich in Gedanken verloren. Ist dies der Fall, dann lenken Sie Ihre Aufmerksamkeit wieder zurück zu dem Bereich, der gerade gedehnt wird. Sich weiterhin aller Bewegungen gewahr, bringen Sie nun den Kopf langsam wieder in die normale Position und lassen Sie ihn anschließend behutsam zur linken Schulter kippen. Konzentrieren Sie sich nun mit dem Einatmen auf den gedehnten Halsbereich auf der rechten Seite und entspannen Sie ihn mit dem Ausatmen. Bringen Sie den Kopf dann wieder zum Ausgangspunkt zurück und spüren Sie, welchen Effekt die ganze Übung hatte. Lassen Sie abschließend den Fokus los … Wiederholen Sie dies auf jeder Seite zwei Mal.

Schulterrolle

Lenken Sie Ihre Aufmerksamkeit nun zu den beiden Schultern. Heben Sie sie an und kreisen Sie sie fünf Mal vorwärts. Versuchen Sie sich aller Empfindungen der Bewegung gewahr zu sein. Achten Sie darauf, ob Sie sich zu sehr anstrengen oder einen anderen Bereich des Körpers anspannen. Drücken Sie die Schultern nicht nach unten, sondern lassen Sie sie am untersten Punkt der Bewegung einfach los. Atmen Sie bei der Aufwärtsbewegung ein und atmen Sie aus, wenn die Schultern sich wieder nach unten bewegen: Der Atem unterstützt Ihre Konzentration. Machen Sie nun das Gleiche in der anderen Richtung, ebenfalls fünf Mal. Atmen Sie noch? Kehren Sie in die Ausgangsposition zurück und werden Sie sich der Wirkung der Übung bewusst. Dann lassen Sie den Fokus los …

Dehnung seitwärts

Richten Sie nun Ihre Aufmerksamkeit auf die Empfindungen in Ihren beiden Armen. Heben Sie sie nach oben über den Kopf an, wobei beide Handflächen zueinander zeigen. Spüren Sie ihr Gewicht. Beugen Sie sich sanft und allmählich nach rechts. Die Bewegung kommt aus der Hüfte. Ihre Arme bleiben dabei parallel links und rechts neben dem Kopf. Beugen Sie sich so weit, dass Sie die Dehnung spüren, aber überschreiten Sie Ihr Limit dabei nicht. Achten Sie darauf, ob Ihr Geist außer Haus ist, und falls ja, lenken Sie ihn behutsam wieder zur Empfindung der Dehnung. Kommen Sie in die aufrechte Haltung zurück, die beiden Arme sind weiterhin nach oben gestreckt. Anschließend neigen Sie sich nach links, wobei Sie spüren, wie der Körper links eingeknickt und rechts gedehnt wird. Richten Sie sich danach wieder auf, senken Sie Ihre Arme und lassen Sie sie an der Seite herunterhängen. Nehmen Sie die Nachwirkungen des Dehnens wahr und lösen Sie Ihren Fokus. Wiederholen Sie dies zweimal auf jeder Seite.

Körperstrecken

Stellen Sie sich gerade hin, der Kopf ist aufrecht, und die Füße stehen in Hüftbreite. Beugen Sie sich beim Ausatmen langsam nach vorne, wobei der Kopf die Bewegung anführt. Spüren Sie, wie sein Gewicht Wirbel für Wirbel nach unten zieht (vergessen Sie nicht zu atmen), bis Sie quasi am Hintern hängen, und lassen Sie dann die Schwerkraft das Steuerrad übernehmen. Forcieren Sie nichts, selbst wenn Sie sich erst ein paar Zentimeter bewegt haben. Es geht darum, sich dessen, was sich in Ihrem Körper und Gehirn abspielt, gewahr zu sein. Richten Sie sich beim nächsten Ausatmen Wirbel für Wirbel wieder auf, so als stapelten Sie Dominosteine. Stehen Sie dann ganz gerade, Ihr Kopf ruht gut ausbalanciert auf der Spitze Ihrer Wirbelsäule. Erspüren Sie den Effekt der Übung und wiederholen Sie sie.

Die Katze

Sie sind auf allen vieren, Ihre Schultern befinden sich über den Händen und die Hüften über den Knien. Mit dem Ausatmen wölben Sie Ihre Wirbelsäule, sodass Sie wie eine wütende Katze aussehen. Beim Einatmen krümmen Sie sich in die andere Richtung und heben dabei Kopf und Hintern an. Wiederholen Sie das drei Mal.

Nach vorne beugen

Setzen Sie sich auf den Boden, mit beiden Beinen nach vorn. Beugen Sie Ihren Kopf nach vorne zu Ihren Knien, die den Boden berühren. Auch bei dieser Übung geht es darum, sich der Sache bewusst zu sein, und nicht darum, weiter nach vorne zu kommen. Forcieren Sie nichts, selbst wenn Sie sich nur um eine Haaresbreite bewegen. Versuchen Sie, in der Position, die Sie erreicht haben, etwas zu verweilen, atmen sie ein und aus, konzentrieren Sie sich auf alle Bereiche, in denen Sie leichten Schmerz oder Spannung zu spüren glauben, und achten Sie darauf, ob sich etwas verändert. Wiederholen Sie dies zwei Mal.

Hüftrollen

Legen Sie sich nun mit dem Rücken auf den Boden, die Beine und Füße nebeneinander. Ihre Arme liegen im rechten Winkel zum Rumpf ebenfalls auf dem Boden. Heben Sie die Beine, wobei Oberschenkel und Schienbein ein »L« formen. Senken Sie nun beim Einatmen beide Beine nach rechts und legen Sie sie auf den Boden. Spüren Sie jede Einzelheit der Bewegung und stabilisieren Sie sie mit Ihren Bauchmuskeln. Gehen Sie, so weit Sie können, und achten Sie auf die Dehnung in Ihrer linken Seite, in die Sie auch atmen. Bringen Sie mit dem Ausatmen die Beine wieder zur Mitte zurück und senken Sie sie beim Einatmen langsam nach links. Spüren Sie die Dehnung auf der rechten Seite. Bringen Sie die Beine mit einem Ausatmen zurück zur Mitte.

Falls Sie Probleme mit Ihrem Rücken haben, lassen Sie die Füße auf dem Boden, die Knie zeigen zur Decke. Senken Sie nun die Knie zur Seite, so weit wie es geht, wobei die Füße und Knöchel folgen. In dieser Position können Sie den Kopf in Gegenrichtung drehen, was Ihren Körper zusätzlich dehnt. Wiederholen Sie dies auf jeder Seite zwei Mal.

Übungen: Achtsame Bewegungen beim Fitnesstraining (für Menschen, die die achtsamen Bewegungen nicht ausstehen können)

Ganz gleich, ob Sie laufen, rennen, schwimmen, vor dem Computer sitzen oder feiern, scannen Sie Ihren Körper nach angespannten Bereichen ab und atmen Sie in sie. Denken Sie daran: Jedes Mal, wenn Sie sich auf ein Gefühl in Ihrem Körper konzentrieren, sind Sie nicht etwa nachlässig, sondern stärken die Bereiche Ihres Gehirns, die für Selbstregulation zuständig sind. Selbst wenn Sie das täglich nur für eine Minute machen, führt dies zu Ergebnissen, die sich selbst im Gehirnscanner zeigen, falls Sie gerade einen dabeihaben.

Vielleicht gehören Sie zu den Menschen, die nicht einmal in Erwägung ziehen würden, achtsame Bewegungen auszuführen. Schließlich sind sie unerträglich langweilig und langsam. Doch auch Sie können sich in Achtsamkeit üben – nämlich während Ihres ganz normalen Fitnesstrainings, bei dem Sie eine Baseballkappe tragen, auf der »I rock« steht, und Sie wie ein Verrückter oder eine Verrückte Gewichte stemmen, während Ihr Trainer, der eine Statur wie *Hulk* hat, Sie: »Geben Sie alles, bis Sie aus den Ohren bluten! Ohne Schmerz kein Gewinn!«, anbrüllt. Wenn Sie sich auf den Bereich konzentrieren, den Sie trainieren, werden Sie bessere Resultate erzielen, als wenn Ihr Geist dabei abschweift. Nur wenn Sie sich auf diesen fokussieren, werden sich im entsprechenden Gehirnbereich neue Neuronen bilden. Wenn ein Klavierspieler sich nicht auf seine Finger konzentriert, wird er sein Instrument nie meistern. Also seien Sie sich, bei was auch immer Sie stemmen, heben, ziehen oder beugen, dessen gewahr. Wenn Sie die Übung nur automatisch abspulen, sehen Sie vielleicht irgendwann so aus wie ein Muskelpaket mit Schlips.

Hier einige Vorschläge für rasante Übungen:

Auf einem Trainingsfahrrad oder einem Laufband

Trainieren Sie so lange wie üblich, aber probieren Sie das Folgende für jeweils etwa zwanzig Sekunden aus (benutzen Sie den Timer des Geräts oder zählen Sie zwanzig Atemzüge):

Richten Sie während des Laufens oder Strampelns Ihre Aufmerksamkeit auf Ihre Füße – dorthin, wo sie das Laufband oder die Pedale berühren. Spüren Sie jede Bewegung und atmen Sie. Lassen Sie nach den zwanzig Sekunden den Fokus los.

Falls Sie auf dem Trainingsrad sind, richten Sie Ihre Aufmerksamkeit auf den Beckenbereich, dort, wo er den Sattel berührt, sowie auf Ihre Hüften und Ihre Taille. (Mit anderen Worten, all das, was bedeckt wäre, wenn Sie normal große Unterhosen tragen würden.) Atmen Sie in alle Empfindungen, die Sie in dieser Region verspüren. Achten Sie darauf, ob Ihr Geist wandert, und falls dem so ist, bringen Sie ihn freundlich, aber bestimmt wieder zur Unterhosenzone zurück. Wenn Sie laufen, konzentrieren Sie sich auf den gleichen Bereich für ebenfalls zwanzig Sekunden. Dann lassen Sie den Fokus los …

Lenken Sie nun zwanzig Sekunden lang Ihre Aufmerksamkeit auf das Steißbein und wandern Sie dann hoch zu Ihren Schulten. Wie fühlt sich Ihre Haltung von innen an?

Sind Sie gebeugt oder angespannt? Zeigen Ihre Schultern nach hinten oder vorne? Bemerken Sie es, aber ändern Sie es nicht. Dann lassen Sie einfach los …

Die nächsten zwanzig Sekunden widmen Sie Ihren Händen, den Empfindungen Ihrer Handflächen und im Inneren der Hände. Fassen sie fest zu, sind sie schlaff oder taub? Sehen Sie, ob Ihr Geist Sie wegträgt, und wenn ja, bringen Sie ihn zurück zu den Händen. Danach lassen Sie los …

Lenken Sie nun Ihre Aufmerksamkeit auf Ihren Nacken und Ihr Gesicht. Neigt sich Ihr Nacken etwas nach vorne, zur Seite, ist er angespannt oder ausbalanciert? Welchen Gesichtsausdruck haben Sie? Sehen Sie wie ein Wasserspeier an einer gotischen Kathedrale aus? Scannen Sie das Kinn, die Wangen, Lippen, Zunge, Nase, Stirn und Kopfhaut. Machen Sie auch dies zwanzig Sekunden lang.

Verbringen Sie die letzten zwanzig Sekunden damit, sich auf Ihren ganzen Körper zu konzentrieren – von den Zehen über Beine und Rumpf bis hin zum höchsten Punkt des Kopfes. Lassen Sie sich beim Einatmen wie ein Luftballon auffüllen und leeren Sie sich beim Ausatmen. Dann lassen Sie los …

Wenn Sie nicht in der Lage sind, sich auf irgendeine dieser Bereiche zu konzentrieren, sollten Sie es sich vor allem nicht zusätzlich schwer machen. Machen Sie mit dem weiter, was Sie normalerweise auf dem Fahrrad tun. Wenn Sie dann ein wenig Ablenkung brauchen und MTV schauen, sich die Kopfhörer zum Musikhören aufsetzen oder etwas in der *Bunten* blättern möchten, lassen Sie sich nicht davon abhalten. Schon die Tatsache, dass Ihnen auffällt, dass Sie es tun möchten, ist achtsam – Sie können sogar achtsam MTV schauen.

Armdrehen mit Gewichten

Nehmen Sie ein Gewicht (jenes, mit dem Sie normalerweise trainieren) oder eine Dose Bohnen (oder was auch immer) in Ihre rechte Hand und strecken Sie den Arm nach rechts. Beim Einatmen senken Sie ihn an Ihrer rechten Seite nach unten. Beim Ausatmen beugen Sie ihn am Ellenbogen und heben so das Gewicht bis auf Schulterhöhe an. Beim nächsten Einatmen senken Sie den Arm wieder an Ihrer Seite ab. Achten Sie darauf, ob Sie ein leichtes Stechen bemerken und scannen Sie Ihren Körper, um zu sehen, ob ein anderer Körperteil, der nicht an der Übung beteiligt ist, angespannt ist. Wiederholen Sie das mit jedem Arm zehn Mal oder, wenn es Ihnen zu viel ist, auch nur fünf Mal.

Trizepstraining

Halten Sie in Ihrer rechten Hand ein Gewicht und heben Sie dann den Arm, bis er neben Ihrem Kopf ausgestreckt nach oben zeigt. Lassen Sie mit dem Einatmen Ihre Hand an Kopf und Nacken entlang hinter den Rücken sinken (so als wollten Sie sich zwischen Ihren Schulterblättern kratzen). Beim Ausatmen heben Sie Ihren Arm wieder an. Wiederholen Sie dies mit jedem Arm zehn Mal und erhöhen Sie die Anzahl mit der Zeit.

Bauchpressen

Legen Sie sich mit angezogenen Beinen auf den Rücken, die Fußsohlen stehen hüftbreit auf dem Boden. Legen Sie Ihre Hände hinter Ihren Kopf und ziehen Sie beim Ausatmen Ihren Bauch ein, so als hätte man Ihnen in den Bauch geboxt.

Ziehen Sie Ihren Oberkörper nach vorne (ohne sich dabei mit Ihrem Nacken hochzuziehen). Scannen Sie Ihren Körper und stellen Sie sicher, dass Sie dazu nur Ihre Bauchmuskeln verwenden und sonst nichts. Legen Sie sich beim Einatmen zurück auf den Boden. Wiederholen Sie dies zehn Mal.

Pomuskeltraining

Legen Sie sich in Rückenlage auf den Boden, Ihre Füße stehen erneut in Hüftbreite auf der Erde. Spannen Sie mit dem Ausatmen die Pomuskeln an und heben Sie das gesamte Becken an, sodass sich der Rücken zu einem Bogen wölbt. Ihr Nabel zeigt nach oben. Halten Sie die Position, die Pobacken bleiben weiter zusammengepresst, spüren Sie den leichten Bogen (aber bitte keine Folter) an der Rückseite der Oberschenkel. Lassen Sie dann das Becken wieder absinken. Das ist, was ich vorher schon angekündigt habe: nämlich mit Achtsamkeit einen straffen Hintern zu bekommen. Wiederholen Sie das fünf Mal.

Hausaufgaben

Notieren Sie sich alle Beobachtungen bezüglich der Übungen in Ihrem Tagebuch. Hier einige Fragen, die Sie dabei im Geist behalten können:

- Hat sich Ihr Training verändert, seitdem Sie begonnen haben, dabei Achtsamkeit zu praktizieren, und wenn ja, wie?
- Erinnern Sie sich an irgendeinen der Gedanken, die Sie hatten, als Ihr Geist abschweifte?
- Bemerkten Sie, wenn Sie eine Position hielten, irgendwelche Veränderungen, und wenn ja, welche?

Versuchen Sie es sich auch diese Woche einzurichten, zweimal am Tag die dreiminütige Achtsamkeitsübung zu machen, entweder in einer Situation, in der Sie merken, dass Ihre Gedanken wild durcheinanderwirbeln und Sie etwas aufwühlt, oder einfach nur, um zum gegenwärtigen Augenblick zurückzukehren.

Übungen: Achtsame Bewegungen für unterwegs (für Leute, die nicht einmal achtsame Bewegungen beim Fitnesstraining leiden können)

Straßenrollen

Sie gehen nie ins Fitnessstudio und machen auch sonst keine Gymnastikübungen? Ich finde das in Ordnung. Sie haben aber sicherlich schon so schwere Einkaufstaschen getragen, dass Sie das Gefühl hatten, dass Sie sich gleich die Schulter ausrenken? Laut zu fluchen wird da nicht helfen, es steigert nur die Frustration. Da Sie die Situation ohnehin nicht ändern können – warum sie nicht dazu nutzen, achtsamer zu werden und noch dazu ein paar Muskeln auszubilden? Ganz gleich, ob Sie in Eile sind oder nicht, heben Sie die Tüte mit Ihrer rechten Hand bis in Schulterhöhe, halten Sie sie dort und zählen Sie bis zehn. Genauso, wie Sie es mit einem Gewicht tun würden, konzentrieren Sie sich auf den Bereich, der schmerzt, und atmen Sie in ihn hinein. Auf der Straße ist es besonders wichtig, unseren Körper nach Spannungen abzuscannen, denn wir sind es gewohnt, unsere Schultern anzuheben oder unseren Körper zu verkrampfen, wenn wir etwas Schweres tragen. (Warum manche von uns im Fitnessstudio Hanteln stemmen, was sie doch eigentlich genauso im

Freien mit schweren Einkaufstaschen machen könnten, ist mir schleierhaft.) Wiederholen Sie das Gleiche jetzt mit Ihrem linken Arm.

Taschenstemmen

Ich mache das Trizepstraining auch öffentlich auf der Straße, da es mir egal ist, was die Leute von mir denken, und sie es meist ohnehin nicht bemerken: Heben Sie einen Arm, strecken Sie ihn nach oben und halten Sie so die Tüte neben Ihrem Kopf. Beugen Sie dann Ihren Arm und lassen Sie ihn hinter dem Rücken herunter. Heben Sie die Tasche anschließend wieder an, strecken Sie Ihren Arm erneut und zählen Sie bis zehn. Wiederholen Sie die Übung mit dem anderen Arm. Seien Sie sich Ihrer Empfindungen gewahr. Wenn Ihr Geist sich in den Urlaub verabschiedet, holen Sie ihn wieder zurück.

Einkaufswagenschieben

Wenn Sie mit einem Einkaufswagen unterwegs sind, können Sie das dazu nutzen, Ihre Arme zu kräftigen und die Muskulatur zu dehnen (es klappt am besten, wenn er mit Einkäufen gefüllt ist). Ihre Hände umklammern den Griff wie üblich. Ziehen Sie den Wagen zu sich, dann stoßen Sie ihn von sich weg, ziehen ihn wieder an etc. und wiederholen all dies zehn Mal. (Spannen Sie Ihre Schultern nicht an, sondern benutzen Sie nur Ihre Arme, sonst bekommen Sie die gleichen Geierflügel, wie meine Mutter sie hatte.) Halten Sie nun den Griff des Einkaufswagens, diesmal aber mit den Handflächen nach oben, und machen die Übung noch einmal.

Dehnung mit dem Einkaufswagen

Halten Sie den Griff des Einkaufswagens und lassen Sie ihn dann nach vorne rollen, sodass Ihr Rücken nach vorne gezogen wird, bis er parallel zum Boden ist (wenn Sie dabei noch immer im Supermarkt sind, tun Sie so, als suchten Sie etwas, das Ihnen auf den Boden gefallen ist). Richten Sie sich anschließend wieder auf und wiederholen Sie dies fünf Mal.

Training mit Gepäck

Kommen Sie gerade auf dem Flughafen oder dem Bahnhof an und sind spät dran? Selbst wenn, dann bleiben Sie entspannt, während Sie zum *Check-in* oder zu den Gleisen rennen. Konzentrieren Sie sich auf Ihre Füße, wie sie den Boden berühren, um Gedanken wie: »Du Idiot, du bist wieder einmal spät dran! Es ist alles deine Schuld, denn du hast ein Bad genommen, als das Taxi kam. Typisch!«, zu beruhigen. Richten Sie Ihren Körper auf und nehmen Sie den Griff, der sich an Ihrem fahrbaren Koffer befindet. Ziehen Sie ihn zu sich und stoßen Sie ihn dann wieder weg. Wiederholen Sie dies zehn Mal. Dies trainiert Ihren Bizeps voller Achtsamkeit, und gleichzeitig schaffen Sie es trotzdem, noch früh genug zum Zug oder dem Flieger zu kommen.

(Sie können das natürlich auch machen, wenn Sie einen großen Hund ausführen, aber davon würde ich Ihnen eher abraten: Sie könnten ihn dabei aus Versehen erwürgen.)

Aufzug

Aufzüge sind hervorragende Orte, an denen Sie Ihren Körper dehnen können. Stellen Sie einen Fuß (wenn Sie können) auf den Handlauf, beugen Sie sich zu ihm und dehnen Sie damit die Rückseite Ihres ausgestreckten Beins. Machen Sie dann das Gleiche mit dem anderen Bein. Stellen Sie sich als Nächstes normal hin, winkeln Sie ein Bein an und greifen es von hinten am Knöchel. Das dehnt den Oberschenkel. Wiederholen Sie auch das mit dem anderen Bein. Wenn Sie das *Empire State Building* hochfahren, haben Sie sogar genug Zeit, sich auf den Boden zu legen und zum Dehnen abwechselnd Ihre Beine anzuheben. Sie könnten sogar eine Brücke machen. Wirklich, Sie können eigentlich ziemlich alles in einem Aufzug anstellen. Und falls Sie nicht alleine sind, ignorieren Sie, was die anderen über Sie denken, denn Sie machen sich fit, und die tun es nicht.

Dehnungen am Gepäckempfang – oder wo auch immer

Nutzen Sie auch die Zeit, in der Sie auf Ihr Gepäck warten (oder in einer Warteschlange stehen) effektiv, um anzugeben. Statt laut zu fluchen oder innerlich wütend zu werden (wissen Sie, das wird das Gepäck auch nicht schneller herbeizaubern oder die Schlange kürzer werden lassen), nutzen Sie die Zeit, um Ihren Nacken zu dehnen oder eine Schulterrolle bzw. eine Seitendehnung zu machen. Warten Sie noch immer? Probieren Sie eine Brücke. Wenn Sie diese Übungen voller Gewahrsein ausführen, statt peinlich berührt zu schauen, wie die anderen darauf reagieren, dann sind Sie achtsam.

Umhängetaschen-Dehnungen

Diese Übung ist für alle, die Umhängetaschen tragen … Legen Sie den Gurt über eine Ihrer Schultern und beugen

Sie Ihren Kopf zur anderen und dehnen Sie damit den Nacken kräftig und, wenn Sie sich tiefer beugen, Ihre Taille. Vergessen Sie nicht, die Schultern zu wechseln, wenn Sie nicht wollen, dass Sie danach vollkommen schief sind.

Vierte Woche
Gefühlen und Emotionen mit Achtsamkeit begegnen

Auf die gleiche Art wie wir bislang den Fokus unserer Aufmerksamkeit zu unseren Füßen, unserem Stuhl, zu Geräuschen, zum Körper und zum Atem gebracht haben, lenken wir ihn jetzt dorthin, wo unsere Emotionen im Körper Schmerz, Anspannungen u.Ä. verursachen. Der Prozess an sich ist genau der gleiche: Man kann die entsprechende Empfindung genauso spüren wie den Schmerz oder den Druck einer körperlichen Dehnübung. Bei beiden geht es darum, sich der Wahrnehmung zuzuwenden, statt vor ihr davonzurennen. Wenn Sie unangenehme Gefühle innerlich ablehnen und los sein wollen, werden sie nur noch stärker werden und noch länger bleiben.

Ihre Venen durchfließt ununterbrochen ein Cocktail aus verschiedenen chemischen Substanzen, welche die Gefühle und Emotionen erzeugen. Sie werden nie begreifen, wie dies vor sich geht, also sparen Sie sich die Interpretationen und erleben Sie es einfach. (Außer Sie sind ein Poet, dann lassen Sie sich nicht davon abhalten.)

Mit diesem reinen Gewahrsein eines Gefühls, ganz gleich, ob es körperlich oder emotional ist, können Sie Ihre negativen Selbstgespräche überwinden, was allerdings nicht bedeutet, dass Sie die Erinnerung über Bord werfen müssen. Wenn Sie ein Gefühl schnell bemerken und sich darauf einlassen, werden Sie Ihre begriffliche Deutung, die Wertung, die durch unsere Worte und Begriffe entsteht, schnell im Keim ersticken. Die Idee dahinter ist, das Feuer einzudämmen, noch bevor es sich richtig entzündet.

Ich habe bereits offenbart, dass ich (wenn heute auch weniger als früher) süchtig nach Zorn bin. Hierbei voll Gas zu geben war mein liebstes Hobby. An freien Tagen pflegte ich Politessen zu jagen. Ich wartete hinter einem Baum und sprang dann, verrückter als ein wild gewordenes Huhn, hervor. Auch wenn sie nie das Knöllchen zerrissen, das sie mir verpasst hatten, so fühlte sich die Wut doch sehr gut an, und ich merkte, dass ich von ihr abhängig war. Tags darauf hatte ich von der ganzen Galle, die mir übergegangen war, eine Art Kater.

Erst als ich mir meiner gefährlichen Gedankenmuster bewusst wurde und erkannte, wie sehr meine Mitmenschen unter ihnen zu leiden hatten, lockerte ich meine Zwangsjacke. Mir wurde klar, dass ich jedes Mal, wenn ich einen Wutanfall hatte, meine Gewohnheit nicht nur beibehielt, sondern sie sich sogar noch tiefer einschliff.

Bei körperlichen Übungen kann ich feststellen, dass ich in bestimmten Körperteilen einen mir bekannten Schmerz empfinde. Selbst wenn ich ihn loswerde, ist er am nächsten Tag wieder da – an der gleichen Stelle. Ich habe gelernt, mit ihm zu leben, und behandele meine Schmerzen jetzt als alte Freunde. Schon beim Aufwachen begrüße ich sie: »Hallo, meine Knieschmerzen, wie geht's euch?« »Ah ja, da ist er ja, mein verkrampfter Nacken, moin, moin!« Das Gleiche gilt für Emotionen: Ich habe es mir angewöhnt, die mir bekannten schon bei ihrem Auftauchen zu bemerken und sie mit »Hallo, mein Herzschmerz, kennen wir uns nicht von gestern … und vorgestern … und dem größten Teil meines Lebens? Willkommen zurück!« zu begrüßen. Wir alle haben gewisse Emotionen, die sich wieder und wieder wiederholen: Es sind unsere emotionalen Erkennungsmelodien.

Sobald wir aufhören, uns über unsere Gefühle zu beklagen, ohne sie jedoch zu verleugnen, verändert sich ihre Intensität, die Art, wie wir sie wahrnehmen, und der Ort, wo wir sie empfinden. Wenn sie zu stark werden, lenken Sie Ihre Aufmerksamkeit zurück zum Atem oder direkt zu den noch nicht bewerteten Gefühlen.

Übung: Emotionen mit Achtsamkeit begegnen

Widmen Sie dieser Übung fünf oder zehn Minuten.

Denken Sie daran: Sie können sich für diese Übungen überall hinsetzen, oder wenn Sie wirklich gar nicht gerne sitzen, sie auch in irgendeiner anderen Position machen, die Ihnen angenehm ist. Falls Sie sitzen, dann mit geradem Rücken, Ihr Kopf zeigt nach oben zum Himmel. Konzentrieren Sie sich auf Ihre beiden Füße. Lassen Sie den Fokus dann los und lenken Sie Ihr Gewahrsein auf den Atem, ohne es zu forcieren, es geschieht ganz von alleine. (Falls es für Sie leichter ist, zählen Sie zehn Atemzüge.) Erweitern Sie nun Ihr Wahrnehmungsfeld und beziehen Sie alle emotionalen Empfindungen, die Ihre Aufmerksamkeit auf sich ziehen, mit ein. Sobald Sie herausgefunden haben, mit welchen Spannungen sie in Ihrem Körper einhergehen, zoomen Sie in die betreffende Stelle hinein und untersuchen Sie die Empfindung mit Neugier, statt an ihr herumzunörgeln. Wie fühlt es sich an? Pulsiert es, pocht es, sticht es oder kribbelt es?

Übung: *Mit Schwierigem umgehen*

Die folgende Übung können Sie entweder als Fortsetzung der vorherigen oder als eigenständige Praxis machen. Üben Sie auch diese für fünf oder zehn Minuten.

Sie sitzen da, konzentrieren sich auf den Atem und lenken Ihre Aufmerksamkeit dann auf eine schwierige Situation, die Sie erst kürzlich oder bereits vor längerer Zeit erlebt haben und in der Sie ärgerlich, nachtragend, aufgebracht, ängstlich oder angespannt waren – suchen Sie irgendetwas aus, das seinen Stachel noch immer nicht ganz verloren hat. Vergessen Sie nicht, dass Sie sich diese negativen Gefühle nicht deswegen ins Bewusstsein rufen, um sich wehzutun, sondern, um sich ihrer genauer bewusst zu werden. Sie sind ohnehin da, selbst wenn Sie sich ihrer nicht gewahr sind, und so können Sie wenigstens versuchen, mit ihnen Freundschaft zu schließen. Wenden Sie sich diesen dunkleren Gefühlen mit genauso viel Mitgefühl und Fürsorge zu wie einem Freund, der leidet. Sobald Sie das Gefühl ausgemacht haben, zoomen Sie hinein und nehmen es als Anker. Denken Sie schließlich am Ende der Übung noch an eine gute Erfahrung der Vergangenheit und sehen Sie zu, ob Sie Ihre Emotionen mit dieser Erinnerung zum Mitschwingen bringen können. Sie werden sehen: Sie können Ihre Emotionen beeinflussen, indem Sie sie auf positivere geistige Bilder lenken. Wenn eine negative Emotion zu sehr hochkocht, wechseln Sie zurück zu einer angenehmeren. Bringen Sie am Ende der Übung Ihre Aufmerksamkeit zum Atem zurück, also dorthin, wo Sie sich ausgeglichener und gegenwärtiger fühlen.

Führen Sie die folgenden sechs Tage Ihr Tagebuch weiter und notieren Sie Ihre achtsamen Gefühle.

Hier einige Fragen, die Sie dabei im Bewusstsein haben können:

- Welche Emotion haben Sie sich in der Übung bewusst gemacht?
- Machen Sie eine Zeichnung von Ihrem Körper und markieren Sie, wo Sie diese gespürt haben. Welche Farbe hatte sie? Welche Form? Welche Größe?
- Zeichnen Sie Ihren Körper noch einmal und tragen Sie ein, wo sich durch die Übung etwas veränderte (falls dies der Fall war).

Versuchen Sie auch in dieser Woche, zweimal am Tag die dreiminütige Übung des achtsamen Atmens zu machen.

Fünfte Woche:
Gedanken mit Achtsamkeit begegnen

In der gleichen Weise, wie Emotionen Gewohnheiten prägen, können dies auch Gedanken tun und dabei sogar zu zwanghaftem Verhalten führen. In anderen Fällen nehmen Sie einfach nur unnützen Platz im Gehirn ein, und in wieder anderen können sie durchaus auch wenig nützlich sein, denn sie schenken uns Poesie, Kunst, Literatur, Sprache, Kommunikation und Zivilisation … um nur einige wenige Beispiele zu nennen. Ich wiederhole es immer wieder: Wenn sie gut sind, sind sie wirklich sehr gut, und wenn sie schlecht sind, sind sie boshaft. Unsere Aufgabe ist es, uns zu entscheiden, die guten herauszupicken und sie uns zunutze zu machen. Und das bringt uns zurück zur Achtsamkeit, in der es um einen Paradigmenwechsel in unserer Beziehung zu den Gedanken geht: Von jetzt an sollten wir uns zurücklehnen und selbst entscheiden, wann wir einem Gedanken nachgehen wollen und wann wir ihn loslassen.

Wenn Sie Ihre Gedanken mit klarerem und gesetzterem Geist betrachten, steht außer Frage, dass aus der Dunkelheit einige wahre Juwelen in Form von großartigen, lustigen, kreativen und originellen Gedanken auftauchen werden.

Wenn ich Achtsamkeit praktiziere, kommen manchmal fantastische Blasen aus den dunklen Tiefen hoch an die Oberfläche. Ich sitze in solchen Fällen wie eine Närrin da, muss laut lachen und greife dann stets nach einem Stift, um sie niederzuschreiben, bevor sie wieder in den dichten Nebelschwaden meines Geistes verschwinden. Bei der Achtsamkeitspraxis sitzt man nicht wie ein toter, tiefgefrorener Fisch da, sondern beobachtet seine Gedanken. Im Laufe der Zeit wird es so einfacher zu entscheiden, welche von ihnen Gewinner sind, denen man nachgeht, und welche Verlierer sind, die man gleich beim Auftauchen wieder loslässt. Es heißt, dass einem die kreativsten Gedanken dann kommen, wenn man sie nicht sucht. Genau das ist auch der Grund, warum manche Menschen beim Duschen Eingebungen haben. Ihnen geht es wie Goldsuchern, die völlig unerwartet etwas im Matsch glitzern sehen. Genauso fühlt es sich an, wenn ich gelegentlich feststelle, dass eine große Zeile aus dem Nebel auftaucht.

Seien Sie Ihr eigener Therapeut

Nicht nur in Bezug auf heftige Emotionen können Sie Abstand gewinnen, auf die gleiche Art können Sie auch lernen, sich von Ihren Gedanken zu lösen. Achtsamkeit macht Sie zu Ihrem eigenen Therapeuten: Sie hören Ihren tief verborgenen und dunklen Gedanken zu. Ihr Geist offenbart Ihnen von sich aus, wer Sie sind – vorausgesetzt, dass er sich nicht bedroht fühlt oder verängstigt ist. Tun Sie es dem Seelenklempner gleich und bewerten Sie nicht, was zutage kommt. So können Sie sich von den begrenzenden und destruktiven Gedanken befreien und sie durch neue ersetzen. Nur wenn Sie die Sache betrachten und sich Ihrer gewahr werden, können Sie sich aus Ihren alten Gewohnheiten lösen. Wenn Sie das jedoch nicht tun, spielen Sie, wie ein Schallplattenspieler, dessen Nadel hängt, ewig weiter dieselbe alte Melodie.

Übung: Achtsames Denken

Praktizieren Sie dies die nächsten sechs Tage für jeweils zehn Minuten.

Setzen Sie sich auf einen Stuhl oder ein Kissen und richten Sie Ihren Rücken auf. Lehnen Sie sich nicht an. Ihr Kopf ruht auf Ihrer Wirbelsäule. Spüren Sie, wie die beiden Füße – oder, wenn Sie im Schneidersitz sitzen, Ihre Knie – den Boden berühren, und empfinden Sie das Gewicht des Körpers, das auf Ihren Sitzplatz drückt. Konzentrieren Sie sich auf den Atem (und zählen Sie, wenn es die Sache für Sie erleichtert, zehn Atemzüge). Achten Sie darauf, ob Ihr Geist abwandert, und bringen Sie ihn, falls er entwischt, wieder zum Atem zurück. Erweitern Sie nun Ihr Erfahrungsfeld und beziehen Sie auch Klänge mit ein. Hören Sie einfach nur, lassen Sie die Klänge zu Ihnen kommen, ohne ihnen nachzujagen.

Lenken Sie Ihre Aufmerksamkeit nun auf Ihr Denken. Auf die gleiche Weise wie bei den Klängen, die Sie hören, betrachten Sie alles, was sich in Ihrem Geist zeigt. Sie können sich die Gedanken wie Wolken vorstellen, die immerzu am

Himmel vorbeiziehen – manche sind schwer und dunkel, andere leicht und hell, wieder andere sind Gewitterwolken, aber alle ziehen weiter oder transformieren sich ganz ohne Anstrengung Ihrerseits. Es ist, als würden Sie im Kino sitzen, einen Film schauen und dabei Popcorn oder einen Hotdog essen. Doch nach einer Weile stellen Sie vielleicht fest, dass Sie Ihren Platz verlassen haben und Teil des Films und seiner Handlung geworden sind. Wenn Sie das bemerken, kehren Sie, ohne sich deswegen eine schlechte Kritik zu schreiben, zu Ihrem Sitz zurück, nehmen die Popcorntüte wieder in die Hand und schauen Sie den Film – ganz gleich, ob er urkomisch oder Angst einflößend ist – einfach von Ihrem Sitzplatz aus weiter. Achten Sie darauf, ob Sie nicht plötzlich selbst auf der Leinwand erscheinen. Sie bekommen keine bessere Note, wenn Sie dort seltener auftauchen, es geht einfach nur darum, es zu bemerken und zurückzukommen. Und wenn es hundertmal geschieht, dann klopfen Sie sich auf die Schultern, weil Sie es so oft bemerkt haben. Wie ich bereits im zweiten Kapitel geschrieben habe, übt es Ihren Geist sogar noch mehr, wenn er häufig abschweift und Sie ihn zurückbringen, da es jedes Mal Ihre entsprechenden geistigen Bauchmuskeln stärkt. Kommen Sie zum Abschluss der Übung kurz zum einfachen Atmen zurück. Jedes Mal, wenn Sie sich daran erinnern, zu atmen oder sich im Sessel des mentalen Kinos zurückzulehnen, kehren Sie automatisch in die Gegenwart zurück. Der Atem ist stets für Sie da, stets bereit, Sie mit dem Gefühl des Friedens und der Präsenz zu verbinden.

Schreiben Sie jeden Tag nach der Meditation Ihre Gedanken in Ihr Tagebuch.

Hier einige Fragen, die Sie dabei im Kopf behalten können:

- Wie fühlte es sich an, als Sie vom Hören der Klänge zu der Beobachtung der Gedanken wechselten?
- Welche Gedanken kamen Ihnen, als Sie das Bild der Wolken oder des Kinos benutzten und dabei im Geist abwanderten? Gab es da bestimmte Themen?
- Wie reagierten Sie, wenn Sie bemerkten, dass Sie Teil des Films wurden, und zu Ihrem Platz zurückkehren mussten?
- Hat das Popcorn geschmeckt?

Sechste Woche:
Überblick: Wie bringe ich das alles unter einen Hut?

In dieser Woche werden Sie daran arbeiten, Achtsamkeit in Ihr tägliches Leben zu integrieren. Genau darum geht es nämlich (und nicht darum, starr wie ein Holzscheit dazusitzen).

Sie können nicht andauernd präsent sein und Ihre Gefühle und Gedanken beobachten, sonst würden Sie beim Gehen (oder schlimmer noch – mitten im Straßenverkehr) plötzlich anhalten. Ich habe den Eindruck, dass nur Yogis oder Menschen mit einer gewissen Hirnschädigung diesen Zustand andauernder Präsenz leben können.

Ein Tag im Leben eines Berufstätigen

7 Uhr: Der Wecker klingelt. Versuchen, versuchen und versuchen Sie immer wieder, ihn zehn Minuten früher zu stellen, damit Sie Zeit für eine fünf- bis zehnminütige Achtsamkeitssitzung haben (wählen Sie dafür irgendeine Übung des sechswöchigen Kurses). Wenn dazu wirklich keine Zeit ist, dann seien Sie einfach während des Du-

schens und beim Zähneputzen achtsam. Wenn Sie keine
Zeit zum Zähneputzen haben, gehen Sie zum Zahnarzt.

8 Uhr: Falls Sie, bevor Sie sich auf den Weg zur Arbeit
machen, noch Zeit haben, sich etwas Kaffee, Tee oder
etwas zu essen einzuverleiben, können Sie für sagen wir
zwei oder drei Bissen oder Schlucke die Temperatur, den
Geschmack oder die Größe davon erleben. (Denken Sie
daran: Selbst wenige Sekunden Achtsamkeit ändern etwas
in Ihrem Gehirn.)

8 Uhr 30: Wenn Sie mit dem Auto zur Arbeit fahren, sollten Sie nicht einmal daran denken, sich auf Ihre Sinne zu
konzentrieren oder in die Gegenwart zu kommen, denn
dann bauen Sie möglicherweise noch einen Unfall, wofür
man vielleicht sogar mich verantwortlich machen wird.
Die Fahrt müssen wir – genau wie den größten Teil unserer übrigen Zeit – im Autopiloten verbringen.
  Wenn Sie hingegen mit dem Bus, dem Zug, dem Taxi
oder zu Pferd zur Arbeit galoppieren, eignet sich dies her-
vorragend für die Achtsamkeitspraxis: Fühlen Sie Ihre
Füße auf dem Boden, Ihren Körper auf dem Sitz, lauschen
Sie den Geräuschen, konzentrieren Sie sich auf Ihren
Atem oder beobachten Sie Ihre Gedanken. Falls Sie nervös werden, weil Sie spät dran sind, dann achten Sie auf
dieses Gefühl der Unruhe.

9 bis 13 Uhr: Machen Sie immer dann, wenn Sie im Laufe
des Vormittags feststellen, dass Ihr Gehirn blockiert zu sein
scheint oder Sie wie von dichtem Nebel umgeben sind, an
Ihrem Tisch, unter dem Tisch, im Aufzug oder auf dem Lokus eine drei- bzw. vielleicht auch nur eine einminütige

Achtsamkeitsübung … Versuchen Sie es sich einzurichten, dies zweimal am Tag zu machen – beispielsweise einmal morgens und einmal nachmittags. Ich garantiere Ihnen, dass Sie nach einer solchen Pause, während derer Sie am besten den Bildschirm zuklappen, das Telefon ausschalten oder umherlaufen, bei Ihrer Arbeit klarer, kreativer sowie energievoller sind und die Konkurrenz ausstechen, da alle anderen um Sie herum sich bereits völlig verausgabt haben.

13 Uhr: Mittagessen. Wo auch immer Sie essen, schmecken Sie das Essen, das Sie kauen und hinunterschlucken, und sei es auch nur für ein paar Sekunden. Sonst ist es eine Verschwendung von Geld und Kalorien. Falls Sie an einem Arbeitsessen teilnehmen müssen, versuchen Sie dennoch, sich des Geschmacks bewusst zu werden … es wird niemandem auffallen und hat gleichzeitig den Effekt, dass Sie Speicherkapazität im Kopf befreien, da Sie Ihre Aufmerksamkeit in die kulinarische Abteilung schicken.

16 Uhr: Gegen Ende des Arbeitstages, wenn die meisten von uns für gewöhnlich müde werden, gebe ich noch einmal tüchtig Gas und lasse die Reifen quietschen, um mit der Arbeit fertig zu werden. Das bringt mich allerdings nicht wirklich weiter, denn trotz des ganzen Kraftaufwands ist mir mental bereits der Treibstoff ausgegangen. Unglücklicherweise lässt mich meine Sucht nach Adrenalin alles auf den letzten Drücker erledigen. Ich treibe mich selbst an den Rand des Abgrunds – und darüber hinaus. Dabei wäre es doch gerade dann, wenn ich dort vollkommen erschöpft hänge und mich nur noch mit meinen Fingernägeln festhalte, nützlich, eine weitere dreiminütige Achtsamkeitspause einzulegen.

19 Uhr: Eigentlich brauchten Sie für das, was man Ihr Leben zu Hause nennt, ein neues Getriebe. Ich würde Ihnen vorschlagen, eine kurze Achtsamkeitspraxis zu machen, bevor Sie zu Ihrer Familie zurückkehren, um nichts von dem ganzen Mist der Arbeit mit nach Hause zu bringen. Achten Sie z.B. eine Minute lang genau auf das, was Sie hören. Sie brauchen dazu nicht einmal Musik aufzulegen, lauschen Sie einfach den Geräuschen der Umgebung. Das wird Ihnen helfen, wieder mit Ihren Sinnen in Kontakt zu kommen und nicht mehr völlig im Kopf festzuhängen (doch passen Sie auf, sich auf dem Heimweg nicht zu viel vorzunehmen). Das hilft Ihnen, den Arbeitsmodus zu verlassen und wieder zu einem Menschen, der mit anderen spricht und ihnen zuhört, zu werden.

20 Uhr und danach: Wenn Sie regelmäßig MBCT praktizieren, wird es Ihnen leichter fallen, von dem Arbeitstag zu Ihrer freien Zeit in Gesellschaft von Familie und Freuden umzuschalten. Sollten Sie bemerken, dass Sie in Gedanken noch immer bei der Arbeit sind und innerlich einige Dinge noch einmal durchgehen, dann wenden Sie Ihre Aufmerksamkeit den Menschen um Sie herum zu. Sie können die Amygdala abschalten, Sie brauchen sie gerade nicht. Sie sind unter Freunden, in der Familie ... Es gibt gerade keine Gefahr, außer Sie sind Macbeth.

23 Uhr: Im Bett können Sie versuchen, eine weitere dreiminütige Praxis zu machen, die Ihnen unter Umständen hilft, besser einzuschlafen. Erlauben Sie sich nun eine letzte Orgie: eine Minute lang grübeln, Sorgen machen, Pläne schmieden, fantasieren, brüten ... Geben Sie dabei ordentlich Gas. Bringen Sie anschließend für eine Minute

Ihre Achtsamkeit wieder zurück zum Atem und atmen Sie dann in der letzten Minute durch den ganzen Körper, von den Zehen bis zum Kopf. Rrrr-püh.

Auch tagsüber bietet sich in verschiedensten Situationen die Gelegenheit, Achtsamkeit zu praktizieren:

An der Bushaltestelle

Ihr Bus hat Verspätung. Sie sind bereits zur Bestie geworden, Sie geifern und fletschen Ihre Zähne. Wie oft Sie auch wütend auf die Uhr schauen – der Bus wird dadurch nicht früher kommen. Falls Sie bereits regelmäßig Achtsamkeit praktiziert haben, dürfte es Ihnen eigentlich nicht so schwerfallen zu begreifen, dass Sie bereits den Verstand verloren haben. Ich weiß: Es ist schockierend, sich bewusst zu sein, dass man sich zu einem Idioten macht und wie ein Verrückter lauthals flucht, obwohl das nicht den geringsten Effekt hat – außer, dass jemand das Schauspiel vielleicht filmt und es auf YouTube hochlädt.

In der Öffentlichkeit sprechen

Falls man Sie bitten sollte, in der Öffentlichkeit zu sprechen, habe ich einen Tipp für Sie. Ich weiß, er klingt erst einmal ziemlich seltsam, aber er wirkt: Gehen Sie auf die Toilette, schließen Sie die Tür ab und setzen Sie sich auf die Kloschüssel (bei offener oder geschlossener Klappe). Konzentrieren Sie sich auf Ihre Empfindungen. Sollten Sie darüber nachdenken, wie skurril die Situation ist, lenken Sie den Fokus auf den Lokus.

Konzentrieren Sie sich auf dem Weg zur Ansprache darauf, wie Ihre Füße den Boden berühren. Wenn Sie dann später bei Ihrer Rede nervös werden, können Sie sich von Zeit zu Zeit wieder auf die Füße konzentrieren, was Sie, im wahrsten Sinne des Wortes, erdet.

Achtsamkeit am Morgen

Morgens beim Aufwachen bin ich meist noch ganz benommen von der nächtlichen Orgie der Eindrücke (manchmal kommt am Ende meiner Träume der Abspann des »Filmes«, und es werden meistens polnische Namen genannt). Wenn ich morgens nicht mindestens zehn Minuten Achtsamkeit praktiziere, weiß ich, dass all dies in meinem Kopf bleibt und so den Rest des Tages infiziert. Meiner Meinung nach ist es mit Achtsamkeitspraxis genauso wie mit dem Gang auf die Toilette: Wenn Sie nicht das rauslassen, was rausmuss, werden Sie sich den übrigen Tag nicht wohlfühlen. Meiner Theorie nach gilt das Gleiche für Träume: Wenn Sie nicht eine Methode finden, sie loszuwerden, sinken sie einfach zurück in Ihr Unterbewusstsein, aus dem sie früher oder später wieder auftauchen und dann mit Ihnen durchgehen. Also sitze ich jeden Morgen geduldig zehn Minuten auf meinem Bett und erlaube es den Träumen, in mein Wachbewusstsein aufzusteigen. Gleichzeitig merke ich, dass sie dabei an Einfluss und Solidität verlieren. Hier nun ein paar Beispiele, warum ich meine Träume sanft, aber bestimmt aus mir entlassen möchte:

Mein Traum

Vor ein paar Nächten träumte ich, dass mir Alan Rickman ohne jeglichen Grund in einem Delikatessengeschäft in die Kehle stach. Ich ging in einen Zara-Shop in Indien, fragte nach Nadel und Faden und nähte die Wunde, wobei ich meinen Mund weit offen hielt wie ein Löwe. Anschließend band ich den Faden mit einer großen Schleife zusammen (im Traum ging es auf diese Art immer so weiter).

In einem anderen Traum parke ich mein Auto in einer Parkverbotszone. Als ich zurückkomme, hat man alles, was nicht niet- und nagelfest war, abmontiert. Nur das Fahrgestell ist noch übrig. Der Gangster, der die Teile gestohlen hat, bietet mir an, es wieder zusammenzubauen, wenn ich ihm 5000 Dollar zahle. Ich lehne ab, weswegen er mich zu seinem Boss schleppt, der aussieht wie Idi Amin. Ich versuche Idi zum Lachen zu bringen, indem ich ihm zeige, wie ich Pornobilder in Schlüsselanhänger verwandeln kann. Er lacht manisch, ich denke: »Mistkerl! Jetzt habe ich dich drangekriegt und muss die 5000 Dollar nicht zahlen.« Als ich ihn verlasse, kommt eine Gruppe vietnamesischer Kindersoldaten vorbei, und Idi hackt einem von ihnen mit einem Schwert den Kopf ab. Er lässt mich wissen, dass mir das Gleiche passieren wird, wenn ich das Geld nicht bezahle. Ich steige in eine weiße Großraumlimousine und fahre von Geldautomat zu Geldautomat, um die Summe zusammenzubringen, und beschließe, ihn mit Avocados zu bezahlen. Zeitsprung: Ich arbeite rund um die Uhr mit chinesischen Arbeitern und tüte Tausende Avocados ein … Verstehen Sie jetzt, warum ich manchmal schweißgebadet aufwache?

6

Der soziale Geist – achtsame Beziehungen

Ganz gleich, ob es uns gefällt und ob wir uns gegenseitig mögen oder nicht: Unter unserer haarlosen Haut sind wir (Menschen) soziale Tiere. Wir können nur überleben, indem wir Beziehungen eingehen. Auch Sprache, Kunst, Zivilisation und Religion entstanden ausnahmslos aus dem Bedürfnis, miteinander in Kontakt zu treten. Wären wir alle Eremiten, hätten wir es nicht so weit gebracht (und schon gar nicht ohne unsere Kinder). Außerdem kann man nicht mit sich selbst tratschen – ich habe es versucht, es geht einfach nicht:

Sie: »Weißt du, was ich letzte Nacht gemacht habe?«
Sie: »Ich war alleine und habe keine Menschenseele gesehen.«
Sie: »Was hattest du an?«
Sie: »Oh, denselben alten Büffelhaut-Body wie immer.«
Sie: »Wer hat ihn designt?«
Sie: »Ich.«

Das Gehirn selbst ist bereits an sich ein soziales Organ. Andernfalls wäre es nichts als ein etwa 1,5 Kilo schweres Stück Gallerte. Es wird erst dann lebendig, wenn es mit anderen Gehirnen interagiert, erst dann beginnt die Party. Bereits im Mutterbauch werden Körper und Gehirn des Embryos von der Umgebung beeinflusst. Ist das Fruchtwasser warm genug? Ist der Mutterbauch nicht zu eng? Wie ist er eingerichtet? Ist zu viel Brimborium drin? Wenn sich niemand richtig um die Entwicklung und Förderung des Gehirns des Babys kümmert, kann es, ist es erst mal an der frischen Luft, richtig eng werden. (Auch im wahrsten Sinne des Wortes, nämlich in der Windel, denn wer wechselt sie ihm dann?) Ohne das Feedback der Gesten, ohne die »Gu-Gus« und »Da-Das« sowie die gegenseitige Aktivierung des »Kuschelhormons« Oxytocin, wird das Kind zwar aufwachsen, sich aber dabei wiederfinden, eine lebenslange Partie *Patience* zu spielen – nämlich alleine. Genau wie alles andere, was unser Menschsein ausmacht – unsere Fähigkeit, zu sprechen, zu denken, zu lieben und zu hassen –, wird auch die Entwicklung des Gehirns von den Beziehungen zwischen uns bestimmt.

Beziehungen zum anderen Geschlecht waren nicht gerade mein Spezialgebiet (besonders als ich jung war). Vielleicht fehlt mir ein Hormon, aber niemand außer den wirklich schaurigen Gestalten an meiner Highschool war an mir interessiert. In der Schule schubsten die gut aussehenden Jungs nur die wirklich hübschen Mädchen in den See, die dann »Lass das sein!« schrien. Auch ich schrie oft: »Lass das sein«, aber keiner stieß mich je in den See. Und nicht nur die Männer ignorierten mich, auch die Cliquen wollten mich nicht dabeihaben. Alle beliebten Mädchen rochen es förmlich, dass ich nicht zu ihrer Spezies gehörte. Sie kamen zu mir und sagten Dinge wie: »Siehst du absichtlich so aus?« *Meine Leute* lernte ich erst kennen, als ich in die Psychiatrie kam. Bei ihnen fühlte ich mich verstanden und sicher, auch wenn sie sich die Haare anzündeten oder glaubten, Norman der Eroberer kommuniziere ihnen geheime Nachrichten.

Im Zoo können Sie sehen, dass unsere nicht so entfernten Verwandten, die Primaten, ganz natürlicherweise geschlossen auftreten: die Art, wie sie miteinander eine Bindung eingehen, spielen, essen und sich paaren. Zum Glück müssen wir uns nicht unaufhörlich gegenseitig Läuse aus den Haaren picken oder werden nicht dauernd vom Leitaffen geschlagen, denn wir haben Beziehungscoachs, die uns beibringen, geschicktere Wege der Kommunikation einzuschlagen. Wir stimmen uns auf die anderen ein, indem wir es unserer inneren Welt erlauben, mit der Person, mit der wir sprechen, in Einklang zu sein: Beim Gespräch zwischen zwei Menschen sind bei beiden die gleichen Gehirnregionen aktiv. Es ist wie ein Tanz der gegenseitigen Reaktionsfähigkeit, weswegen auch alle zur gleichen Zeit lachen oder weinen, wenn sie gemeinsam einen Film schauen. Falls Sie mir das nicht glauben wollen, setzen Sie sich beim Film *Toy Story* in die erste Reihe und drehen Sie sich um, wenn Jesse *When She Loved Me* singt. (Mich mussten die Sanitäter raustragen. Ich verlor 100 Kilo an Rotz und Wasser.) Wie auch immer Sie die Sache betrachten, in dieser Beziehung sind wir alle gleich.

Wir geben den anderen unsere Stimmungen und inneren Zustände wie einen Virus weiter. Denken Sie nicht, Sie könnten Ihre Gemütszustände verstecken. Die anderen können Ihre Gedanken zwar nicht lesen, aber meist bekommen sie klar und deutlich mit, in welcher Verfassung Sie sind. Niemandem entgeht, wenn Sie »passiv-aggressiv«[9] sind (d.h. lächeln und gleichzeitig Ihre Eckzähne zeigen). Sie können niemanden hinters Licht führen. Wir funktionieren wie ein neuronales WLAN, ich übertrage Ihnen meine Gefühle, und Sie wiederum geben sie dem nächsten x-Beliebigen weiter, den Sie treffen. Es verteilt sich unter Ihren Freunden, Arbeitskollegen, Nachbarn, überträgt sich auf Ihre Kommune, den Ort, das Land ... den ganzen Planeten. Wenn Sie lachen, lacht die Welt mit Ihnen. (Das stimmt nicht ganz, aber Sie wissen, was ich damit meine.) Sie können Ihre Probleme nicht ändern, indem Sie die Götter anrufen, jemanden zu bestechen versuchen oder Raketen auf die Gegner abfeuern. Aber wenn Sie sich Ihrer inneren Verfassung bewusst werden, werden Sie aufhören, immer einen Feind für sie verantwortlich zu machen, da er ja womöglich *in* Ihnen lauert.

Wie sind wir also zu dem geworden, was wir heute sind? Was ist gut und was ist schiefgelaufen?

Eine kurze Geschichte der menschlichen Beziehungen

Paul Gilbert, Professor der klinischen Psychologie an der Universität Derby, ist Experte im Fachgebiet soziales Gehirn und Natur des Mitgefühls. Ich kann Ihnen nur raten, seine Bücher zu lesen (aber natürlich erst, wenn Sie mit meinem fertig sind). In diesen erinnert er uns daran, dass wir in unseren frühen Tagen Mitglieder kleiner, isoliert lebender Gruppen von etwa hundert bis zweihundert miteinander verwandter Menschen waren. Wir kannten uns alle (und ich bin mir sicher, dass wir auch alle miteinander schliefen). Unser Überleben hing davon ab, dass wir miteinander teilten, was wir hatten, uns gegenseitig umeinander kümmerten, auch wenn es durch die Inzucht zu allerhand Mutationen kam (siehe Alabama[10]). Die gute Nachricht war, dass alle zur Familie gehörten und man sich gegenseitig um das Wohlergehen kümmerte. Wenn Sie jagen gingen (ich mach das nicht, ich gehöre zu einem Stamm, der auf die Dinge zeigt, die er möchte) und nicht zurückkamen, suchten die anderen Clanmitglieder nach Ihnen. Noch heute hätten wir alle gerne das Gefühl, dass man nach uns Ausschau hält und man uns nicht vergisst, wenn wir plötzlich verschwinden würden.

Wie auch immer, als Nächstes wurden die Clans größer, man gründete Städte, um sie dann mit Shoppingmeilen zu pflastern. Wir hörten auf, uns umeinander zu sorgen. (Wenn wir z.B. unseren Partner oder unser kleines Kind im Zara verlieren würden, würden wir nicht einmal überlegen, ob wir zurückgehen sollten, um ihn oder es wiederzufinden. Oder gilt das nur für mich?) Und da wir den ganzen Planeten bevölkerten und mit einem größeren Publikum kommunizieren wollten, erfanden wir das Internet. Das war wahrscheinlich so etwa zu der Zeit, als wir anfingen, einige unserer zwischenmenschlichen Geschicke zu verlieren, und immer mehr hinter unseren Bildschirmen vereinsamten. (Facebook ist keine Lösung. Wenn wir verstehen wollen, was andere bewegt, müssen wir wirklich unter die Leute gehen, sie in Fleisch und Blut treffen und mit ihnen sprechen.) Das ist auch der Grund, warum Unternehmen *Motivational-Speakers* engagieren, die einigen der mächtigsten Menschen der Erde Dinge wie gutes Arbeitsklima, Vertrauen und Mitgefühl beibringen. Eigentlich traurig, dass die Leute nicht ganz von alleine darauf kommen, dass man diese Qualitäten braucht, wenn man auf der Leiter des Erfolgs aufsteigen will.

Heutzutage machen wir uns manchmal vor, für Dinge wie Gerechtigkeit oder den Weltfrieden zu kämpfen. Aber meiner (oft gnadenlosen) Meinung nach, geben wir damit nur unserem eigenen primitiven Bedürfnis nach, auf einen Feind loszugehen – wobei wir diesen recht willkürlich und unabhängig von Rasse, Religion oder politischer Ausrichtung auswählen. Wir alle tragen die Samen von Fanatismus, Clandenken, Gier und Selbstsucht in uns. Ganz gleich, für wie zivilisiert wir uns halten mögen, uns sollte bewusst sein, dass wir Menschen das Kolosseum bauten und in der Manege »Spiele« abhielten, gegen die der Film *Tribute von Panem*[11] wie Minigolf wirkt. In negativem Verhalten müssen wir uns nicht üben – die Natur hat es uns bereits mit in die Wiege gelegt.

Wir sollten uns damit auseinandersetzen, dass wir unter unserem sanftmütigen Erscheinen, im Inneren noch immer (wie kann ich das vorsichtig ausdrücken) wilde Tiere sind (besonders meine Eltern und ich). Ganz gleich, welches Auto wir fahren oder welcher Designer unsere Garderobe entworfen hat, hinter der schicken Fassade leben wir noch immer im Dschungel und sind nicht einmal stubenrein.

Man muss schon sehr mutig sein, um sich von seinem politisch oder religiös motivierten Clan zu lösen und sich um die Menschheit als Ganzes zu sorgen. Doch genau das ist die wahre Natur von Mitgefühl: nicht nur an seinen eigenen Club zu denken, sondern an alle Arten von Leuten. Doch will man (ich wiederhole mich) die anderen in ihrer Unterschiedlichkeit tolerieren, muss man erst einmal die verschiedenen Aspekte seiner selbst annehmen und damit empathisch werden. Ja, es besteht Hoffnung, dass wir aus dem Kokon der Selbstversunkenheit ausbrechen. Diese Fähigkeit ist uns angeboren, alle Wirbeltiere besitzen sie (Eidechsen ist dies völlig wurst). Da wir in einer egoistischen Welt leben, ist diese Eigenschaft etwas angerostet und liegt auf Eis. Beim Gehirnscan zeigt sich, dass bestimmte Bereiche des Gehirns aktiv werden, wenn man auf die Güte und das Mitgefühl einer anderen Person reagiert, deren entsprechende Hirnregionen dabei natürlich ebenfalls aktiv sind.

Professor Richard Davidson schreibt: »Aufgrund der Plastizität haben wir Einfluss darauf, wie sich unser Gehirn ausbildet. Konzentrieren wir uns auf heilsame Gedanken und nehmen uns vor, entsprechend zu handeln, ist es möglich, die Plastizität in unserem Gehirn zu beeinflussen und auf eine Weise neu zu formen, die hilfreich sein kann. Dies bringt uns unweigerlich zu dem Schluss, dass Qualitäten wie Warmherzigkeit und Wohlbefinden als Fertigkeiten angesehen werden sollten [die man ausbilden und trainieren kann].«

2014 nahm ich in New England an einem Retreat teil, das von Jack Kornfield geleitet wurde. Er hat einen Doktor in klinischer Psychologie und lebte und übte als buddhistischer Mönch in Thailand, Myanmar und Indien. Sie können sich sicher unschwer vorstellen, dass er in der Welt der Meditation eine Art Schwergewicht ist.

Wenn ich alleine eine große Veranstaltung oder Feier besuche, schare ich für gewöhnlich als Erstes Menschen um mich und bilde meine eigene Clique, die dann meist aus den kantigeren und schwierigeren Leuten besteht: den zickigen, lustigen und zynischsten, und wenn es Homosexuelle gibt, sind natürlich auch sie dabei. Bei dem Retreat allerdings war Schweigen höchstes Gebot, warum sollte ich also nach Menschen jagen?

Alle umarmten sich gegenseitig, etwas, was mir immer Angst macht, weswegen ich mich am liebsten aus dem Staub gemacht hätte. Aber da ich selbst niemanden umarmen musste, war es für mich in Ordnung. Im Laufe der Zeit wuchs in mir eine Liebe zur Stille: Welch Erleichterung, nicht in Small Talk schwelgen und sich so verhalten zu müssen, als interessiere einen der Small Talk. Wenn man nicht redet, kann man umgeben von Menschen sein und dennoch einfach dasitzen, kann seine eigenen Gedanken haben und zuschauen, wie der Schnee auf die immergrünen Bäume fällt: Ein Stillleben, das einer amerikanischen Glückwunschkarte gleicht.

Jack Kornfield ist das »einzig Wahre«. Er ist vollkommen präsent und ruhig und dennoch lustig und hat einen messerscharfen Verstand. Er lehrte uns eine Art der Achtsamkeit, die ich nur sehr selten praktiziere ... man nennt sie achtsames Mitgefühl. Meine zynischen Nackenhaare stellten sich auf, ich war bereit zuzuschlagen. Doch schon die erste Übung, die er uns lehrte, befreite mich von meinem hämischen Grinsen. Er bat uns, den nächstbesten Partner auszusuchen, diesem in die Augen zu schauen und ihn uns als Kind vorzustellen, wie er damals lachte, Schmerzen hatte etc. Anschließend sollten wir ihn uns als Erwachsenen vergegenwärtigen, mit all seinen Erfolgen, Fehlschlägen, Schwierigkeiten und Freuden. Ich war meiner Partnerin nie zuvor begegnet, aber am Ende der Übung hatte ich das Gefühl, sie besser zu kennen als so manche meiner Freundinnen und Freunde. Es war sehr intim, aber sie gab mir das Gefühl, in sicheren Händen zu sein. Ich hörte auf, mir Gedanken zu machen, wie sie mich sehen würde, ich konzentrierte mich einfach nur auf ihre Augen, die alle Emotionen unter der Sonne spiegelten. Es schien, als verbinde uns eine emotionale Brücke, als seien wir keine getrennten Individuen mehr, unsere Herzen und Seelen trafen sich irgendwo in der Mitte. Nach der Übung erklärte Jack, dass wir gerade Mitgefühl empfunden hätten. Er hätte es nicht sagen müssen, es war für uns alle spürbar.

Am Ende des Kurses merkte ich, wie sehr ich diese BH-freien Erdenmütter in ihren Ökoschlappen mochte, und fand mich tatsächlich dabei wieder, einige von ihnen zu umarmen. Gott sei Dank war es nicht erlaubt, Fotos zu machen.

Obwohl wir mit vielen wilden Tendenzen auf die Welt kommen, haben wir doch auch einige tugendhaftere: Frieden, Fairness, Fürsorge, Bildung und Gleichmut. Im Grunde sind wir nette Kerle. Allerdings bringen wir diese Qualitäten nicht allzu oft auf die Bühne des Lebens, da wir Angst haben, dass man uns wie mit heruntergelassenen Hosen erwischt oder ausplündert.

Durchschnittlich kommt auf fünf negative Gedanken ein positiver, das heißt aber auch, dass es die positiven in uns wenigstens gibt. (Einer ist besser als keiner, sage ich immer … es ist nicht sonderlich interessant, aber ich sage es trotzdem.)

Selbst wenn Sie alleine sind und sich vorstellen, gütig und mitfühlend zu sein, werden die gleichen Bereiche im Gehirn aktiv, wie wenn Sie tatsächlich entsprechend handeln. Es ist ungefähr wie beim Gähnen, womit man die anderen auch »ansteckt«, da dabei die entsprechende Region in ihrem Gehirn angesprochen wird.

Unsere Vielschichtigkeit zu entdecken hilft uns, unsere Mitmenschen nicht nur als zweidimensionale Stereotype wahrzunehmen. Vielleicht schätzen wir andere als weniger differenziert ein, als sie eigentlich sind, da wir uns dann sicherer fühlen. Andere mit einem Etikett zu versehen, sie »nett«, »feindselig« oder »scheu« zu nennen, ist natürlich der einfachere Weg. In Wirklichkeit haben wir aber alle all diese Eigenschaften. Wir sind uns dessen nur nicht bewusst und glauben dem Lebenslauf, den wir uns immer wieder ein-reden: »Mein Charakter ist …« oder: »Ich habe eine … Per-sönlichkeit« (bitte eintragen).

Ich hoffe, Sie haben den brillanten und inspirierenden Disney-Film *Alles steht Kopf*[12] gesehen (ich hätte nicht gedacht, dass ich ein solches Statement nach Mickey Mouse und Donald Duck – den größten Philosophen meiner Gene-ration – nochmals für eine ihrer Produktionen abgeben wür-de). In der Animation geht es darum, dass jeder von uns eine bunte Mischung aus verschiedenen Persönlichkeiten ist, von denen alle nützlich sind, sogar der eigene Arschloch-Anteil.

Achtsamkeit bei der Arbeit

Ich glaube, dass es den Chefs großer Unternehmen mit Mitgefühl und einem guten Umgang leichter gelänge, das Beste aus ihren Angestellten und ihren Geschäftspartnern herauszulocken. Heutzutage müssen die Menschen härter und länger arbeiten, stressinduzierte Krankheiten sind die Folge, und dadurch erhöht sich die Fehlerquote bei der Arbeit. Den Angestellten wird heute so viel mehr abverlangt, um die Unternehmensziele zu erreichen. Wollen die Konzerne künftig weiterhin reibungslos funktionieren, müssen sie ihre Arbeitsweise ändern und Konkurrenz durch Kooperation ersetzen. Vielleicht sollte man sich etwas ausdenken, um künftig auszuzeichnen, wenn jemand einem anderen hilft: einen Bonus – irgendwas zwischen einer oder einem neuen Vorzeigefrau bzw. -mann und einem großen Applaus. Doch noch sind wir nicht so weit, denn der Leitspruch unserer Zeit scheint zu sein: »Möge der Beste gewinnen, ganz gleich, wie viele Köpfe dafür rollen müssen.« Wenn Macbeth heute leben würde, wäre er sicherlich einer der Chefs der *Fortune 500* und im Vorstand von *Goldman Sachs*.

Wollen wir, dass unsere Unternehmen – von der Menschheit als ganzer ganz zu Schweigen – erfolgreich sind, müssen wir unsere Ego-Besessenheit aufgeben und mehr in der Wir-Form denken. Wir müssen unseren Blick aus den Scheuklappen der Gier befreien, um das Gesamtbild zu betrachten sowie die Auswirkungen unserer Handlungen (und die der anderen) sehen und uns endlich einen Ruck geben, um auf neue Art zu handeln.

Es wäre sicher hilfreich, wenn besonders Führungskräfte lernen würden, sich vor jeder Sitzung ihrer inneren Verfassung bewusst zu werden, damit sie nicht unbewusst ihren

Stress oder ihre Aggressionen an den Nächstbesten weitergeben. Wenn sie es schaffen, ihre Gefühle zu akzeptieren und sie nicht unkontrolliert herauszulassen sowie ihren Mitarbeiterinnen und Mitarbeitern das Gefühl zu geben, gehört zu werden, dann werden sich alle Beteiligten besser fühlen. Ist ihr Geist klar, werden sie ihrem Ärger nicht mehr unkontrolliert Luft machen, um die Leute anzutreiben oder dazu zu bringen, die Termine einzuhalten, sondern in der Lage sein, ihnen zuzuhören – und genau dies ist der Weg zum Erfolg. Tief in ihrem Inneren sind den Leuten solche Ziele aber eher egal, das Einzige, was ihnen wirklich wichtig ist, ist, ob man sie mag oder nicht.

Wollen wir in einem bestimmten Bereich – und dabei ist es völlig egal, in welchem – große Erfolge erzielen, müssen wir unsere Selbstbezogenheit durch ein Wirgefühl ersetzen. Wenn Sie jemandem mit Neugier zuhören, baut dies bekanntermaßen eine Beziehung auf, was wiederum der Champagner der Kommunikation ist: Besser kann man es gar nicht machen. Dem, was der andere sagt, die volle und ungeteilte Aufmerksamkeit zu schenken ist das Schmeichelhafteste, was Sie ihm entgegenbringen können. Der Betreffende wird Sie entweder zu sich nach Hause einladen oder Sie adoptieren. Und damit kommen wir zu dem, was ich über die Wichtigkeit geschrieben habe, aufmerksam zu sein: Wenn Ihnen ein Mensch gegenübersteht, sollten Sie nicht überlegen, welches Sandwich Sie zum Abendessen essen möchten.

In unserer Gesellschaft hängt das Überleben von sozialer Akzeptanz und unserem Status ab. Sobald wir in einem von beiden nicht genügen, bekommen wir Angst. Ich für meinen Teil war seit jeher in beiden Bereichen schlecht.

Als ich vor ein paar Monaten zu einer Gartenparty ging, war ich mir bewusst, warum ich in der Vergangenheit immer das Bedürfnis hatte, mich zu betrinken. Umgeben von so vielen Leuten, zog es meinen Geist stets in alle Richtungen, weswegen ich immer in ein Muster aus meiner Kindheit zurückfiel: Ich versuchte, die Leute zum Lachen zu bringen, um ihre Anerkennung zu finden.

Ich weiß nicht genau, warum mir das so wichtig war, vielleicht weil ich dachte, dass es mich besser vor den Misshandlungen meiner Eltern schützen würde, wenn die Leute mich mochten. Es war, als könnte ich so ein Iglu des Schutzes bauen. Wie auch immer, zurück zur Party: Ich jage wie ein verhungerndes Tier von einer Person zur anderen, um ihre Aufmerksamkeit zu erhaschen. Ich fühle mich meist von jenen angezogen, von denen ich glaube, dass sie die größte Macht haben oder am populärsten sind. Gelingt es mir dann, dass sie mich mögen, steigt mein Selbstwertgefühl um Kilometer. Obwohl dies wirklich harte Arbeit ist, dauert es nur wenige Sekunden an. Während ich mental Stepp tanze, um ihre Aufmerksamkeit zu bekommen, beschimpfe ich mich noch dazu innerlich mit Worten wie: »Sie können jederzeit herausfinden, dass du eine Betrügerin bist.«

Zu der Party kamen auch VIPs. In der Hierarchie der Bekanntheit bin ich eine Amöbe (auch wenn ich im Fernsehen aufgetreten bin und manche vielleicht denken, ich sei berühmt). In dieser Szene bin ich wie eine kleine Magd, und es ist selbstredend, dass ich den Herr- und Frauschaften Stichworte für die Konversation liefere ... Ich kenne die Spielregeln, also gibt es keine Überraschungen. Auch wenn es mir peinlich ist, muss ich zugeben, dass ich – und da geht es mir wohl wie anderen Nichtberühmtheiten –, sobald ich mit diesen Leitfischen zu tun habe, leicht nervös werde, mein Herz schlägt vor Aufregung schneller, und ich stelle mich auf den Kopf, um die anderen zu amüsieren. Ich bin sicher, dass es ein Flashback meiner Zeit in der Highschool ist: Wenn die Ballkönigin sich herabließ, mich anzusehen, tat ich alles – bis zur Erschöpfung –, um ihre Anerkennung zu ergattern, die ich allerdings nie bekam. Eine der großen Genugtuungen meines Lebens war, zu erfahren, dass die besagte Ballkönigin später in eine Entzugsklinik eingeliefert wurde.

Wie auch immer, den Rest des Abends war ich vollkommen außer mir, denn ich wusste nicht, wie lange ich mit einer Person reden sollte und wann es Zeit war, sich der nächsten zuzuwenden. (Kann man das im Benimmbuch nachlesen? Warum können wir uns nicht wie Kinder verhalten: den anderen mit Saft bespucken und »Du langweilst mich!« schreien?) Da ich vermeiden möchte, dass der andere sich als Erstes abwendet, denn das wäre für mich ein Stich ins Herz, zwinge ich mich, mich für den anderen zu interessieren, auch wenn er mich zu Tode langweilt. So erwischte ich mich dabei, wie ich jemanden aufforderte: »Erzählen Sie mir von den Baggern, in die Sie in Ostafrika investieren.« Ich buckelte und versuchte verzweifelt, der Sache etwas abzugewinnen, doch dann dachte ich: »Ich kann mir so etwas nicht mehr antun.« Ich machte mich heimlich aus dem Staub, wobei ich sorgsam darauf achtete, dass er es nicht mitbekam. Ich glaube, dass dies achtsam war, denn ich merkte, dass ich während der Party mein Bewusstsein außer Gefecht gesetzt hatte und dass ich nicht mehr anwesend war. Also ging ich auf die Toilette, um meinen rasenden Geist zu beruhigen. Anschließend spürte ich deutlich, wonach es mir war, und beschloss, entsprechend zu handeln. Ohne mich selbst deswegen niederzumachen, wie ich es noch vor fünf Jahren getan hätte, ging ich nach Hause und legte mich ins Bett.

Später stellte sich heraus, dass man mein Gehen nicht einmal bemerkt hatte. Manchmal ist es gut, wenn man nicht das Gefühl hat, jemandem die Schau stehlen zu müssen – denn das Einzige, was man sich damit einhandelt, ist ein Kater am nächsten Morgen.

Einige Vorschläge, wie Sie mit Beziehungen achtsam umgehen können

Was tun, wenn einem der Chef den Kopf abreißt?

Wenn Sie bereits von vornherein wissen, dass ein Treffen für Sie kein Zuckerschlecken wird, sollten Sie sich darauf ein wenig vorbereiten. Achten Sie auf Ihren Atem. Konzentrieren Sie sich auf die Geräusche. Schauen Sie ein Foto an, das Sie an angenehme Erlebnisse erinnert, und lenken Sie Ihre Aufmerksamkeit dorthin, wo Ihre Füße den Boden berühren. Bemerken Sie, wenn Sie beginnen, innerlich darum zu kreisen, was alles geschehen könnte, und richten Sie Ihre Aufmerksamkeit auf das beklemmende Gefühl in Ihrem Körper. Machen Sie sich keine Vorwürfe, falls Ihr Geist dennoch nicht klarer wird, sondern akzeptieren Sie einfach, dass dies gerade Ihre geistige Verfassung ist. Machen Sie sich jedoch auch bewusst, dass allein die Tatsache, dass Sie es bemerken, bereits einen Effekt auf die Cortisol-Spitze hat.

Sollte Ihr Chef oder Ihre Chefin dann, wenn Sie ihm oder ihr gegenübersitzen, tatsächlich so konfrontativ sein, wie Sie es befürchtet haben, machen Sie sich auf etwas gefasst.

In solchen Fällen konzentriere ich mich auf die linke Augenbraue oder das rechte Nasenloch der Person (irgendwas in Augennähe) und studiere es in minutiösem Detail: die Haare, die Poren, den Teint, die Farbe und wie sich all dies verändert. Ihrem Chef wird es gar nicht auffallen, dass Sie ihm nicht zuhören, da Sie ja weiterhin in seine Richtung schauen. Sicher erwartet er, dass Sie den Feuerball der Wut zurückwerfen, sodass er erneut zuschlagen kann. Er kann sein Spiel allerdings nicht alleine weiterspielen: Wenn Sie geerdet bleiben, wird sein Ärger wie ein Bumerang zu ihm zurückkommen oder sich von selbst totlaufen. In der Zwischenzeit haben Sie eine ganze Menge über die Haare in seiner Nase erfahren.

Alternativ dazu können Sie dem Klang der wütenden Stimme Ihres Chefs zuhören, seinen höheren und tieferen Tönen und darauf achten, ob die Stimme lauter oder leiser wird, und sich dabei vorstellen, sie sei der Wind. Achten Sie nicht darauf, *was* er *sagt*, sondern darauf, *wie* es *klingt*. Wenn Sie sich auf solche Sinneseindrücke konzentrieren, bewahrt es Sie davor, sich selbst an der Wortschlacht zu beteiligen.

Mittels sozialer Intelligenz (umschiffen statt zurückschlagen) bringen Sie nicht nur sich selbst Mitgefühl entgegen, sondern auch Ihrem Chef. Vielleicht werden Sie dennoch rausgeworfen, aber Sie haben dem Übel nicht noch eine Portion Scham und Leid hinzugefügt.

Wie gehen wir mit jemandem um, den wir für einen Idioten halten?

Hierfür habe ich eine Schwäche. Doch wenn ich heute jemanden bei lebendigem Leib auffressen möchte und mich noch früh genug dabei ertappe, versuche ich mich auf die Augen des Betreffenden zu konzentrieren und seine Angst zu bemerken, statt ihn als Punchingball zu benutzen. Wenn ich in das Weiße seiner Augen sehe und seine Verletzlichkeit entdecke, weckt dies mein Mitgefühl. Ich bin schließlich kein Unmensch … zumindest nicht immer.

Wie verhalten wir uns, wenn uns jemand keines Blickes würdigt?

Achten Sie auf Ihre Reaktionen, wie auch immer sie sein mögen, sie sind in Ordnung, selbst wenn Sie ihn am liebsten vor den Zug werfen würden oder sich wie ein verwundetes Tier verstecken möchten. Halten Sie Ihre instinktive Reaktion zurück und brechen Sie weder in Tränen aus, noch schreien Sie die Person wie ein Fischweib oder -mann an. Wenn Sie sich hinsetzen und sich auf die ganz rudimentären Gefühle konzentrieren, beruhigt sich Ihr Geist. Jetzt können Sie mit einer wohlüberlegteren Strategie reagieren, können versuchen herauszufinden, was die Ursache des Problems ist, ohne dass Ihre alten Reizthemen das Bild verschwommener machen. Wenn Ihr Freund verschweigt, was los ist, war er es ohnehin nicht wert, sich noch weiter mit ihm zu befassen, doch wenn er es ehrlich sagt, lohnt es sich, den Kontakt aufrechtzuerhalten, da dies nur sehr wenige Leute tun.

Wie reagieren wir auf unseren Partner, wenn er uns den Kopf abreißt, es aber nicht unsere Schuld ist, sondern seine?

Sobald Sie bemerken, dass Sie drauf und dran sind, in den schrillsten Tönen das altbekannte Duett der Beschuldigung und der Schuldzuweisungen anzustimmen (eine der Lieblingsmelodien, die ich meinem Mann vorsinge, ist diese: »Warum fahren wir in die falsche Richtung? Immer verfahren wir uns! Warum, um Himmels willen, schaust du nie auf die Karte?«), dann versuchen Sie doch diese (fast nicht machbare) Technik.

Sagen Sie mit einer ausgeglichenen und tiefen Stimme, dass Sie sein Anliegen verstehen, aber erst einmal dringend auf die Toilette müssen und gleich zurück sind (niemand kann es Ihnen verwehren, aufs Klo zu gehen). Sobald Sie in diesem »geschützten Bereich« sind, versuchen Sie sich auf ein paar Atemzüge zu konzentrieren. Selbst wenn Sie es nicht hinbekommen, haben Sie immerhin eine Pause gemacht, eine Pause, die Ihnen beiden Zeit gab, den Adrenalinspiegel zu senken und die Sache noch einmal zu überdenken. Diese Übung ist mir noch nie gelungen, und ich glaube, auch sonst hat sie keiner je hinbekommen.

Ich hoffe, dass inzwischen klar geworden ist, dass Achtsamkeit alles andere ist, als sich auf einem Stuhl sitzend in den eigenen Gedanken zu suhlen und sich selbst zu lieben. Denn bei all diesem inneren Erforschen geht es darum, sich seiner inneren Verfassung bewusst zu werden, sodass man nicht mehr dem Erstbesten, der einem über den Weg läuft, unbewusst den eigenen mentalen Müll überstülpt und ihn obendrein für seine Misere verantwortlich macht. Niemand hat behauptet, dass Achtsamkeit bedeutet, wehrlos zu erdulden, wenn alle auf einem herumtrampeln, oder sich alles gefallen zu lassen. Achtsamkeit hilft uns, in bestimmten Situationen die jeweils richtigen Entscheidungen zu treffen. Manchmal ist es gut, sich zu entspannen, aber in einigen Situationen müssen Sie Gas geben und auch andere dazu bringen, aktiv zu werden.

Zusammengefasst kann man sagen, dass wir unsere evolutionär ererbten Gewohnheiten durchbrechen und uns darin üben müssen, unser höher entwickeltes Gehirn zu aktivieren (und zwar bevor wir unserem Widersacher die Gliedmaßen abhacken). Doch wenn wir dies tun, sollten wir gleichzeitig etwas Mitgefühl für das wilde Tier in uns aufbringen, dank eines Teils der von ihnen geerbten Verhaltensmuster sind wir dort, wo wir heute sind. Ohne das wären wir schon lange aufgefressen worden.

Wollen wir uns weiterentwickeln, müssen wir uns dieser alten Stimmen bewusst werden. Hinter unserem sanftmütigen äußeren Auftreten lauern unsere alten Brüder der Vergangenheit. Wenn wir uns unserer dunklen inneren Triebkräfte nicht gewahr sind, riskieren wir genau dann, wenn wir es am wenigsten erwarten, zu explodieren.

Alles in allem haben wir vier Milliarden Jahre gebraucht, um dahin zu kommen, wo wir heute sind, und wenn wir auch kognitiv gesehen brillant sind, so sind wir doch in emotionaler Hinsicht noch etwas verkümmert. Die Frage ist: Kann unsere empathischere und mitfühlendere Seite aufholen? Der erste Schritt hierzu ist es, unseren inneren Primaten zu umarmen. (Das wäre vielleicht ein Titel für mein nächstes Buch …? Vielleicht aber auch nicht.)

7

Achtsamkeit für Eltern, Kleinkinder und Kinder

Auf den nun folgenden Seiten beschreibe ich Achtsamkeitsübungen für Kleinkinder, Kinder und Eltern. (Die Älteren von uns müssen es lernen, ohne dass Mutti ihnen Händchen hält, aber sie haben ja den sechswöchigen Achtsamkeitskurs, den sie als Handbuch benutzen können.) Unser Gehirn durchläuft in verschiedenen Lebensabschnitten unterschiedliche Wachstumsphasen. Ich glaube daher, dass die Übungen der jeweiligen Entwicklung entsprechen. Es gibt hier keine Lösung, die für alle passt.

Wenn Sie Kinder haben, kam Ihnen vielleicht beim Lesen des letzten Kapitels die Frage: »Wie soll ich all dies unter einen Hut bringen? Ich habe schon keine Zeit für meine eigenen Übungen, und noch nicht einmal, um eine Dusche zu nehmen, wie soll ich auch das noch unterbringen?« Und wenn Sie schon nicht selbst dazu kommen, wann sollen Sie es dann mit Ihren Kindern praktizieren? Zur Antwort hier ein Beispiel für einen Tagesablauf, wie Sie ihn sicher niemals haben, aber lesen Sie es trotzdem, vielleicht bringt es Sie ja zum Lachen.

Ein Tag im Leben von Eltern mit Kindern

7 Uhr 30: Sie gehen in das Kinderzimmer, um Ihr Kind aufzuwecken. Seien Sie behutsam. Tun Sie es früh genug, um zu vermeiden, dass Hektik ausbricht. (Meine Mutter schrie immer nach mir, weil ich jeden Morgen zu spät dran war. Ihre Stimme klang wie eine Sirene, die den Dritten Weltkrieg ankündigte.) Denken Sie daran, mit sanfter und beruhigender Stimme zu reden.

8 Uhr: Bitten Sie Ihr Kind beim Frühstück, zu beschreiben, wie der Toast, das Ei oder das Müsli, das es isst, schmeckt. Wie fühlt es sich an zu kauen? Wie empfindet es das Essen in seinem Mund? Fragen Sie es, ob es jeden Morgen eine Handlung aussuchen möchte – wie etwa die Hände waschen oder den Hund streicheln –, über die es dann nicht *nach*denken, sondern eher in das es *hinein*spüren soll … Es kann sich jeden Tag etwas anderes aussuchen, sodass es nie langweilig wird.

8 Uhr 30: Falls Sie Ihr Kind zur Schule oder zum Kindergarten fahren, können Sie »Ich sehe was, was du nicht siehst« spielen, doch machen Sie es mit Geräuschen, sodass es zu »Ich höre was, was du nicht hörst« wird. Bitten Sie es, zu raten, welchen Klang Sie hören. Das verbindet es direkt mit der Erfahrung der Achtsamkeit. Sie könnten dies auch mit Gerüchen spielen. Wir nutzen unseren Geruchssinn viel zu selten bewusst. Sobald Ihr Kind sich auf die Feinheiten einer Sinneserfahrung konzentriert, übt es seinen Geist.

9 Uhr: Ihr Kind beginnt seinen Schultag bzw. den Tag im Kindergarten. Wenn Sie Glück haben, hat bereits etwas

Achtsamkeitspraxis Einzug in den Lehrplan gefunden. (Sehen Sie hierzu den Abschnitt zu Achtsamkeit in Schulen im 8. Kapitel.)

13 bis 16 Uhr: Geben Sie ihm ein weiteres Spiel mit auf den Weg, das es während der Pausenzeiten in der Schule oder dem Kindergarten spielen kann. Verpacken Sie es in die Form eines Quiz, das Spaß macht: An einem Tag können Sie es bitten, zu zählen, wie viele Wolken in der Mittagspause vorbeiziehen, und an einem anderen, wie viele heute etwas Lilafarbenes anhaben. Wie viele Lehrer oder Betreuer lächeln während des Schultags? Geben Sie ihm jeden Tag etwas mit, auf das es achten und von dem es nach der Schule berichten kann. Seien Sie neugierig und fragen Sie nach den Details.

19 Uhr: Machen Sie es sich zur Gewohnheit, Ihrem Kind während des Abendessens die Gelegenheit zu geben, über alles zu sprechen, worüber es reden möchte. Tun Sie das ganz ohne Hintergedanken und unterhalten Sie sich vollkommen natürlich. Seien Sie aufgeschlossen und interessiert, aber nicht aufdringlich. Sagen Sie es Ihrem Kind, wenn Sie besorgt oder erschöpft sind, da es sonst denkt, es läge an ihm, dass Sie nicht aufmerksam sind. Außerdem sieht es dann, dass auch Sie Emotionen haben. (Auch Sie können einen Wutanfall bekommen.) Erlauben Sie ihm, in der Stimmung zu sein, die es gerade hat. Ihr Kind muss Ihnen nicht sagen, warum, aber versuchen Sie es dazu zu ermuntern, Ihnen zu sagen, was es im Inneren empfindet.

20 Uhr: Lesen Sie ihm vor dem Einschlafen etwas vor. Wenn es im Buch Bilder verschiedener Personen gibt,

fragen Sie Ihr Kind, ob es errät, was diese eigentlich denken. Das ist nur ein Vorschlag, es geht darum, dass es sich angewöhnt, unter die Oberfläche zu schauen und dabei seine eigene Intuition zu nutzen. Das Gleiche können Sie machen, wenn Sie gemeinsam fernsehen und dabei den Ton abdrehen – tun Sie das aber nur für ein paar Minuten, da Ihr Kind Sie am Ende sonst noch dafür hasst.

Elternschaft ohne Tränen

Alle Eltern stellen sich an einem bestimmten Punkt ihres Lebens die gleiche Frage: »Ist es meine Schuld?« Keiner weiß genau, in welchem Maße Kinder sich aufgrund ihrer eigenen Anlagen entwickeln und wie viel anerzogen ist. Dieser Punkt wird seit den 1960er-Jahren viel diskutiert. Heute glaubt man, dass es in etwa fifty-fifty ist … Sie haben also nur zu fünfzig Prozent Einfluss und Gelegenheit, Ihre Kinder zu verkorksen. Die Gene teilen das Blatt aus, das die Kinder mitbringen, doch wie sie es ausspielen, bestimmen Sie.

Der vererbte Anteil – die DNS – setzt die Blaupause mit genetisch vorprogrammierten Gehirnzellen, die jedoch auf Ihren Input warten, Herr oder Frau Ernährer/-in. Die Art und Weise, wie Sie das Kind halten, es anlächeln, die Stirn runzeln, singen, »Buh« rufen, beeinflusst unmittelbar die Schaltkreise in seinem Gehirn. Und diese sind es letztendlich, die gemeinsam mit der Kultur, der Umgebung und den Menschen, die es im Leben trifft, seinen Charakter bestimmen.

Lesen Sie das Folgende jetzt!

Hier einige der wichtigsten Regeln für Eltern.

Kennen Sie sich selbst

Es tut mir leid, dass ich die ganze Zeit darauf herumreite, aber wenn Sie eine vorbildliche Mutter oder ein vorbildlicher Vater sein wollen, heißt Ihre erste Mission: »Lernen Sie sich selbst kennen!« Schon das Orakel von Delphi prägte diesen Satz, und dabei hatte es nicht einmal Kinder. Das heißt nicht, dass Sie sich in die Tiefen der Kohlemine Ihres Unterbewusstseins graben müssen. Aber Sie können mir glauben, dass Ihr Kind es aufgreifen wird, wenn Sie eine überhitzte Reaktion haben und sich selbst dafür Vorwürfe machen: Ein Kleinkind bemerkt den Ärger, die Depression oder die Besorgnis seiner Mutter und nimmt sie in sich auf, denn es sieht den Fehler nicht bei Mutti. Wenn Sie hingegen sich selbst gegenüber gütig sind und sich nicht andauernd verurteilen, dann wird dieses Mitgefühl ebenfalls Teil des Kleinkindes, weswegen es sich im späteren Leben sicher und geborgen fühlen wird.

Wenn wir uns unserer eigenen Themen bewusst werden, beeinflussen unsere früheren Erfahrungen das Kind nicht. Ansonsten laufen wir Gefahr, unsere Probleme auf es zu projizieren und es mit unseren Unzulänglichkeiten zu behelligen, so als wäre es nichts als eine Fotokopie unserer selbst. Außerdem versuchen wir allzu oft, uns durch unser Kind wieder in Ordnung zu bringen, indem wir es zu etwas drängen, das wir selbst versäumt haben (wie etwa Mütter, die ihren zwölf Wochen alten Nachwuchs mit Lernstoff vollstopfen, damit er einmal in Oxford studieren kann).

Die Art, wie wir unsere Kinder behandeln, ist wiederum von den Erfahrungen mit unseren eigenen Eltern geprägt. Nicht nur wir beeinflussen das Gehirn unserer Kinder, auch das unsere wurde bereits von unseren Eltern mitgeformt.

»Dein Pa und deine Ma haben dich versaut«, wie es Philip Larkin so liebevoll ausdrückte, allerdings nicht ohne anzufügen, dass auch sie von den ihren verkorkst wurden. Wenn Sie glauben, Ihr Kind lebt etwas aus, schauen Sie besser in den Spiegel.

Der Geist eines Kindes ist wie zarter, frisch gefallener Pulverschnee. Wir jedoch kommen des Weges und trampeln mit unseren gigantischen Quadratlatschen darüber und hinterlassen unsere Spuren. Unsere Eltern stülpten uns ihre Dinge über, die Großeltern taten das Gleiche mit ihnen, und diese Kette reicht zurück bis zu den ersten Wirbeltieren. Wenn Sie diesem alten Staffellauf der Weitergabe der eigenen Fehler ein Ende setzen wollen, müssen Sie eigentlich nichts weiter tun, als sich Ihrer Mängel bewusst zu werden.

Es wird Ihrem Kind gut ergehen, wenn Sie eine gesunde Dosis Mitgefühl, gute Gene und etwas Wissen darüber, wie Ihr Gehirn funktioniert, besitzen. Und wenn Sie selbst dann, wenn es sich die Lungen herausschreit, gegenwärtig bleiben können, dann haben Sie den goldenen Elternschaftspokal verdient.

Es ist sicherlich interessant festzustellen, dass die Wut bei einem Tobsuchtsanfall Ihres Kindes in Wirklichkeit möglicherweise ursprünglich von Ihnen selbst kommt. Vielleicht werden Sie an Schmerzen aus Ihrer eigenen Kindheit erinnert. Es geht darum, darauf zu achten, ob der Ärger, den Sie manchmal auf Ihr Kind haben, von den eigenen unbewältigten Verletzungen stammt.

Geraten Sie, wenn Sie dies lesen, jedoch nicht in Panik. Die wenigsten von uns bekommen dies, wenn wir ehrlich sind, immer hin, aber es gibt Wege, Dinge zu heilen, und hierfür ist es nie zu spät. Falls es für Sie zu schmerzhaft ist, in Ihre Kindheit zurückzublicken, wäre es möglicherweise eine gute Idee, eine Beraterin oder einen Berater zu Hilfe zu nehmen.

Ich hatte keine Ahnung, wie man das machte, Mutter zu sein. Ich war nicht zur Universität gegangen, um jetzt einem neuen Menschenkind den Hintern abzuwischen oder zu einem Bäuerchen zu verhelfen.

Doch wenn man Ihnen das Baby dann nach der Geburt gibt, spüren Sie, wie Sie diese Liebe *durchflutet*. Entweder ist dies reine Liebe oder Morphin – und übrigens auch der Grund, warum ich drei Kinder bekommen habe. Ich konnte nicht anders. Ich bekam meine Kinder in einem städtischen Krankenhaus (vielen Dank!) und teilte einmal mein Zimmer mit einer Frau, die sich mit vielen Mutterschaftsratgebern auf die Geburt vorbereitet hatte. Ich hielt sie die ganze Nacht mit Fragen wie »Warum pinkelt das Kind? Wie füttere ich es? Kann ich Ihre Brüste zum Stillen ausleihen?« und anderen wach. Am nächsten Tag verlegte man mich in ein Einzelzimmer. Ich sagte der Krankenschwester, dass sie mich, nur weil ich im Fernsehen auftrat, nicht besonders behandeln müssten und es mir nichts ausmachte, das Zimmer zu teilen. Sie erwiderte, dass meine Zimmernachbarin gebeten hatte, mich zu verlegen, weil sie es nicht mehr aushielt. Von da an war ich auf das Wohlwollen des Pflegepersonals angewiesen.

Ihr Baby ist nicht einfach Ihre Verlängerung

Gott muss das Baby mit einem unwiderstehlichen Geruch versehen haben, um zu vermeiden, dass Sie es beim ersten Wutausbruch die Toilette hinunterspülen. Doch was ist es, das, wenn die Wut vorbei ist, unser Interesse am Baby aufrechterhält? Ich glaube, es ist die Tatsache, dass wir es für die

Spiegelung unserer selbst halten. So wie Narziss ins Wasser blickt und sich in sein eigenes Spiegelbild verliebt, schauen wir in die Wiege und verlieben uns in unseren eigenen Widerschein.

Doch plötzlich stellen Sie fest, dass das Kind seine eigenen Marotten und Eigenheiten hat und keinesfalls wie Sie ist. Das Kind, das sie einst anhimmelte, wagt nun die Unverfrorenheit zu besitzen, aus der Reihe zu tanzen und seiner eigenen Berufung zu folgen. Jetzt haben Sie nur die Wahl, entweder »Hurra!« zu schreien und zu feiern, dass Sie einem Individuum das Leben geschenkt haben, oder einen Meißel zu nehmen und das Ungeformte so lange zu bearbeiten, bis es Ihnen gleicht.

Tatsächlich ist eines der ersten Dinge, die eine Mutter nach der großen Niederkunft begeistert feststellt, dass das Baby genauso wie der Vater und ein klein wenig wie sie selbst aussieht. (Dabei sieht es keinem von beiden ähnlich. Alle Neugeborenen gleichen eher glatzköpfigen, zerquetschten Trockenpflaumen. Aber es liegt in unserer Biologie, zu denken, es sehe wie Papi aus, denn das stellt sicher, dass er in der Nähe bleibt.) Falls Sie glauben, es gäbe Hinweise, dass Ihr Baby ein Mathematikgenie oder ein Tennisstar wird, gründet dies ebenfalls auf nichts anderem als Ihrer reinen Einbildung. Sie sollten von Anfang an Ihr Kind als das sehen, was es ist, und nichts auf es projizieren. Die Natur tut alles ihr Mögliche, um dieses blaurosafarbene Paket als etwas wirken zu lassen, das all Ihre Träume und Hoffnungen erfüllen wird, sonst würden Sie es gleich loswerden wollen. Dieses »Ding« ist das künftige »Sie« und wird Ihre Gene in die Zukunft weitertragen, weswegen es ganz in Ihrem Interesse ist, zu glauben, das Baby sei der neue Messias.

Ich erinnere mich, dass ich als Kind eine Operation hatte und, wieder zu Hause, meine Mutter anbettelte, die Klimaanlage anzustellen. Es war glühend heiß in Chicago – sogar das Ungeziefer schien wegzuschmelzen. Sie weigerte sich mit der Begründung, dass das reine Geldverschwendung sei und die kalte Luft ohnehin nicht bleiben würde. Ich bat sie erneut, flehte sie nahezu an, denn ich konnte mit meinen verbundenen Füßen nicht aufstehen. Schließlich ging sie zur Wand, tat so, als schalte sie die Klimaanlage an und summte »Mmmmmm«, um das Summen zu imitieren … als ob ich den Unterschied nicht merken würde.

Ich bin andauernd – mit dem Revolver am Anschlag – auf der Hut, um sicherzugehen, dass ich nicht genau die gleichen Sachen von mir gebe wie meine Mutter.

Sie liebte mich als typisches Baby, aber nicht, weil ich so war, wie ich war. Sie dachte, ich würde einmal zum Duplikat ihrer selbst. Doch während sie sehr hübsch war, hatte ich Zähne wie ein Biber. Ich wurde oft bestraft, da sie nicht verstehen konnte, dass ich einen anderen Charakter als sie hatte. Wir wussten damals allerdings nicht, dass sie unter einer extremen Zwangsneurose litt. Sie machte mein Bett, noch bevor ich aufgestanden war, hielt eine Serviette unter meinen Mund, wenn ich Obst aß, legte die Unterwäsche nach dem Alter heraus und jagte mit Schwämmen, die sie an ihre Beine und Arme gebunden hatte, auf allen vieren die Staubflusen im Haus.

Es war für sie schlicht nicht akzeptabel, dass ich Eigenschaften, Gewohnheiten oder Gedanken hatte, die nicht die ihren waren. Vielleicht hätte sie sich besser eine Marionette statt eines Kindes zugelegt – es hätte viel Verwirrung erspart.

Das A und O der Erziehung ist, Ihr Kind so zu sehen und zu lieben, wie es wirklich ist, sowie seine Geschmäcker und Neigungen zu respektieren (außer es will ausgestopfte Papageientaucher sammeln). Es braucht Ihre Kritik nicht, davon bekommt es schon genug, wenn es älter wird. Wenn Sie Achtsamkeit praktizieren, werden Sie fühlen, was es fühlt, und diese Empathie wird es vor den Fallstricken bewahren, wenn es später irgendwelche Trottel trifft. Meine Eltern hielten nicht viel von mir. Sie liebten mich, als ich noch ein strahlendes Kleinkind war, aber ab dem Augenblick, in dem ich meinen Mund aufmachte und zu sprechen begann, war die Liebesaffäre vorbei. Den größten Teil meines späteren Lebens jagte ich nach Menschen, die mich so mochten, wie ich bin.

Eds Eltern waren vollkommen anders, sie schienen einem Märchen entsprungen zu sein, vielleicht habe ich ihn zum Teil wegen seiner Eltern geheiratet. Nichts - aber auch wirklich gar nichts - war ihnen zu viel. Aus dem Mund seiner Mutter kamen Tag und Nacht ausschließlich Sahnetörtchen. Sie schüttelte einem das Kissen auf, bevor man sein Haupt darauf legte, und wenn man aufwachte, wartete sie quasi schon mit dem Tee. Können Sie sich vorstellen, dass ich in eine solche Familie einheiratete? Es erinnerte mich an die Geschichten von Dickens, wo ein Waisenkind nach Jahren der Misshandlung schließlich an den heimischen Herd seines neuen und glücklichen Zuhauses kommt.

In der Schule suchte ich mir meist Freunde aus, die herzliche und übergewichtige jüdische Muttis (aber nicht die verrückten) hatten, die dafür lebten, ihren Nachwuchs zu bekochen und durchzufüttern. Wenn ich zu Besuch kam, hoffte ich immer, nicht störend aufzufallen - ich war wie ein kleines streunendes Katzenbaby, das sich heimlich beim Säugen in den Wurf der Katzenmama einschleicht in der Hoffnung, aufgenommen zu werden, ohne dass jemand schreit: »Wer zum Teufel ist das?« Die Mütter störte meine Anwesenheit nicht, sie waren sehr liebevoll zu mir, und manchmal merkten sie auch, dass bei mir zu Hause etwas schieflief. Sie machten niemals abfällige Kommentare, weil ich quasi in ihrem Kühlschrank lebte und all das frische und selbst gemachte Essen anstarrte. In unserem Kühlschrank lagen nur Zigarren und etwas Krautsalat, der vom Tag Kennedys Ermordung übrig geblieben zu sein schien, so alt war er. Ich liebte es, von diesen Müttern umarmt zu werden, deren große Busen mich fast erstickten, und mochte den Geruch von Zimtgebäck.

Achtsame Elternschaft

Bemerken

Wenn Sie entweder auf die Stimmung Ihres Kindes reagieren oder sehen, dass, warum auch immer, Ihre eigene gute Laune den Bach runtergeht, *bemerken* Sie es (allein das wird Ihnen schon 75 Goldsterne einbringen). Falls Sie in den Fanggriffen dieser feindlichen Übernahme sind, dann streiten Sie an diesem Punkt nicht mit Ihrem Kind, sondern gehen Sie, selbst wenn Sie sich dafür entschuldigen müssen, in den Nebenraum und versuchen Sie, eine Minute lang Achtsamkeit zu praktizieren. (Sollte das nicht helfen, nehmen Sie Angstlöser oder einen kräftigen Schluck Wodka.) Kehren Sie, sobald sich das Gefühl etwas verflüchtigt hat, zu Ihrem Kind zurück, auch wenn Sie sich dann noch immer am liebsten aus dem Staub machen würden. Nur wenn Sie selbst stabil sind, können Sie Ihre eigenen Probleme und schließlich auch die Ihres Kindes lösen.

Benennen

Wenn Sie bei Ihrem Kind (oder, ehrlich gesagt, bei wem auch immer) sind und bemerken, dass Sie vor Zorn, Besorgnis oder Enttäuschung beben, dann versuchen Sie, was Sie fühlen, mit einem Wort zu beschreiben – entweder im Stillen oder indem Sie es sich notieren. Dieses Benennen macht mit dem Grübeln Schluss. Sie hören auf, sich vorzubeten, warum Sie wütend sind, denn das bläst die Sache nur unnötig auf und führt dazu, dass Sie von einer Flutwelle an Cortisol übermannt werden. Stattdessen können Sie die Gefühle beruhigen, indem Sie Ihre Aufmerksamkeit von primitiveren Gehirnregionen zum weiter entwickelten präfrontalen Kortex lenken, der für reflektiertere Reaktionen zuständig ist. Die beste Reaktion auf eine Geiselnahme durch die Amygdala ist das Motto: »Benennen Sie es, aber beschuldigen Sie niemanden.« (Ich glaube, das habe ich mir selbst ausgedacht.)

Scannen

Beim Austausch mit Ihrem Kind können Sie versuchen, Ihren inneren Suchscheinwerfer zu aktivieren und Ihren Körper nach eventuell vorhandenen Spannungen auszuleuchten. Haltung und Körpersprache sind wertvolle Hinweise auf unsere geistige Verfassung. Und diese machen immerhin 85 Prozent dessen aus, was wir mitteilen. Nur den Rest kommunizieren wir mit Worten.

Überprüfen Sie, ob Sie im Reptilien-Modus reagieren. Falls dies der Fall ist, dann wette ich mit Ihnen, dass Ihr Kind

Sie nachäfft. Sie können es ihm nicht zum Vorwurf machen – Kinder sind nun einmal impulsiv und ausgesprochen emotional. Sie jedoch können Ihren präfrontalen Kortex aktivieren.

Nachdenken

Ist Ihr Kind äußerst angespannt, wütend oder traurig, dann versuchen Sie es in Worte zu fassen, was Sie glauben, dass es empfindet. Wenn es also weint, weil Sie eine fünf Jahre alte Socke weggeworfen haben, die es nachts so gerne anhatte, dann spiegeln Sie es. Sagen Sie etwas wie: »Ich kann verstehen, dass du wütend bist. Es muss schrecklich für dich sein ... Als ich sechs Jahre alt war, habe ich meine Socke auch geliebt. Ich hätte dich erst fragen sollen.« Versuchen Sie sich in seine Lage zu versetzen und sich vorzustellen, wie es ist, seine Socke oder seinen Schuh zu vermissen.

Der Charakter Ihres Kindes wird schon früh vom Austausch mit ihm geprägt. Bei der Art, seine Emotionen auszudrücken, orientiert es sich ganz an Ihnen. Es imitiert Ihren Gesichtsausdruck, lernt zu lächeln, die Zunge herauszustrecken und ein trauriges oder wütendes Gesicht zu machen. Wenn es also vor Wut kocht, dann drücken Sie mit Ihrem Gesicht Interesse, Güte und Offenheit aus. Experimentieren Sie damit und achten Sie darauf, ob es ebenfalls beginnt, Neugier und Güte zu zeigen, und ob es seinen Ärger vergisst. Es ist kein Geheimnis, dass wir durch das Ändern unseres Ausdrucks nicht nur unsere eigene Stimmung, sondern auch die unseres Kleinkindes ändern. Manchmal funktioniert dieses »durch Schein zum Sein«, und solange wir uns dessen bewusst sind, ist es auch achtsam.

Reflektierte Eltern achten nicht nur auf das äußere Verhalten ihres Kindes, sondern sind sich auch bewusst, dass es als Individuum seinen eigenen Charakter hat. Sie schätzen dies, auch wenn der Ausdruck »Er hat seinen eigenen Kopf« mit einem etwas abwertenden Beigeschmack benutzt wird, um ein willensstarkes und dickköpfiges Kind zu beschreiben. Achtsame Eltern hingegen bewerten dies nicht, sondern wissen es vielmehr zu schätzen, wie sehr sich der Geist ihrer Kinder von dem eigenen unterscheidet.

Fünf Minuten jammern

Die nun folgende Übung ist für Situationen geeignet, in denen Sie sich mit Ihrem Kind ein heftiges verbales Volleyballmatch liefern. Wenn Sie einen Ballwechsel zwischen »Es ist deine Schuld!« – »Nein, stimmt nicht, es ist deine!« – »Nein, du hast mich versaut!« – »Nein, du warst es!« haben, ist es sicherlich ein guter Zeitpunkt, die Übung auszuprobieren.

Da Sie der Erwachsene sind, ist es an Ihnen, Ihrem Kind den Vortritt zu lassen: Sagen Sie ihm, dass es eine Minute Zeit hat (stoppen Sie es mit der Stoppuhr Ihres Handys), um seine Sicht der Geschichte zu erzählen. Unterbrechen Sie es dabei nicht (selbst wenn Sie jede einzelne Sehne Ihres Körpers dabei überspannen, um sich davon abzuhalten, ihm an die Gurgel zu springen). Während es rummeckert, können Sie die Übung der Achtsamkeit auf Geräusche machen. Statt von dem Drama mitgerissen zu werden, hören Sie seine lautstarken Vorwürfe dabei so, als seien sie einfach nur Lärm. Achten Sie dann darauf, was Ihr Kind sagt und ob sich die Situation irgendwie verändert … Hoffentlich ist es ruhiger. Zumindest wird sich sein Koller durch diese Übung wahrscheinlich erschöpfen, und auch Ihr Cortisolspiegel wird sich senken.

Konzentrieren

Auf die gleiche Weise, wie Sie zuvor den Scheinwerfer der Aufmerksamkeit auf eine Sinneswahrnehmung gelenkt haben, lenken Sie ihn in dieser Übung auf Ihr Kind. Achten Sie genau auf die Einzelheiten, die es Ihnen mitteilt. Wenn es Ihnen beispielsweise erzählt, dass sein Hase vom Fuchs gefressen wurde, können Sie die Tiefe des Traumas spüren und – hier liegt die große Herausforderung – Ihr Telefon beiseitelegen und einfach nur zuhören.

Meine Kinder fragen mich manchmal nach Dingen, die sie erlebt haben, als sie klein waren. Ich kann mich nicht erinnern, und wir müssen uns dann Videos anschauen, um mehr darüber zu erfahren, denn damals hatte ich ihnen nur mit einem Ohr zugehört.

Wenn Sie aufmerksam sind, sinkt Ihr Cortisolspiegel, Sie werden ruhig, und diese Ruhe überträgt sich auf Ihr Kind. Falls Sie von Ihrem Adrenalinspiegel jedoch aufgeputscht werden, wird es ihm nicht anders ergehen. Wenn Sie Oxytocin absondern, wird auch Ihr Kind eine Dosis von diesem Hormon freisetzen, und das wird Sie beide einander näherbringen. Legen Sie immer dann, wenn Sie eine plötzliche Abneigung gegen Ihr Kind verspüren – das vielleicht gerade einen Wutanfall hat –, eine kurze visuelle Achtsamkeitspraxis ein. Lenken Sie Ihre Aufmerksamkeit auf ein Detail seines Gesichts und verankern Sie sie dort in der gleichen Weise, wie Sie es sonst mit Klängen oder dem Atem tun. Konzentrieren Sie sich darauf und untersuchen Sie neugierig die Augen, die Nase, den Mund oder was auch immer, so, als hätten Sie sie noch nie gesehen.

Einen Schritt zurück machen

Das Folgende dient dazu, Ihnen abzugewöhnen, immer die Laune Ihres Kindes verbessern zu wollen. Es muss lernen, sich selbst zu beruhigen, wenn es ihm nicht gut geht, denn wenn Sie das immer tun, wird es später jemanden suchen, der wie Sie aussieht, und ihn heiraten.

Mitgefühl sollte man nicht damit verwechseln, das Kind übertrieben zu loben oder es dauernd mit »Oh, mein armes Kleines, Mama ist doch da!« zu verhätscheln. Glauben Sie, dass es sich dadurch besser fühlt? Lassen Sie es einfach empfinden, was es empfindet. Reflektieren Sie seine Gefühle und zeigen Sie ihm damit, dass Sie es unterstützen, verstehen und dass man mit den Gefühlen umgehen kann. So lehren Sie es, nicht vor den eigenen Gefühlen Reißaus zu nehmen, sondern sich ihnen zuzuwenden und zu sehen, dass man vor ihnen keine Angst haben muss, denn es sind ja nichts als Gefühle.

Um all dies zusammenzufassen …

Auch wenn die Verantwortung der Eltern je nach Alter der Kinder unterschiedlich ist, bleiben die Grundlagen doch immer die gleichen: bedingungslose Liebe schenken und Grenzen aufzeigen … Und ihnen weiterhin Geld zuschaufeln.

Babys und Kleinkinder

Jedes Baby kommt mit einer genetischen Blaupause, also einer Bandbreite an Möglichkeiten, auf die Welt, die die Entwicklung des Kindes vorprogrammiert. Trotzdem ist dieser Prozess kein Automatismus. Was davon aktiv wird, hängt von den Erfahrungen mit der äußeren Welt ab – Sie oder ein anderer netter Mensch seines Umfelds programmiert es quasi. Ist dies nicht der Fall, bleibt es nichts als ein Sack voller Organe. Das Gehirn des Babys bildet sich im Austausch und in Interaktion mit dem Außen. Äußere Reize stimulieren die neuralen Feuerungen und formen die Vernetzungen. Im Laufe des Wachstums werden die Gene und der Input durch die Erfahrungen miteinander verwoben. Dies ist die Art, wie seine Persönlichkeit geboren wird.

Wenn Sie ein Baby bekommen, sind Sie derart von Liebessaft gedopt (und das muss so sein, sonst würden Sie es ihm nie verzeihen, dass es Ihren Körper zerstört hat), dass alles Sie in Euphorie versetzt: Sie backen Cupcakes und finden plötzlich, dass sie mit einem rosafarbenen Guss noch bezaubernder wären. Dann wiederum finden Sie sich an einem sonnigen Tag dabei wieder, dass Sie am liebsten jemanden umbringen würden. Dann wiederum sind Sie wegen dieser gerade mal einen halben Meter großen und glatzköpfigen Person, die nicht einmal sagen kann, was sie möchte, und nur daliegt und kreischt, in Kriegsstimmung und fragen sich: »Woher soll ich denn wissen, was sie will – bin ich vielleicht ein Wahrsager?«

Jedes Mal, wenn ich mit einem meiner Kinder, als sie noch Babys waren, alleine war, geriet ich in Panik. Ich fürchtete, nicht mitzubekommen, wenn sie einen Stöpsel herunterschluckten oder ich sie in einem Schuhgeschäft vergaß. Ich traute mir nicht zu, es richtig zu machen. Den Großteil meines Geldes gab ich für professionelle Hilfe aus und versuchte sogar eine Krankenschwester aus dem Krankenhaus mit nach Hause zu nehmen. Nach und nach kam mir wieder ins Gedächtnis, dass meine Mutter kein gutes Händchen fürs Mütterliche hatte. Auch sie hatte offenbar das Mutterschaftshandbuch nicht gelesen, ließ mich in meinen Fäkalien

sitzen und schrie Dinge wie »Gurgeln! Gurgeln! Gurgeln!«. Mit mehr kann ich nicht aufwarten. Später las sie mir immer ein grimmsches Märchen vor, in dem, wenn ich mich recht entsinne, ein Bär die Kinder verschlang, da sie so verwerfliche Dinge taten, wie etwa die Suppe nicht aufzuessen. Heute esse ich nicht nur meinen eigenen Teller leer, sondern auch die Reste von allen anderen im Restaurant.

Das Gehirn von Babys und Kleinkindern

Bevor ich einige Übungen erkläre, möchte ich mit Ihnen eine kleine Rundreise durch das Gehirn des Babys machen, damit Sie besser verstehen, wie und warum es sich so verhält, wie es sich verhält.

Noch bevor es gar ist, also wenn es sich noch im Floating-Tank befindet, der besser unter dem Namen Mutterbauch bekannt ist, bildet es pro Minute 25 000 Neuronen aus. Pro Sekunde werden etwa zwei Millionen synaptische Verbindungen geknüpft. Dabei werden jedes Mal Eigenschaften und Tendenzen heruntergeladen, die vorherige Generationen perfektioniert haben. Stellen Sie sich unzählige Verlierer vor, die seit Beginn der Menschheit auf keinen grünen Zweig gekommen sind – all die Loser, die den Abschluss nicht geschafft haben. All diese hat Ihr Baby hinter sich gelassen. Es ist das Überlebende der *Fittest of the fittest*, der Stärksten der Starken, der Hauptgewinner des evolutionären *Grand Prix*. In grauer Vorzeit gab es bestimmt Menschen mit Schwimmhäuten an den Füßen. Sie sind ausgestorben, weil Enten einfach besser watscheln.

Bereits im Mutterbauch war Ihr Baby mit einem Navigationssystem ausgestattet. Jede Zelle weiß natürlicherweise, wo sie hingehört. Eine Ellenbogenzelle weiß, dass sie in der

Gegend des Ellenbogens am besten aufgehoben ist (bekannter als Ellenhausen). Stellen Sie sich vor, dies käme durcheinander und Ihre Augenbrauen wären plötzlich unter den Achselhöhlen. Da würde die beste Schönheitsoperation nicht helfen. (Wenn Ihnen eine Brust auf der Stirn wüchse, könnten Sie sich immerhin noch als Picasso versteigern.)

Die Körperzellen brauchen keine Anleitung, um den Körper zu bilden, sie wissen, was sie tun, und das seit Milliarden von Jahren. Bei der Ausbildung des Gehirns jedoch müssen Sie – Mama, Papa oder die Pflegeperson – die Herausforderung meistern. Hier sind Sie der Baumeister. In den vier Wochen nach der Empfängnis werden jede Minute eine halbe Million Neuronen gebildet – eine Zahl, die später nie wieder erreicht wird. Tun Sie alles, damit diese reiche neurale Ernte vernetzt und gestärkt wird, sodass sich die Neuronen bilden, die es braucht, wenn Ihr Kind später in seinem Umfeld erblühen will. Die anderen Neuronen werden einfach absterben. Das nennt man Neurogenesis (ein hervorragender Name für eine Band).

Wenn Ihr Baby beispielsweise in der westlichen Welt geboren wird, braucht es voraussichtlich nicht das Geschick, einen Nasenpfeil zu schnitzen oder einen Wal zu häuten (außer es lebt in Kanada). Würden die hierzu benötigten Neuronen gebildet und nicht gebraucht, würden sie verkümmern. Den Prozess, die schwächsten Zellen zu töten, bezeichnet man als neuronalen Darwinismus. Entsprechend kann ein Kleinkind zu Beginn seines Lebens ein nahezu grenzenloses Repertoire an Lauten kreieren, aber es wird nur aus den Worten, die es wiederholt hört, seine Muttersprache formen.

Wenn Sie ihm also täglich diese typischen Klicklaute vormachen, dann wird es mit zwanzig keine Schwierigkeiten haben, den afrikanischen Dialekt Xhosa zu lernen. Entsprechend entwickeln sich nur die Synapsen, die das Kind für Sprachen, die es hört, braucht. Auch wenn es im späteren Leben andere Sprachen lernen kann, wird es sich nie so authentisch wie, sagen wir mal, ein deutscher Muttersprachler räuspern können.

Lernen, aufmerksam zu sein

Bereits zu Anfang unseres Lebens lernen wir, aufmerksam zu sein. Später vergessen wir dies allerdings wieder, da wir von all den Wahlmöglichkeiten, die wir haben, abgelenkt werden. Ein Kleinkind wird von einem Gegenstand noch voll und ganz gefesselt, es behält seine Aufmerksamkeit bei ihm, bis es seinen Namen weiß und seine Farbe sowie seine Form aufgenommen hat. Erst dann wendet es sich dem nächsten zu. Es ist instinktiv aufmerksam, während es auf ein Fahrrad deutet und immer wieder und unnachgiebig »Fahd!« schreit. Glücklicherweise springt ihm seine Mutter (normalerweise) nicht gleich an den Hals und ruft: »Sei still, quatsch keinen kompletten Unfug!« Stattdessen berichtigt sie ihr Kind geduldig und frohlockt förmlich vor Begeisterung, wenn es das Wort schließlich richtig ausspricht. Bei jedem Wort, das es von sich gibt, wird Dopamin ausgeschüttet, was es motiviert, auch das nächste zu lernen. Kleinkinder sind, ebenso wie Tiere, in der Lage, mit ihren Gefühlen vollkommen präsent zu sein, ganz gleich, ob sie glücklich, traurig, verängstigt oder wütend sind. Spätestens als Erwachsener haben wir dann gelernt, die Emotionen zu verstecken und fein säuberlich in ihre Taschen zu packen, sie machen uns Schuldgefühle, weswegen wir sie nicht mehr offen zeigen.

Übung: Sich auf das Kind einstimmen

Bringen Sie Ihre Aufmerksamkeit dahin, wo der Körper das berührt, worauf Sie sitzen, liegen oder sich ausruhen, und lenken Sie Ihr Augenmerk von dem plappernden Geist zu Ihren Körperwahrnehmungen. Richten Sie nun Ihre Aufmerksamkeit auf den Atem, wobei Sie die Atemzüge bis zehn zählen können.

Nehmen Sie nun sanft Ihr Baby oder Kleinkind und drücken Sie sachte sein Herz an das Ihre. Stellen Sie sich vor, dass bei Ihrem Ausatmen Ihr Atem in sein Herz fließt, und wenn es ausatmet, sein Atem in das Ihre strömt. Achten Sie darauf, ob sich Ihr Herzschlag synchronisiert. Halten Sie es danach etwas von Ihnen weg und schauen Sie ihm in die Augen. Spüren Sie, was sie ausdrücken, doch projizieren Sie nicht die eigenen Emotionen auf Ihr Kind. Seien Sie einfach im gegenwärtigen Augenblick.

Beginnen Sie nun sanft »Hoppe Reiter« zu spielen. Wenn Sie dabei das übliche »Hoppe, hoppe, Reiter« oder etwas anderes singen, wird das Ihr Kind beruhigen und besänftigen. Machen Sie also diese süßen Laute und achten Sie auf seine Reaktionen … Alle Kleinkinder mögen das. Dabei ist der Klang Ihrer Stimme genauso wichtig wie Ihr Gesichtsausdruck.

Tragischerweise war mir nichts von alledem bekannt, und so musste ich meine eigenen Methoden entwickeln. Wenn meine Tochter Marina zu schreien begann, machte ich einfach mit, so als sei es ein Lautschreiwettbewerb. Das überraschte sie so sehr, dass sie anfing zu lachen. Das mag nicht bei allen Kleinkindern funktionieren, probieren Sie es also vorsichtig aus. Als sie etwas älter war, bat sie mich bei ihren Partys, so

laut ich konnte zu singen. Ihr Lieblingslied war der Titelsong der *Familie Feuerstein*, gesungen im Stil von Ethel Merman. Ich sang so schrill, dass die Ohren der anderen Kinder bluteten, was bei einigen bestimmt ein Trauma hinterließ.

Der Nutzen dieser Übung liegt nicht darin, wunderbar fotogene Momente zu schaffen oder einfach nur entzückende Erfahrungen zu machen. Wenn eine Mutter ihr Baby schaukelt, synchronisiert sich dabei unbemerkt der Herzschlag der beiden, und wenn das Kind ihre erweiterten Pupillen sieht, spürt es intuitiv, dass ihr parasympathisches System (also Ruhe) aktiviert ist. Dies löst im Kleinkind eine biochemische Reaktion aus, bei der Endorphine ausgeschüttet werden, was Vergnügen aufkommen lässt. Schaut die Mutter es allerdings zornig an, hält sie es auf aggressive Art und Weise oder sagt sie: »Nein. Lass das sein!«, wird Cortisol ausgeschüttet, und sein sympathisches Nervensystem nimmt seine Arbeit auf. Ich kam in den Genuss ein paar zu vieler »Neins« seitens meiner Eltern, und das ist der Grund, warum ich für gewöhnlich sogar im Traum bereit bin zu kämpfen.

Spiegelneuronen

Was wirklich dazu beiträgt, Mutter und Kleinkind auf einander einzustimmen (auch wenn manche Forscher behaupten, dies sei Unsinn), sind die Spiegelneuronen. Die Aufgabe dieser speziellen Sorte von Neuronen, die sich in verschiedenen Teilen des Gehirns befinden, ist, die Motorik mit der Wahrnehmung zu koppeln. Dieser Zusammenhang erklärt, warum sich Menschen gegenseitig in ihrer Gemütsverfassung beeinflussen. Die Emotionen der Eltern (die diese durch ihren Gesichtsausdruck mitteilen) lösen automatisch eine entsprechende neuronale Feuerung im Gehirn des Kleinkindes aus und führen zu einer ähnlichen Reaktion: Wenn Sie lächeln, lächelt es auch.

Sie können es sich als emotionalen Spiegel vorstellen, der Tag und Nacht ein psychisches Feedback gibt. Wenn ich nicht weiß, wie es mir geht, so könnte man fast sagen, muss ich nur ins Gesicht meiner Partnerin schauen ... Das ist wahrscheinlich der Grund, weswegen wir Comedians unseren Beruf ausgewählt haben: Um uns gut zu fühlen, haben wir das tiefe Bedürfnis, Tausende von Gesichtern zu sehen, die zurücklächeln. Ohne sie – oder wenn sie gelangweilt dreinblicken – fühlen wir uns leer und verloren. (Das habe ich mir ausgedacht, vielleicht stimmt es auch gar nicht.)

Wie auch immer, wenn ein Elternteil lächelt, fühlt sich ihr kleines Kind gut, zieht er eine Fratze, fühlt es sich schlecht. Unsere Gehirne sind direkt mit der Gesichtsmuskulatur verdrahtet: Jeder Chemikalien-Schub und die gesamte neuronale Aktivität sind über unsere Nervenbahnen direkt mit unserem Gesicht verknüpft. Wenn dort oben das warme und gemütliche Oxytocin köchelt, dann kann es sein, dass unsere Augen funkeln und die Mundwinkel hochgehen und ein Lächeln zeigen. Kurz und gut: Wenn Ihre Mutter Sie immer mit einem griesgrämigen Gesicht angeschaut hat, sehen Sie ganz schön alt aus.

Ein Potpourri der Gesichtsausdrücke und ihrer Auswirkungen

Lächelndes Gesicht Ganz gleich, welches Gesicht Sie auch machen, es beeinflusst die Selbstwahrnehmung des Kleinkindes. Das heißt nicht, dass man als Eltern die ganze Zeit lächeln und dem Kind vermitteln sollte, es sei das großartigste Wesen auf Erden (denn das würde wahrscheinlich nur den Samen des Narzissmus säen), obwohl es in Wirklichkeit ein Putz (das jiddische Wort für einen Loser) ist.

Eine falsche Miene aufsetzen Hat das Kleinkind den Eindruck, dass Mama oder Papa ihm ihre Gefühle nur vorspielen, wird es im späteren Leben glauben, die Menschen, die ihm begegnen, seien verlogen. Gleichzeitig lernt es, wie man seine Gefühle versteckt (was ihm nur dann nützlich ist, wenn es später einmal Stewardess werden sollte).

Böses Gesicht Machen die Eltern, wenn es dem Kind nicht gut geht, ein böses Gesicht, besteht die Gefahr, dass es später im Leben etwas ängstlich wird – oder einen Tick wie Mr. Bean bekommt.

Ablehnender Gesichtsausdruck Jedes Mal, wenn das Kleinkind diesen Ausdruck sieht, löst dies in ihm einen Alarmzustand aus, der von einem hohen Cortisol-Level und einer gehörigen Portion Schuldgefühle begleitet ist.

Ausdrucksloses Gesicht Dies ist das Demotivierendste von allen. Selbst ein wütendes Gesicht ist besser, da das Kleinkind so wenigstens überhaupt eine Reaktion bekommt, während der tote Gesichtsausdruck ihm das Gefühl vermittelt, nicht zu existieren, weswegen es kein Selbstwertgefühl entwickelt.

Freundliches Gesicht Wenn Mutti das Kind beruhigt, indem sie es liebe- und verständnisvoll voller Mitgefühl ansieht, sind die Chancen größer, dass es ihrem Baby gut geht und es ausgeglichen ist.

Nebenbei bemerkt: Es gibt fünfzig verschiedene Arten des Lächelns: selbstgefällig, höhnisch, hämisch, gönnerhaft ... Also passen Sie auf, dass Sie das richtige benutzen.

Achtsamkeit für Kinder

Der Leitspruch, der mir in der Kindererziehung wirklich hilft, ist: verbinden statt verbieten. Er erinnert daran, nach einem etwas ruppigen Zusammenstoß mit Ihrem Kind wieder eine Verbindung mit ihm herzustellen. Wie sehen Sie das? Fällt es Ihnen schwer, die Dinge stets zu reflektieren?

Wie von Zauberhand wird aus Ihrem Kleinkind im Alter von etwa vier Jahren ein Kind. Um diese Zeit beginnt es, Fragen zu stellen, wie: »Kommt Nutella aus dem Himmel?«, oder: »Kommt ein Baby dann auf die Welt, wenn du dir die Nase putzt?« Ich muss dazusagen, dass ich keine Expertin im Beantworten solcher Fragen bin, ich erwidere für gewöhnlich einfach: »Ja« ... weswegen meine Kinder auch heute noch auf den Weihnachtsmann warten – mit 26.

Es ist nie zu früh, um das Gehirn zu erklären. Entsprechend wäre mein erster Vorschlag, dem Kind anhand einer Zeichnung zu zeigen, wie dieses aussieht, und zu erläutern, wie es funktioniert. Helfen Sie ihm zu dem Verständnis, dass wir alle eine ähnliche Bandbreite an möglichen Reaktionen haben, wir alle haben eine Amygdala, die Gefahren registriert und wegen der wir das Bedürfnis haben, einen Fiesling zu verprügeln oder vor ihm abzuhauen. Wenn es versteht, dass wir alle die gleiche Ausrüstung mitbringen, wird es sich für heftige Reaktionen weder schämen noch sich deswegen Vorwürfe machen. Statt zuzuschlagen, kann es, wenn alles gut läuft, »Das ist meine Amygdala-Reaktion – Setzt die

Segel!« rufen. Versteht es die Auswirkungen von starken Emotionen oder Stress, wird es sich nicht selbst übel nehmen, dass es die Fassung verloren hat. Ebenso wenig wird es das tun, wenn es dann später in die Schule kommt und trotz des ganzen Lernens keine gute Klassenarbeit geschrieben hat, denn es weiß, dass das Erste, was sich bei zu großem Stress verschlechtert, sein Gedächtnis ist.

Dieses Wissen wird ihm auch helfen mitzubekommen, wenn das limbische Gehirn das Ruder übernimmt, und es wird automatisch den präfrontalen Kortex aktivieren, das Superhelden-Gehirn. Sie können die verschiedenen Funktionen der Gehirnregionen auch mit Transformers oder Barbie-Puppen veranschaulichen. Aber das Nonplusultra einer gelungenen Illustrierung des Übergangs vom limbischen zum präfrontalen Gehirn ist der *unglaubliche Hulk*.

Auch wenn es manchmal so aussieht, als sehne sich Ihr Kind in diesem Alter nach Unabhängigkeit, braucht es in Wirklichkeit doch noch immer die Gewissheit, dass Sie in der Nähe sind. Bis in das Teenageralter sind Sie in gewisser Hinsicht gottgleich. Dann allerdings werden Sie fast über Nacht zu einem Monster. Aber bis dahin sind Sie Gott und Quelle aller Sicherheit. Wie bereits erwähnt, ist das Wichtigste, darauf zu achten, dem Kind nicht Ihren eigenen Ballast aus der Vergangenheit überzustülpen.

Sein Gehirn ist noch immer im Aufbau, und es ist Ihre Aufgabe, ihm verstehen zu helfen, warum es tut, was es tut, auch wenn Sie selbst nicht die leiseste Ahnung davon haben. Sich in den anderen hineinzuversetzen nennt man Mentalisierung, ein Ausdruck, der vom klinischen Psychologen und Psychoanalytiker Peter Fonagy und seinen Kollegen geprägt wurde. Mentalisierung bezeichnet die Fähigkeit, das eigene Verhalten, die eigene Motivation und die eigenen Absichten und damit das der anderen verstehen zu können. Da das Kind seine Empfindungen noch nicht einordnen kann, müssen Sie ihm dabei helfen. Wenn Sie es jedoch anschnauzen, raunzt es zurück. Begegnen Sie ihm aber voller Fürsorge und ehrlicher Neugierde, ohne Hintergedanken und eigene versteckte Pläne, dann können Sie seine Biologie positiv beeinflussen. Vergessen Sie nicht: Erfahrungen formen die Gehirnstruktur, und so prägt die Art, wie Sie Ihr Kind behandeln, wer es ist und wer es wird.

Wenn Ihr Kind etwas tut, das Sie für nicht akzeptabel halten (zum Beispiel seine Schwester die Treppe herunterschubsen will), dann beobachten Sie Ihre eigene Reaktion. Tyrannisieren Sie es mit Ihrer Wut, werden Sie es nie dazu bringen, ehrlich zu erzählen, wie es die Situation erlebt hat. Stattdessen wird es eine Verteidigungshaltung einnehmen. Versuchen Sie klar und entschieden sowie gleichzeitig mitfühlend zu sein … Falls Ihnen das gelingt, wird man Sie heiligsprechen.

Ich war als Kind einmal mit meinen Eltern auf Jamaika im Urlaub und verliebte mich dort in eine Eidechse. Ich nannte sie Alvin und hatte meine Freude, ihr dabei zuzuschauen, wie sie von der Decke zur Wand und zum Boden sprang. Meine Mutter warf sie ganz ohne Warnung in die Kloschüssel und versuchte sie herunterzuspülen, was mir das Herz brach. Offensichtlich war ich traumatisiert, sonst würde ich mich nicht mehr an die Sache erinnern.

Aber es kam noch schlimmer. Ich fand eine andere Eidechse, nannte sie Alvin 2 und packte sie heimlich in den Koffer, um sie mit zurück nach Chicago zu nehmen. Ich hätte gedacht, dass Alvin zwischen den Kleidern noch Luft bekäme. Beim Zoll öffneten sie die Koffer und entdeckten ihn: Mit ausgestreckten Beinen lag er da, platt gedrückt, völlig steif und

reglos. **Meine Mutter machte mir die Hölle heiß, denn sie verstand meine tiefe Liebe für das Tier nicht.**

Peter Fonagy schreibt, dass Eltern, die die Gedanken und Gefühle ihrer Kinder verstehen und gleichzeitig wissen, was in ihrem eigenen Geist vorgeht, über ein sogenanntes *Reflective functioning* verfügen, was wiederum fördert, dass die Kinder gute soziale Interaktionsfähigkeit sowie die Fähigkeit, mit den eigenen Emotionen umzugehen und sie zu regulieren, entwickeln. Reflektierte Eltern wissen, dass Kinder ihren »eigenen Kopf« haben, auch wenn dies oft (warum auch immer) auf leicht abschätzige Art gesagt wird, um ein dickköpfiges Kind zu beschreiben. Wenn Fonagy also den Ausdruck *Reflective Parenting* – also Eltern, die in *Reflective functioning* geübt sind – benutzt, meint er die Art der Kindererziehung, von der wir träumen: geduldig dem Monster zuzuhören, das Toasts in unserem Haartrockner zermatscht, und uns trotzdem in es hineinzufühlen, auch wenn dies allerdings die Fähigkeiten der meisten von uns ziemlich überschreitet.

Übung: Seien Sie neugierig, aber horchen Sie Ihr Kind nicht aus

Finden Sie sich als Vater oder Mutter in einer Situation wieder, die jener mit der Eidechse Alvin ähnelt, dann ist es vielleicht am besten, erst einmal ein wenig Achtsamkeit zu praktizieren. Wenn Sie wieder etwas mehr im Lot sind, dann fragen Sie Ihr Kind ruhig, was genau es so sehr an dem Tier mag. Das heißt nicht, dass Sie danach »Besorge dir hundert Eidechsen, wenn es dich glücklich macht!« sagen müssen, doch nehmen Sie den Standpunkt Ihres Kindes wahr, bevor

Sie die Regeln festlegen. Lassen Sie nicht einfach eine Bemerkung fallen wie: »Okay, die Eidechse ist gestorben, aber wir sterben alle irgendwann. Sei keine solche Heulsuse, du bist jetzt ein großer Junge.« Geschickter wäre etwas wie: »Vielleicht geht es ihm im Freien besser. Da kann er mit seinen Freunden von Pflanze zu Pflanze springen, statt in einem Koffer zerdrückt zu werden. Was meinst du?« Möglicherweise lenkt es dann ein. Sind Sie auf die Empfindungen Ihres Kindes neugierig, schüttet es Endorphine aus und fühlt sich entsprechend besser. Wenn Sie ihm dann Ihren Standpunkt erklären, kommt es nicht in die Defensive.

Hier einige Punkte, über die Sie nachdenken können:

- Was waren Ihre ersten inneren Gefühle in der Situation?
- Falls die Sache bei Ihnen den Impuls auslöste, negativ zu handeln, wie haben Sie es geschafft, sich wieder zu beruhigen?
- Wie reagierte das Kind vor und nach der Übung?
- Mögen Sie Eidechsen jetzt ein bisschen mehr?

Mit den Emotionen umgehen

Wenn Ihr Kind starke Emotionen hat, sollten Sie nicht versuchen, die Sache auszubügeln oder es aufzuheitern. Wir Menschen sind so gebaut, dass wir eine breite Palette an Emotionen empfinden. Lassen Sie es also so viele wie möglich spüren, auch wenn Sie innerlich fast sterben, da es leidet. Emotionen sind dazu da, gefühlt zu werden, also packen Sie das Pflaster nicht zu früh aus, denn Ihr Kind muss seine eigenen Mechanismen entwickeln, mit ihnen umzugehen. So wird es später im Leben widerstandsfähiger sein, wenn die Dinge nicht so laufen, wie es sie gerne hätte.

Als Max noch klein war, gingen wir zu einem Fest im Park. Er lief schnurstracks zur Hüpfburg, aber kurz darauf drängte ihn ein Kind raus. Ich war am Boden zerstört, dass jemand meinem doch so vollkommenen Sohn Schmerzen zufügen konnte. Während Max das nicht weiter zu stören schien, standen bei mir alle Zeichen auf Sturm. Ich stieg auf die Hüpfburg und versuchte seinen Widersacher zu überwältigen. Max war entsetzt. (Es war sicherlich auch kein sonderlich schöner Anblick, da ich im achten Monat schwanger war und deswegen mein Gleichgewicht verlor und stürzte.)

Natürlich habe ich als Mutter Fehler gemacht, aber man kann mir nicht vorwerfen, ich sei mit meinen Emotionen nicht ehrlich gewesen. Manche Eltern verstecken ihre Gefühle und lächeln wie Verrückte, obwohl sie innerlich vor Wut kochen. Ihre Kinder riechen zwar sehr wohl Lunte, werden jedoch nicht einordnen können, was los ist. Auch sie werden später als Erwachsene dann lächeln, obwohl sie innerlich vor Wut schäumen. Wenn Sie Ihre Emotionen aber ausdrücken, ohne dass es sich bedroht fühlt, lernt auch Ihr Kind, mit den eigenen umzugehen.

Übung: Mit Emotionen umgehen

Spüren Sie in Situationen, in denen Ihr Kind sich in negativen Emotionen verfängt, welche Auswirkungen dies auf Ihre eigenen Gefühle hat. Versuchen Sie – ohne sie zu unterdrücken oder zu verleugnen –, sich auf die Körperwahrnehmungen und all das, was Sie sich dazu einreden, zu konzentrieren. (Siehe: *Gefühlen und Emotionen mit Achtsamkeit begegnen* im sechswöchigen Kurs in Kapitel 5). Bei Achtsamkeit geht es nicht darum, sich gut zu fühlen, sondern darum, negative Emotionen genauso zu behandeln wie Körperwahrnehmungen und sie nicht zu analysieren. Sobald sich Ihr Geist aus dem dichten Nebel der Aufregung befreit hat, werden Sie in der Lage sein, Ihrem Kind zuzuhören, ohne sich im Stolperdraht Ihrer eigenen heißen Reaktionen zu verheddern. Sie können seine Gefühle dann spiegeln, indem Sie ihm Dinge sagen wie: »Das muss wirklich wehgetan haben, mich hätte das auch verletzt, wenn es mir passiert wäre.« Die Idee ist, zu spiegeln, was es spürt, statt es mit Worten wie: »Mutti ist doch bei dir, alles wird wieder gut!«, zu ersticken.

Geschichten erzählen

Die Geschichten, die man Kindern erzählt, helfen ihnen, sich selbst und der Welt einen Sinn zu geben. Solche Geschichten sind archetypisch, ihre Themen sind universell, und nur die Namen und Charaktere wechseln. Märchen schaffen für gewöhnlich einen moralischen Kompass, es gibt Gute und Schlechte, meistens gewinnen die Guten – und dies in erster Linie allein deshalb, weil sie einfach gut sind (außer in diesem deutschen Märchen, wo ein Wolf aus Gründen, die keiner außer den Autoren, den Gebrüdern Grimm, kennt, eine ganze Familie verschlingt). Um der Sache mehr Würze zu geben und einen Vorwand zu finden, ein ausgefallenes Kostüm auf die Bühne zu bringen, wird diesem Mix normalerweise eine gute Fee beigefügt. Erzählungen helfen, dem Kind seine eigene Autobiografie und seinem Leben ein Narrativ zu geben sowie ein gesundes Selbstwertgefühl aufzubauen.

Wir sind die einzige Gattung, die Geschichten erzählt. Keines der anderen Tiere auf der Erde tut das ... sollten Sie

sie um eine bitten, werden sie wahrscheinlich höchstens kurz muhen oder mähen, sich umdrehen und gehen.

Ich nehme an, dass Sie Ihrem Kind bereits Geschichten vorlesen. Wenn nicht, dann wüsste ich gerne, warum Sie es nicht tun! Wie auch immer, nehmen Sie sich ein wenig Zeit (aber nur wenn Ihr Kind in der Stimmung dazu ist) und schlagen Sie ihm vor, diesmal nicht einfach nur dem Märchen zuzuhören, sondern selbst die eigene bisherige persönliche Geschichte zu erzählen. Bleiben Sie bei dem, was es mitzuteilen hat, stets aufmerksam und achten Sie auf seinen Ausdruck. Beginnt es, sich zu langweilen, oder möchte es nicht weitermachen, dann drängen Sie es nicht dazu. Normalerweise spornt es Ihr Kind an, wenn Sie aufmerksam, neugierig und einfühlsam zuhören; es wird dann begeistert und motiviert sein, weiterzuerzählen.

Übung: Puppenzeit

Bitten Sie Ihr Kind, Ihnen irgendeine Geschichte zu erzählen, doch drängen Sie es nicht, wenn es nicht möchte. Schon die Handlung, die es wählt, die Charaktere, die in ihr auftauchen, und die Art, wie es die Sache erzählt, sagt sehr viel. Wenn es mag, kann es ein paar Puppen oder Actionfiguren zu Hilfe nehmen, wobei eine Puppe für es selbst und eine andere für Mutti, Vati oder z. B. eine Tagesmutter stehen kann. Manchmal ist es aufschlussreich zu entdecken, wie Ihr Kind das Verhältnis zu Ihnen und der restlichen Familie empfindet. Was immer passiert, unterbrechen Sie es nicht und machen Sie auch keine Vorschläge. Bleiben Sie *shtum*.[13]

Übung: Frühe Selbstregulierung

Bevor ich zur eigentlichen Übung komme, würde ich gerne betonen, dass eines der wichtigsten Dinge, die ein Kind zu lernen hat, ist, zu tolerieren, dass seine Wünsche nicht immer sofort erfüllt werden. Glaubt man, dass alles, was man möchte, sofort geschieht, führt dies nur zu unnötigen Enttäuschungen.

Ein berühmtes Experiment zeigt, wie sich die Fähigkeit, auf sofortige Bedürfnisbefriedigung zu verzichten, auf den späteren Erfolg im akademischen und sozialen Leben auswirkt. In diesem Versuch bat man Vierjährige, sich einzeln in einem Raum an einen Tisch zu setzen, auf dem ein Marshmallow lag. Man sagte dem betreffenden Kind, dass der Leiter des Experiments jetzt den Raum verlasse und in fünf Minuten wiederkäme. In der Zwischenzeit solle es die Süßigkeit nicht anrühren. Wenn ihm das gelänge, bekäme es anschließend zwei Marshmallows. Einigen von ihnen schlug man außerdem vor, sich in dieser Zeit nicht den Geschmack der Süßigkeit vorzustellen, sondern genau deren Form, Farbe und Größe zu untersuchen. Diejenigen, die sich auf diese äußeren Merkmale konzentrierten, widerstanden eher der Versuchung, die Marshmallows zu essen, als jene, die sich ausmalten, wie sie schmeckten. Hierin zeigt sich eine klare Lektion in früher Achtsamkeit: Wenn man sich auf ein Objekt konzentriert, grübelt man nicht, während die Vorstellung, wie es schmeckt, bloß zu mehr Gedanken führt, was das Verlangen, es zu essen, nur noch steigert – und damit die Frustration, es nicht zu dürfen.

Die Kinder, die sich zurückhalten konnten, hatten einen besser ausgebildeten präfrontalen Kortex (PFC) als die anderen (zur Erinnerung: Der PFC ist für Selbstkontrolle, die

Fähigkeit, aufmerksam zu sein, und höheres Denken zuständig). Die Vierjährigen mit der größten Selbstbeherrschung wuchsen zu Teenagern heran, die besser in der Schule waren als ihre impulsiveren Altersgenossinnen und -genossen. Während ihres ganzen Lebens waren sie aufmerksamer und konzentrierter.

Wenn man Kinder unter Druck setzt, einem Genuss zu widerstehen, wird das nicht viel helfen. Wahrscheinlich hat es sogar nur den gegenteiligen Effekt, dass das Kind vor lauter Anspannung erst recht die ganze Bonbontüte bis zum letzten Rest verputzen will.

Mit verspielten und innovativen Ideen können Sie ihnen jedoch sehr wohl helfen zu lernen, sich in ihrem Verlangen zurückzuhalten. Dabei muss man ihnen das Gefühl geben, sie übernähmen selbst die Kontrolle über ihre Emotionen. Sie bleiben im Hintergrund und greifen nur ein, wenn die Sache schwierig wird.

Es gibt zwei großartige Spiele, die Kinder darin schulen, sich ihres entwickelnden PFC zu bedienen: *Alle Vögel fliegen hoch* und *Ochs am Berg*. Hinsichtlich der Selbstkontrolle ist hierbei das Zauberwort, den Instruktionen zu folgen. Je besser Ihr Kind es hinbekommt zu reagieren, wenn der Ruf »Eins, zwei, drei, Ochs am Berg« aufgehört hat oder bei *Alle Vögel fliegen hoch* die richtigen Bewegungen zu machen, desto stärker werden die präfrontalen Verknüpfungen für kognitive Kontrolle gebildet. Eigentlich sollte der erste Preis an das Kind gehen, das es schafft, seinen Impulsen zu widerstehen.

Übung: Sich wie eine Schneekugel fühlen

Schenken Sie Ihrem Kind eine Schneekugel. Wenn Sie aus welchem Grund auch immer (wie etwa dem, dass Sie seit

Ihrer Geburt im Koma lagen) nicht wissen, was das ist: Es ist eine Halbkugel, in die unten meist eine etwas kitschige Szene, wie etwa Jesus in der Krippe mit den Heiligen Drei Königen oder eine Bilderbuchlandschaft, eingeklebt ist. Wenn Sie sie schütteln, wird die Kugel vom bunten Treiben von glitzernden Fasern oder weißem Schnee ausgefüllt. (Stellen Sie sich vor, wie ungemein überrascht Jesus gewesen wäre, wenn das wirklich passiert wäre.) Schlagen Sie Ihrem Kind vor, die Kugel zu schütteln und dann zuzusehen, wie sich der Wirbel beruhigt. Sagen Sie ihm, dass es dies immer dann tun kann, wenn es sich ruhelos und aufgewühlt fühlt, sozusagen als Spiegel seiner eigenen Gefühle. Je ärgerlicher oder enttäuschter es sich fühle, desto mehr solle es sie schütteln und sich anschließend auf nichts anderes als das Spektakel in ihm konzentrieren. Sobald das glitzernde Treiben vorbei ist, können Sie Ihr Kind fragen, ob das rastlose Treiben in der Schneekugel unter Umständen seiner inneren Verfassung gleicht. Bleiben Sie locker und neugierig.

Hier ein paar weitere Punkte, über die Ihr Kind nachdenken kann:

- Wie war das Gefühl, als es die Kugel schüttelte?
- Was empfand es, als es den Schnee betrachtete?
- Beruhigten sich seine Emotionen eventuell ebenfalls?

Falls es dieses Spiel mit der Kugel mag und es Ihr Kind beruhigt, dann schlagen Sie ihm vor, die Kugel immer dann zu benutzen, wenn es spürt, dass es von seinen Emotionen überwältigt wird. Wenn es kurz darauf eine Klassenarbeit schreibt, wenn ein Freund oder eine Freundin es ärgert oder es das Gefühl hat, dass es von einer Lehrerin oder einem Lehrer unfair behandelt wurde, kann es einfach heimlich die magische Schneekugel auspacken, sie schütteln und zusehen wie sich sein Geist genau wie die rieselnden Teilchen oder Flocken setzt. Mit dieser Übung schult Ihr Kind sich darin, zu bemerken, wenn sein Geist in höchster Alarmstufe ist, und gleichzeitig wird es verstehen, dass es ihn wieder zur Ruhe bringen kann, ohne jemand anderen für seinen Wutanfall verantwortlich zu machen. Wenn ein Kind diese Art der frühen Selbstregulierung übt, wird es als Erwachsener viel schneller merken, wenn sein limbisches System aktiv wird und auszurasten droht. Außerdem lernt es, dass Emotionen sich, wenn man keinen Schuldigen für sie sucht und nur auf die Wahrnehmung des Gefühls an sich achtet, auch wieder verändern. Denn das tun sie immer.

Eines Tages dann, so etwa mit 51 Jahren, wird es vielleicht nicht einmal mehr die Schneekugel brauchen, um seine Emotionen zu beruhigen. Falls doch, ist das immer noch besser, als sich Heroin zu spritzen.

Übung: Eine Eule sein

Die folgende Übung basiert auf dem wunderbaren Buch *Stillsitzen wie ein Frosch* von Eline Snel. In ihm und der beiliegenden DVD stellt die Autorin verschiedene Spiele vor, die sie sich ausgedacht hat, um Kinder in Achtsamkeit zu unterrichten. Ich präsentiere Ihnen meine Version davon, ich hoffe, Eline vergibt mir.

Fragen Sie Ihr Kind, was eine Eule macht, wenn sie auf dem Ast eines Baums sitzt. Im Idealfall antwortet es: »Sie sitzt still und bewegt nur den Kopf und die Augen. Sie wirkt sehr wachsam und hat alles unter Kontrolle.« Bitten Sie es nun, sich vorzustellen, es sei selbst eine Eule, die sehr still und ohne sich zu bewegen oder wegzufliegen auf dem Zweig eines Baumes sitzt. Sie nimmt einfach nur wahr, was in ihrer Umgebung vor sich geht. Sie können Ihrem Kind sagen, dass Eulen sehr weise sind und alles um sich herum mitbekommen. Bitten Sie es, darauf zu achten, wie sich »seine« Federn leicht anheben, wenn es einatmet, und sich wieder absenken, wenn es ausatmet, und sich auch seine Augen wie die einer Eule bewegen. Sagen Sie ihm nach einer Weile, es solle die Augen schließen und versuchen, auf alle Geräusche, die es um sich herum und in seinem Innern hört, zu achten, selbst auf das leiseste Rascheln, und auch dann genau zu lauschen, wenn alles still zu sein scheint. Fragen Sie anschließend, ob es auch etwas riecht.

Erkundigen Sie sich etwas später, ob es merkt, dass seine Atmung langsamer wird, und falls ja, ob sich die Gedanken in der gleichen Weise wie der Atem beruhigen. Verneint es dies, ist das auch in Ordnung, denn es geht ja nur darum, aufmerksam zu sein und zu spüren, wie sich der Körper im Inneren anfühlt.

Sagen Sie Ihrem Kind, dass es sich immer dann, wenn es sich ruhelos, ängstlich oder unter Anspannung fühlt, vorstellen kann, eine Eule zu sein, die ruhig dasitzt und spürt, wie sich ihre Federn leicht heben und senken. Das wird ihm helfen, sich zu beruhigen und sich besser zu konzentrieren, wenn es z.B. einen Test schreibt, mit Mobbing zu tun hat oder von jemandem angegriffen wird. Denken Sie daran, ihm zu sagen, dass wir alle diese beängstigenden Emotionen teilen. Es soll nicht so tun, als sei es bei ihm anders. Es braucht sich darüber nicht zu ängstigen, es genügt, diese Gefühle zu bemerken und sich dann vorzustellen, man sei wie die Eule, die sich nur auf das konzentriert, was direkt vor ihren Augen passiert.

Sich vorzustellen, es sei eine Eule, hilft dem Kind auch,

wenn es Probleme hat einzuschlafen, weil es aufgewühlt ist, da es sich Sorgen macht, Pläne schmiedet, aufgeregt ist oder darüber nachdenkt, was es in einer bestimmten Situation hätte besser machen können oder müssen. Es kann sich auch ausmalen, was die Eule tut, wenn sie schlafen geht, wie sie ihre Augen schließt und alle Gedanken einfach kommen und gehen lässt und wie sich ihre Federn bei jedem Atemzug anheben und wieder absenken.

Dann kann Ihr Kind der Eule »Gute Nacht!« sagen. Wenn Sie dann selbst ins Bett gehen, können auch Sie so tun, als seien Sie eine Eule.

8

Achtsamkeit
für ältere Kinder und Teenager

Achtsamkeit in Schulen

Der berühmte Psychologe William James schrieb einmal: »Die Fähigkeit, willentlich die abwandernde Aufmerksamkeit wieder zurückzubringen, ist die Wurzel aller Urteile, allen Charakters und aller Willensstärke. Eine Erziehung und Bildung, die diese Fähigkeit verbessert, wäre die Bildung par excellence.«

(Das könnte von mir sein.)

Meiner Ansicht nach sollte Achtsamkeit fester Bestandteil des Lehrplans der Schulen werden. Man muss kein Genie sein, um zu wissen, dass sowohl Kriminalität, autodestruktives Verhalten, Drogenmissbrauch, psychische Krankheiten als auch sogar die Zahl der Selbstmorde zurückgehen würden, wenn die Schülerinnen und Schüler neben dem Lesen, Schreiben und all dem anderen auch soziale und emotionale Fähigkeiten lernen würden. Hoffentlich kommen diese Zeilen jemandem aus dem Bildungsministerium in die Hände.

Wenn sie auch nur ein bisschen weniger gierig als wir wären, könnte die jüngere Generation den Planeten, den wir vermüllt haben, retten. Was es braucht, ist emotionale Intelligenz, womit ich die Fähigkeit meine, mit anderen Erdlingen in Beziehung zu treten und ein vertrauensvolles, harmonisches Verhältnis voller – wage ich es zu sagen? – Mitgefühl aufzubauen. Wir sind in diesen Fertigkeiten nicht gerade Spezialisten, und es hat sich gezeigt, dass die Intelligentesten von uns oft die emotional am meisten verkümmerten sind. Trotz ihrer Superhirne betrügen diese Spitzenkräfte manchmal den Rest von uns mehr als andere und schämen sich nicht einmal dafür (siehe Bernie Madoff, der *Chief Operating Officer* von Enron Jeffrey Skilling, sowie Martha Steward u. v. a.[14]).

Damit sie die Abschlüsse bestehen, werden Kinder heutzutage mit Informationen quasi zwangsernährt. Wen interessiert es, ob sie den Stoff wirklich verstanden haben? Hauptsache, sie lernen die Fakten auswendig und bestehen die Examen mit Bravour. Wie können wir so erwarten, dass unsere Kinder erblühen bzw. überhaupt noch etwas lernen? Man setzt sie so sehr unter Druck, nur weil man will, dass sie gute Noten schreiben, obwohl unter Druck das Gedächtnis das Erste ist, was versagt, und die Kinder sich deswegen an gar nichts mehr erinnern. Gehirne von Kindern, die man zu sehr bedrängt, sind wie Landminen: Sie können im späteren Leben jederzeit hochgehen.

Anfangs interessierte mich Geschichte durchaus – bis ich mir das ganze mesopotamische Imperium in einer Nacht ins Gehirn pauken musste ... und trotzdem nur eine Vier bekam. Ich sprach nie wieder darüber. Mesopotamien war den Rest meines Lebens aus meinem Geist getilgt. Schande. Es gab so viele Themenbereiche, die mich interessierten, aber ich wusste, dass ich mein Wissen davon eines Tages in begrenzter Zeit auf ein Stück Papier speien müsste. Daher verlor ich schon recht früh meine Begeisterung für Bildung.

Vergessen ist der Wunsch, von irgendetwas inspiriert zu sein. Die einzige Mission eines Kindes ist, in die nächste Klasse oder die nächsthöhere Schule zu kommen. Es gibt immer etwas, was man erreichen muss. Ich habe es nie hinbekommen, den Stoff einer Klasse oder eines Kurses in einem gut durchdachten Essay zusammenzufassen. Da ich schreibe, wie ich spreche, haben meine Sätze manchmal kein Ende. Dies ist der Grund, warum ich heute nichts über Geschichte, Mathe, Sprachen und die meisten anderen Fächer weiß, in denen ich mit Bravour durchfiel.

Wenn Sie nicht scheitern, heißt das nur, dass Sie nicht gekämpft haben. Innovative Menschen versuchen etwas, scheitern, versuchen es wieder … Sie sind die eigentlichen Gewinnerinnen und Gewinner. Man sollte auf ihre Grabsteine »Sie oder er hat es versucht« schreiben. Jeder neuen Erfindung wurde erst einmal mit Spott begegnet. Es gibt viele Menschen, die originelle Ideen bekämpfen – und dies in erster Linie deswegen, weil sie selber keine haben. Lehrer sollten die Kinder ermutigen, große Ideen zu verfolgen, ohne dass diese befürchten müssen, für ihr Meisterwerk eine Sechs in Rechtschreibung zu bekommen. Mozart konnte nicht buchstabieren, und das Gleiche gilt für alle Bewohner des alten Mesopotamien (so viel habe ich mir immerhin gemerkt). Anstatt die Kinder dazu zu bringen, solche Unmengen an Informationen in sich hineinzustopfen, die sie dann beim Test nachplappern, um sie schon am Tag darauf wieder zu vergessen, sollte man sie dazu anregen, ihr Vorstellungsvermögen zu entfalten. Ein englisches Sprichwort lautet: Sie mästen ein Schwein nicht, indem sie es wiegen.

In Zeiten, in denen es mir gut geht, denke ich, es wäre gut, wenn Schulen auch die Kunst des Scheiterns unterrichten würden. So könnten Kinder so früh wie möglich lernen, mit

Niederlagen umzugehen, da sie im späteren Leben flächendeckend mit solchen bombardiert werden. Wenn ein Schüler im Ernst denkt, im späteren Berufsleben würde es irgendjemanden interessieren, dass er einmal Mannschaftskapitän war, wird er sein blaues Wunder erleben.

Das ist auch der Grund, warum Cheerleader oft als Cracknutten enden: Sie waren nicht auf die große weite Welt vorbereitet und hatten die Lektion aller Lektionen nicht gelernt: Man kann nicht ewig kess sein. Pompons, große Brüste und nette Zöpfe reichen mit 45 nicht mehr, um eine Aufgabe erfolgreich durchzustehen.

Auszug aus der Rede, die ich beim Highschool-Abschluss meiner Tochter hielt

Man hatte mich gebeten, die Hauptrede zu halten. Das Jahr zuvor war Daniel Craig der Redner … es war also von vornherein klar, dass ich im Vergleich zu ihm schlecht dastehen würde. Daher beschloss ich, sie zu einer Feier des Scheiterns zu machen. Hier ist sie.

Ich bin in der Schule nicht gerade aufgeblüht. Meistens hatte ich Vieren, aber manchmal galt ich auch als »befriedigende Schülerin mit kriminellen Tendenzen« – zumindest schrieben sie das meiner Mutter. Meine Lehrerin in Maschinenschreiben kommentierte ebenfalls: »Ruby hat den Charakter von jemandem, der irgendwann im Gefängnis enden wird.« Meine Lieblingsfächer waren Streiche und Rauchen in der Damentoilette. Und ich stach den anderen gerne Ohrlöcher.

Ich tat alles, um nicht in die Schule gehen zu müssen.

Einmal legte ich sogar rohen Fisch auf die Lampen der Klassenräume. Die ganze Schule musste evakuiert werden. Sie haben nie herausbekommen, wo der Gestank herkam und wer es getan hatte. In Polytechnik baute ich einen Vulkan, der die Schule in Brand setzte. Aufgrund meiner schwierigen Verhältnisse zu Hause konnte ich mich nicht konzentrieren, weswegen ich in die Aufbauklasse Englisch gesteckt wurde, in der außer mir kein einziger Muttersprachler saß (und in der die meisten die Sprache eigentlich nicht mal als Zweitsprache richtig beherrschten). Man bat uns, unser Lieblingsgedicht vorzutragen, aber da keiner von uns eins kannte, lasen einige die Liedtexte bekannter Songs vor, alles andere war zu anspruchsvoll. Bei der Aufnahmeprüfung fürs College hatte ich ein derart schlechtes Ergebnis, dass meine Mutter überzeugt war, bei der Auswertung der Multiple-Choice-Fragen sei ein Fehler unterlaufen. Weswegen sie darauf bestand, dass sie mich den Test noch mal machen ließen. So wusste ich beispielsweise auf die Frage, welches der Tiere nicht zu den anderen passte – ein Rhinozeros, ein Hund, ein Adler oder eine Artischocke –, keine Antwort, ich sah keinen Unterschied.

Ich glaube, dass ich deswegen überall scheiterte, weil alle mich aufgegeben hatten. Es stimmt, ich war etwas seltsam, aber man geht schließlich zur Schule, damit die Lust und Neugier auf Neues geweckt wird. Wenn man diese Neugierde dann aufrechterhalten kann, ist der Rest des Lebens wie eine Eins plus, und man muss dabei nicht einmal die Nummer eins sein.

Neugier hebt uns von den Tieren ab. Bedauerlicherweise nutzen manche Menschen diese Gabe nicht, und wenn sie sie auch als Kinder noch besaßen, verkümmerte diese Gabe, da sie keinen Gebrauch von ihr machten. Die meisten Leute, die ich treffe, stellen keine Fragen, und das, obwohl unter ihnen einige der brillantesten Köpfe mit einem himmelhohen IQ sind. Für mich sind Menschen ohne Neugierde Idioten. Da wir mit dieser Gabe geboren sind, stellt sich die Frage, wann man sie uns genommen hat. Als Kinder ist unser Hunger nach Informationen unstillbar, und es ist uns sogar egal, wozu man sie uns gibt, wir wollen einfach nur stimuliert werden. Dann kommen wir in die Schule. Was den Funken der Neugier zum Erlöschen bringt, ist die Tatsache, dass alles benotet wird. Nichts anderes erstickt die Flammen des Interesses schneller. Mir ist durchaus bewusst, dass Sie dank guter Noten vielleicht in die besten Universitäten kommen, wo die besten Partys gefeiert werden. Aber wenn Sie sich in der Jagd nach Noten verlieren oder – noch schlimmer – von Ihren Eltern zu sehr angetrieben werden, behalten Sie unter Umständen den Rest des Lebens die Gewohnheit bei, nichts als die Wurst zu jagen, die man im Hamsterrad vor Sie gehängt hat. Sie haben das Gefühl, kurz vor der Belohnung zu stehen, sie aber nie zu fassen zu bekommen. Wenn Sie etwas erreichen wollen, dann möglicherweise nicht, weil Sie sich ein persönliches Ziel gesetzt haben, sondern weil Sie die Konkurrenz schlagen möchten. Und wenn Sie dann alles entweder wegen des lieben Geldes tun oder um andere – einschließlich Ihrer Eltern – zu beeindrucken, dann sind Sie auf dem besten Weg in den Wahnsinn. Denn nur wenn Sie etwas finden, das Sie lieben, ist das Leben lebenswert.

Ich weiß, dass die Lehrer hier in Ihnen einen Funken für ein Fach entfacht haben. Irgendwer muss diesen

Funken auch in mir entfacht haben, denn als der erste Akt meines Lebens zu Ende ging (ich konnte einfach nicht mehr fürs Fernsehen arbeiten), musste ich von Neuem anfangen. Einige Jahre lang war ich zwar gebrochen, aber dann erinnerte ich mich an meine Liebe zur Psychologie. Also nahm ich das letzte Flugzeug aus Depression City und begann vor ein paar Jahren, diese zu studieren. Diesmal gab es niemanden, der an mir herumnörgelte, ich müsse bessere Ergebnisse erzielen. Ich schaffte diesen Quantensprung, und jede und jeder andere kann das auch. Lernen Sie einfach, auf richtige Art zu scheitern, und fallen Sie auf die Hinterbeine ... und wenn Sie nicht ins Schema passen, ist das auch gut: Erfinden Sie einfach ein neues.

Ich möchte mit einem Ausspruch schließen, der mich immer wieder begeistert: »Dieses Leben ist ein Test, nur ein Test. Wenn es das echte Leben wäre, hätte man uns genaue Anweisungen gegeben, was zu tun und zu lassen ist.« Bleiben Sie sich jede Minute Ihres Lebens treu.

Glücklicherweise gibt es bereits einige Schulen, in denen Achtsamkeit unterrichtet wird. In den USA wird Goldie Hawns MindUP-Programm erfolgreich praktiziert. Dieses findet inzwischen auch in Großbritannien Anwendung, wo allerdings .b *(dot bi)* eines der erfolgreichsten schulischen Achtsamkeitsprogramme in Schulen ist. Dieses umfasst auch ein Programm für Grundschulkinder im Alter von fünf bis elf Jahren, genannt *Paws b.*, das Zeichentrickfilme, Filmclips, Spiele u. a. verwendet. Einige der Übungen kann man (auf Englisch) von der Website https://mindfulnessinschools.org/what-ihres-b/sound-files herunterladen.

Ihren älteren Kindern Achtsamkeit beibringen

Hier ist eine meiner Lieblingsübungen des .b-Programms, die Eltern mit ihren Kindern zu Hause ausprobieren können – allerdings nur, wenn sie nicht gerade in bester Kampfeslaune sind.

Das Gehirn eines wilden Welpen

.b vergleicht das ungezügelte Gehirn eines Kindes mit dem eines noch nicht erzogenen jungen Hundes, der Chaos hinterlässt, kläfft, versucht, an Ihnen hochzuspringen, an Ihren Zehen knabbert und auch sonst meist vollkommen außer Rand und Band ist. Ansonsten versuchen junge Hunde Ihnen eine Freude zu machen, indem sie Ihnen beispielsweise den abgekauten Kopf einer alten Puppe bringen. Eigentlich ist das ein gutes Bild für die Funktionsweise unseres Gehirns: Wenn wir über etwas Interessantes nachdenken wollen, schleppt es lauter unwichtige Dinge an.

Die Kinder werden gefragt: »Was passiert, wenn man den jungen Hund schimpft, damit er sich anständig benimmt?« (Vielleicht antworten sie, dass er wegrennt, um sich zu verstecken.) »Was wäre, wenn ihr den Hund ignoriert?« (Er würde weiter kläffen und an uns hochspringen.) Selbst wenn man dem Hund erklärt, er soll aufmerksam sein, versteht er kein Wort, denn sein Wortschatz beschränkt sich auf »Wau, wau«. Das .b-Programm erklärt den Kindern, dass der Geist wie ein junger Hund ist, nur dass er noch größeres Chaos anrichtet. Inzwischen sind Sie sicher selbst schon auf den Trichter gekommen und haben verstanden, dass die Metapher lehrt, dass der Geist von uns allen wie ein Hund ist: Wenn wir ihn nicht ruhig und freundlich behandeln und stattdessen wütend werden, weil er unruhig ist, wird er nur noch wilder.

Übung: Aufmerksam sein

Bitten Sie Ihr Kind, sich bei der bewussten Übung der Aufmerksamkeit mit gekreuzten Beinen und mit gerader, aber nicht steifer Wirbelsäule auf den Boden zu setzen. Dann sagen Sie ihm, es soll sich auf die Zehen konzentrieren (oder vielleicht auch auf eine Zehe nach der anderen). Nach und nach kann es in alle Körperteile hineinzoomen und die Empfindungen untersuchen. Kribbelt es? Zischt es? Pulsiert es? Sind sie taub? So lernt Ihr Kind, was den Unterschied ausmacht, über ein Körperteil nachzudenken oder es mit seinen Sinnen zu erfahren. Lassen Sie es wissen, dass es auch in Ordnung ist, wenn es gar nichts empfindet, denn dies zu bemerken ist ebenfalls Achtsamkeit.

Sagen Sie ihm nun, es solle seine Aufmerksamkeit wie einen leuchtenden schmalen Lichtstrahl nacheinander auf folgende Körperteile richten:

Die Hände (vielleicht auch jeder einzelne Finger),
das rechte Knie,
den linken Ellenbogen,
das rechte Ohrläppchen,
das linke Auge
… und dann die Nase, wobei es spürt, wie der Atem durch die Nasenlöcher ein- und ausströmt. (Ist der Atem kalt oder warm, sind die Atemzüge lange oder kurz?)

Bitten Sie Ihr Kind zum Schluss, die Achtsamkeit wie die Linse einer Taschenlampe (also das Auge seines Bewusstseins) zu weiten und atmend den ganzen Körper mit einzubeziehen. Es kann sich vorstellen, dass sein Körper wie ein Luftballon ist, der sich aufbläht und entleert, aufbläht und leert usw.

Dann kann es die Augen öffnen und den ganzen Körper strecken.

Übung: *Eine zweiminütige Herausforderung*

Bitten Sie Ihr Kind, sich dort auf den Atem zu konzentrieren, wo es ihn am stärksten spürt: in seiner Nase, seinem Bauch oder in der Brust … Falls das zu schwierig ist, kann es, wenn es will, auch einfach die Atemzüge bis zehn zählen und anschließend wieder von vorne anfangen. Dabei zählt es folgendermaßen: »Einatmen/Ausatmen sind eins, Einatmen/Ausatmen sind zwei« usw.

All dies mit dem Ziel, zu versuchen, die Aufmerksamkeit ein oder zwei Minuten am Stück beim Atem zu lassen. Sagen Sie ihm, dass es zu seinem Geist freundlich sein soll, wenn er abwandert, genau wie zu einem jungen Hund, den man diszipliniert, und es dann wieder zum Atem zurückkehren soll. All dies nennt man beabsichtigen (sich auf etwas, also den Atem, zu konzentrieren) und dann (das Gewahrsein) beibehalten.

Affengeist

Eine andere Übung zielt darauf zu lernen, ruhig zu bleiben, wenn der Geist zu stürmisch wird.

Erklären Sie Ihrem Kind, dass sein Geist sein bewegtes Eigenleben hat. Wie ein Affe, der von Ast zu Ast springt, springt der Geist von einer Idee zur nächsten. Ihr Kind merkt dann vielleicht, dass, wenn es beginnt, frustriert zu sein, oder fies zu seinem »Affen« ist, es dadurch einfach nur noch hektischer wird.

Übung: FABHAS

Erklären Sie Ihrem Kind FABHAS, was für »Füße auf dem Boden und Hintern auf dem Stuhl« steht. FABHAS ist eine Erste-Hilfe-Maßnahme für Situationen, in denen Ihr Kind merkt, dass sein Affengeist die Führung übernommen hat und es von Baum zu Baum springen lässt. In diesen Fällen dient die Übung als Anker.

Sagen Sie ihm, es soll sich auf den Boden oder auf einen Stuhl setzen und sich darauf konzentrieren, wie die Füße die Erde berühren. Es soll auch spüren, wie sich seine Socken, Schuhe, Zehen, Fußballen und Fußsohlen anfühlen. Als Nächstes bitten Sie es, seine Aufmerksamkeit darauf zu richten, wie es sich anfühlt, dass der Hintern den Stuhl oder den Boden berührt. Dann kann es sich vorstellen, die Linse seiner Taschenlampe zu weiten, um den ganzen Körper zu beleuchten.

Übung: Atmen

Eine andere Methode, die Ihr Kind benutzen kann, wenn es im »Affengeist« gefangen ist, ist, sich einfach auf den Atem zu konzentrieren (und lange ein- und auszuatmen). Es soll dabei nicht versuchen, die Gedanken zu verlangsamen oder sie zum Verschwinden zu bringen, sondern sie einfach nur betrachten. Nach einer Weile bemerkt es vielleicht, dass die Affen (also sein Geist) langsamer oder müde werden. Unter Umständen sieht es auch, dass die Gedanken ganz eigen-

ständig herumschwirren und man sie gar nicht so ernst nehmen muss: Es sind einfach nur Gedanken, die sich wie Affen
aufführen und ihr eigenes Ding drehen.

Wiederkäuen

Erzählen Sie Ihrem Kind von der endlosen Reihe von Do-
minosteinen des Denkens, das man als Grübeln kennt (und
dass wir es alle tun). Dabei denken wir Dinge wie: »Warum
hat man mich nicht zu der Party eingeladen? Bestimmt weil
mich keiner mag. Ich mag mich noch nicht einmal selber.
Und warum? Weil alle finden, dass ich grauenhaft bin. Warum bin ich grauenhaft? Weil ich so grauenhaft bin und keiner mich mag! Warum mag mich keiner? Weil …« All dies
kann einen um den Schlaf bringen.

Man nennt dies auch »wiederkäuen«, und das stammt
bekanntlich aus dem Tierreich: Kühe und andere Paarhufer
kauen das Gras immer wieder, bevor sie es hinunterschlucken – und das ist nicht das Ende der Geschichte: Sie stoßen
es wieder auf und kauen weiter. Wir tun das Gleiche: Wir
wiederkäuen unsere Gedanken – lebenslänglich.

Übung: Bettitation

»Bettitation« ist eine Übung, die Ihr Kind machen kann,
wenn es Schwierigkeiten hat, einzuschlafen.

Ermutigen Sie es, nicht weiter darüber zu grübeln, warum
es so grauenvoll ist und es keiner mag, und stattdessen eine
andere Variante des FABHAS zu machen – einen Bodyscan
im Liegen.

Sie können dabei mitmachen: Sie beide liegen auf dem
Rücken im Bett, die Arme neben dem Rumpf. Achten Sie erst

einmal auf Ihren Atem und wo im Körper Sie ihn am deutlichsten spüren. Atmen Sie langsam und nehmen Sie tiefe Atemzüge. Bei jedem Ausatmen spüren Sie, wie sich Ihr Körper mehr und mehr erdet. Lassen Sie die Spannungen abklingen. Sie sollten die ganze Länge Ihres Körpers spüren und Ihre Aufmerksamkeit nach und nach auf Arme, Beine, Rumpf, Schultern, Nacken und Kopf richten. Falls Sie in einem der Körperteile Spannungen spüren, stellen Sie sich vor, Sie atmen in sie hinein und dann wieder aus ihnen aus. Das Einatmen hilft, sich auf die angespannten Körperteile zu konzentrieren, und das Ausatmen hilft, die Spannung loszulassen. Wenn Sie irgendwo verkrampft sind, lenken Sie Ihre Aufmerksamkeit so weit wie möglich vom Kopf weg, also beispielsweise zu Ihren Füßen. Spüren Sie sie von innen heraus. Spüren Sie, wie der Atem Ihren Körper erfüllt, wobei dieser bei jedem Ein- und Ausatmen schwerer wird. Mit etwas Glück wird Sie das beide ins Land der Träume bringen.

Übung: Im Hier und Jetzt sein

In der folgenden Übung unternimmt Ihr Kind eine Entdeckungsreise in die Gegenwart und lernt, sie, wann immer es möchte, zu besuchen. Bitten Sie Ihr Kind, darauf zu achten, wann es auf Autopilot ist. Weiß es, wo seine Aufmerksamkeit ist, wenn es die Zähne putzt, ein Bad nimmt oder ein Spiel spielt? Erklären Sie ihm, dass es Zeiten gibt, in denen wir keine andere Wahl haben, als auf Autopilot zu funktionieren, dass das aber nicht immer so ist. Der direkte Weg zur Gegenwart ist, sich mit seinen Sinnen zu verbinden: genau und unabgelenkt auf ein bestimmtes Geräusch zu hören, ein Stück Schokolade zu schmecken, eine Blume zu riechen, einen Frosch zu küssen oder was auch immer.

Übung: Achtsam essen

Geben Sie Ihrem Kind ein Stück Schokolade zu essen. Fragen Sie es dann, ob es den Geschmack überhaupt wahrgenommen hat. Will es ein weiteres Stück in den Mund stecken, bevor es das erste überhaupt hinuntergeschluckt hat? Dann wäre es auf Autopilot.

Anschließend bitten Sie es, die Farbe, Konturen und Form eines weiteren Stücks Schokolade (oder eines Happens von etwas anderem, das es mag) so zu untersuchen, als hätte es nie zuvor etwas Vergleichbares gesehen. Als Nächstes soll es an ihm riechen. Es soll alles, was es tut, bewusst und verlangsamt tun und nun das Stück auf die Zunge legen, dann mit den Zähnen darauf beißen und es schließlich kauen, wobei es die Nuancen des Geschmacks genau schmecken und erfahren soll. Willkommen im gegenwärtigen Augenblick!

Das Leben ist nicht immer ein Zuckerschlecken – es gibt Erfahrungen, die Ihrem Kind nicht gefallen, deren es sich aber ebenfalls bewusst sein muss. Sagen Sie Ihrem Kind also, es soll etwas essen, das es nicht mag. Zum Beispiel eine Olive – ich persönlich verabscheute sie, als ich jung war, doch jetzt, wo ich älter bin, liebe ich sie. Bitten Sie es, mit ihr genau das Gleiche wie mit der Schokolade zu machen. Vielleicht schmeckt sie ihm nicht, aber es soll all die genannten Schritte machen und neugierig darauf achten, wie es sich anfühlt, etwas nicht zu mögen, und darauf, wie hartnäckig sein Gehirn ihm einredet, es soll sie nicht essen, sondern ausspucken. Das lehrt Ihr Kind, sich selbst dann den Erfahrungen nicht zu verschließen, wenn die Sachen nicht so gut laufen.

Übung: Gedanken sind keine Tatsachen

Erklären Sie Ihrem Kind die Übung namens »den Wolken zuschauen«, in der es erleben kann, dass Gedanken wie Wolken vorbeiziehen. Sagen Sie ihm, es soll in den Himmel über sich schauen und darauf achten, wie die Wolken kommen und gehen, ganz gleich, ob sie schwer oder leicht, stürmisch oder hell sind.

Sagen Sie ihm dann, dass es sich die Gedanken auch wie die Berieselung durch das Radio vorstellen kann – es soll sie einfach wie Songs im Hintergrund dudeln lassen, ohne ihnen allzu viel Bedeutung beizumessen und ohne ihnen größere Aufmerksamkeit zu schenken.

Es hilft ihm bei Gedanken wie: »Ich bin dumm«, »ich bin nicht gut genug«, »keiner mag mich« und (dem alten Lieblingsrefrain) »ich bin grauenhaft«. Es kann diese Gedanken einfach wie Melodien ablaufen lassen, ohne sie auf sich zu beziehen, sie sind eben nicht die Wahrheit. Wenn es sie nicht ernst nimmt, können sie ihm nicht schaden.

Übung: Lernen, mit unangenehmen Dingen umzugehen

Ebenso wie die Gedanken kommen und gehen auch die Gefühle. Man kann nicht verhindern, mit Unangenehmem konfrontiert zu werden, aber man kann vermeiden, es noch schlimmer zu machen.

Bitten Sie Ihr Kind, auf einer Zeichnung des Körpers zu markieren, wo es angespannt ist. Es kann auch aufschreiben, was diese Anspannung bei ihm verursacht – wie etwa Klassenarbeiten, Situationen, in denen es sich übergangen fühlt, oder das Gefühl, einfach entsetzlich zu sein. Dann kann es dazuschreiben, mit welchen körperlichen Begleiterscheinungen die Emotion verbunden ist: Kopfweh, Schweißausbrüchen, Herzrasen oder Bauchweh. Wenn es sich jetzt also nur auf die Körperwahrnehmungen und nicht auf die Gedanken konzentriert, wird es feststellen, dass auch die Gefühle kommen und gehen: Sie sind keine Tatsachen, sondern eben nur Emotionen. Welche auch immer gerade auftauchen, es sollte diese Gefühle nicht unterdrücken, denn sie sind tatsächlich da. Und daher ist es am besten, ihnen direkt ins Gesicht zu sehen, sich auf sie zu konzentrieren und sie zu akzeptieren – jedoch nicht, sie zu nähren.

Die Schule ist aus
Alles über achtsames Computerspielen

Kinder werden nicht von den Computerspielen lassen, und wenn Sie sie dabei bremsen wollen, viel Erfolg. Man kann darüber streiten, wie gut oder schlecht sie für junge Menschen sind, doch das ändert nichts daran, dass es sie nun einmal gibt. Manche Teenager werden sich nicht nur dagegen sträuben, wenn Lehrerinnen und Lehrer ihnen Achtsamkeit beibringen wollen, sondern auch, wenn andere dies versuchen. Daher fange ich an, mir Gedanken darüber zu machen, wie man Computerspiele selbst nutzen kann, um Kinder Achtsamkeit zu lehren, indem sie ihre Fähigkeit, sich auf bestimmte Vorhaben zu konzentrieren, schärfen, und man sie darin bestärkt, Ablenkungen zu widerstehen.

Mein Sohn Max ist Designer und Programmierer. Er arbeitet an einem neuen Programm, das Stressreduktion und emotionale Intelligenz in solchen Spielen kombiniert. Da ich seine Mutter bin, möchte ich das hier lobend erwähnen, weil die meine das Gleiche tat. Ich habe sie dafür gehasst.

Ein Foto pro Tag

Für gewöhnlich geht es bei Instagram darum, herauszubekommen, wie populär jemand ist und wie viele Likes er
erkämpfen kann. Ein paar Daumen nach unten können
schon die Angst schüren, ein Versager zu sein. Bei der folgenden Übung machen Sie ein Foto von jemandem, der Ihre
Aufmerksamkeit auf sich zieht und Sie ins Hier und Jetzt
bringt – also kein schnelles Selfie, sondern ein Bild von einem
Augenblick, den Sie wirklich auskosten möchten ... Wenn
Sie innehalten, um das, was vor Ihren Augen ist, wirklich
aufzunehmen, klingt der Lärm in Ihrem Geist ab, und das,
liebe Freundinnen und Freunde, ist ein Moment der Achtsamkeit. Es ist eine hervorragende Art, seine Erinnerung zu
bewahren, denn dank des Fotos werden Sie sich – ganz im
Gegensatz zu den meisten anderen – an diesen Moment
achtsam erinnern. Sie können ihn mit befreundeten
Menschen teilen, sodass alle die Idee dahinter verstehen.

Eine andere Idee von Max: Sofortiger Totalentzug

Hier eine Idee, wie man von der Abhängigkeit, sich den
ganzen Tag etwas Digitales reinzuziehen, loskommen kann.
Jedes Mal, wenn wir ein Kling, Biep, Grillenzirpen, das Röh-
ren eines Elchs, das Geräusch einer Guillotine oder was auch
immer wir gerade bei unserem Handy als Klingelton einge-
stellt haben, hören, haben wir das Gefühl, dass jemand an
uns denkt – selbst wenn sich jemand verwählt hat. Dies hat
nur einen Nachteil: Kaum ist der Ton vorbei, fühlen wir uns
schon wieder so allein und isoliert wie zuvor. Dies ist der
Stand der Dinge und hier das Gegenmittel: Legen Sie fest,
wie lange Sie sich auf eine Aufgabe konzentrieren wollen,

und stellen Sie den Wecker Ihres Handys. Kappen Sie in dieser Zeit den Empfang und das Internet des Handys und Ihres Computers, sodass Sie weder twittern, auf Facebook posten, mailen, Netflix schauen oder Grindr und Tinder benutzen können. Dann konzentrieren Sie sich auf Ihre Arbeit. Falls Sie dann das Bedürfnis haben, irgendeinen Device zu nutzen (ich wette, das wird geschehen), dann spüren Sie nach, wo das Verlangen in Ihrem Körper sitzt, und lenken die Aufmerksamkeit sanft zu Ihrer jeweiligen Beschäftigung zurück. Wenn der Wecker schließlich läutet, ist das ein Grund zum Feiern: Stellen Sie sich vor, wie die Leute applaudieren, ein von einem Orchester begleiteter Chor zu Ihren Ehren singt oder die Queen persönlich kommt, um Ihnen zu danken. Sehen Sie zu, ob Sie diese Auszeit jeden Tag etwas verlängern können. Dann, am Ende der Woche, sollten Sie sich, wie Gott, einen Tag lang ausruhen. Und was daran fast das Beste ist: Hier nutzen Sie das Handy, um Ablenkungen zu verhindern. Eine weitere Win-win-Situation.

Ich finde, dass es in Computerspielen in der Zukunft weniger darum gehen sollte, den Bösen zu töten, als mit ihm zu verhandeln. Versuchen Sie, ihn zu verstehen sowie zu spüren, was er spürt, und dann entsprechende Entscheidungen zu treffen. Es gibt bereits Spiele, die Sie lehren, die Gefühle der anderen zu erahnen, eins davon ist *Tell Tale's Walking Dead*. In diesem Spiel geht es darum, in brenzligen Situationen soziale Beziehungen zu knüpfen. Während manche Spiele, die auf dem Markt sind, sich eher dazu eignen, Serienkiller auszubilden, könnte die nächste Spielegeneration emotionale Intelligenz fördern. Wir müssen endlich aufhören, uns gegenseitig in Gute und Böse einzuordnen. Wir sind alles Menschen mit vielschichtiger Identität, Teile von uns sind engelsgleich und andere niederträchtig. Angesichts dessen sollten wir ein wenig Einfühlungsvermögen entwickeln, denn unter unseren gestylten Frisuren sind wir doch alle ziemlich ähnlich.

Teenager, hört genau zu:
»Es ist nicht eure Schuld«

Niemand auf Erden kommt an ihr vorbei: Die Pubertät gibt es seit Tausenden von Generationen. Pickel sind universell und sprießen auf einem Zulu genauso wie auf einem Schweden. Bei Mädchen beginnt im Alter von elf Jahren eine Stimmungswandlung planetarischen Ausmaßes und dauert, bis sie achtzehn sind, bei Jungen beginnt sie mit 13 und endet erst mit 24 Jahren … und bei manchen nie.

Verglichen mit der Erziehung von Teenagern gleicht die von Kindern im Trotzalter einem Urlaub auf Hawaii. Doch wollen Heranwachsende ihre Eltern keinesfalls quälen. Sie verhalten sich nicht absichtlich so launenhaft, sondern weil ihr Gehirn eine Veränderung durchläuft. Also machen Sie nicht den Fehler, die Augen zu verdrehen und der Welt zu erklären, Ihr Kind sei ein fauler Hund und obendrein wie besessen. (Erinnern Sie sich dran, wie Ihre Eltern den Kopf schüttelten, als Sie selbst ein Teenager waren.) In diesem Alter sind Jugendliche in einem Augenblick unausstehlich und im nächsten Mamas Liebling. Es ist, als lebten Sie mit einem Löwenbaby: Gerade wollte es Ihnen noch die Augen auskratzen, und jetzt möchte es mit Ihnen kuscheln. Eines ist für die Eltern allerdings sicherlich sehr beruhigend: Es geht allen so. Sie müssen sich immer nur ins Gedächtnis rufen, dass Ihr Kind sich seinem Alter entsprechend ganz normal entwickelt und nicht unbedingt (wie es meine Eltern dachten) zu einem Serienmörder werden wird. Auch erleichtert es die Sache ungemein, zu verstehen, was in seinem Gehirn vorgeht, denn dann beziehen Sie sein Verhalten nicht mehr auf sich.

Wie bereits erwähnt, bilden sich beim Baby und Kleinkind mit höchster Geschwindigkeit Milliarden von Neuronen. Diese Neuronenwälder warten darauf, mit Milliarden von Bits an Informationen gefüllt zu werden. Wie ein Schwamm absorbiert ein kleines Kind so ziemlich alles, was ihm in Hör- und Sichtweite kommt.

In der Pubertät findet ein weiterer immenser Spurt des Wachstums der Neuronen statt, der das Gehirn neu programmiert, alte Verknüpfungen, die nicht mehr gebraucht werden, werden gelöscht und neue gebildet. Sie haben also die Möglichkeit, bei dieser Neuformung mitzuhelfen. Gleichzeitig bietet sich die einmalige Gelegenheit, etwas von dem Durcheinander, das Sie in schwierigen Phasen, als Ihr Kind noch sehr klein war, angerichtet haben, jetzt aufzuräumen.

Die neuronalen Netze werden also in diesem Alter grundlegend umstrukturiert, und dies ist von chemischen und hormonellen Veränderungen begleitet, welche vollkommen von den Einflüssen der Umgebung – also auch von Ihrem Nörgeln – unabhängig sind. Ganz gleich, was sie tun oder wie viel Sie Ihr Kind auch anschreien – es wird seine Östrogene nicht daran hindern, in ihm zu sprudeln. Die Hormone beginnen bereits in der Zeit im Mutterleib zu köcheln. Der weibliche Nachwuchs schüttet Östrogen, der männliche Testosteron aus. Wahrscheinlich erübrigt es sich zu sagen, dass beide sich entsprechend unterscheiden. Es wurden bereits Tausende von Seiten geschrieben, warum Frauen und Männer nie auf dieselbe Seite passen werden. Testosteron

kann Impulsivität, Aggression und Obsession auf Busen verursachen. Östrogene verursachen ein Wechselbad der Emotionen, sodass Sie sich innerhalb von Sekunden ver- und
wieder entlieben. Beide Geschlechter haben solche Stim-
mungswandel, weshalb Ihr Teenager sich in Sekunden von
Kate Middleton zu Dschingis Khan und wieder zurückver-
wandeln kann.

**Als ich in die Pubertät kam, wurde alles nur noch schlimmer.
Von dem Moment an, als sie zuschlug, befand ich mich in
einem dauerhaften Schockzustand. Es war, als ob eines schö-
nen Tages, als meine Organe beisammensaßen, Kaugummi
kauten und über Belanglosigkeiten redeten, plötzlich aus heiterem Himmel ein riesiger Östrogen-Einschlag niederkam
und meine Hormone zu brodeln begannen. Es glich dem Vesuv
vor einem Ausbruch. Je mehr mich meine Eltern zu diszipli-
nieren versuchten, desto mehr rebellierte ich. Fortan bestand
für mich der Grund, warum ich auf Erden war, darin, das alte
Regime zu stürzen und das Establishment niederzubren-
nen … und ich machte keine halben Sachen. Ich rannte nicht
nur von zu Hause weg, sondern flog obendrein mit dem Geld,
das ich beim Verkauf von Gras verdient hatte, nach Europa
und trampte nach Spanien, um mich einer Agitprop-Theater-
gruppe anzuschließen, die hauptsächlich nackt auftrat (oder
mit Gasmasken) und das Publikum anschrie. (Allerdings fand
ich dieses _Living Theater_ nie, da die Darsteller wegen Erregung
öffentlichen Ärgernisses ins Gefängnis gesperrt worden
waren.) Später half ich mit, dass meine Universität aus politischen Gründen, die ich damals selbst nicht verstand (und an
die ich mich heute nicht mehr erinnere), geschlossen wurde.
Wir boykottierten in unserer Wut und unserer Abscheu gegen
irgendetwas die Seminare, schlugen unsere mit Peace-Zeichen**

geschmückten Zelte auf dem Campus auf und rauchten bis in die frühen Morgenstunden Marihuana. Ich war meistens wie der große Vorsitzende Mao gekleidet und schwang ein rotes Buch (das in Wirklichkeit ein Telefonbuch war, das ich rot angemalt hatte). Ich war so radikal, dass ich einmal in ein gehobenes Restaurant ging, die Hummer aus den Aquarien nahm und sie freiließ. Da ich sie mitten in der Stadt aussetzte, wurden viele von ihnen vom Verkehr überrollt, aber der gute Wille zählte. Ich rief gerade in mein Megafon, als eine Portion Hummerfleisch, das von einem Auto weggeschleudert wurde, auf mich spritzte.

Warum sich also alle derart über das schwierige Verhalten der Teenager wundern, weiß ich nicht. Meine Kinder sind im Vergleich zu mir Unschuldsengel!

Verstehen, was im Gehirn eines Teenagers vorgeht

Im Folgenden beschreibe ich die Regionen, die sich am stärksten verändern:

Amygdala Abgesehen von den hormonellen Veränderungen, wird das Gehirn vollkommen neu ausgestattet. Bei Mädchen beginnt die Amygdala – die Kommandozentrale der Emotionen – seinen neuen Entwicklungsschub achtzehn Monate früher als bei Jungen, die dann allerdings aufholen. Heftigste emotionale Schwankungen sind die Folge, sodass Menschen mit bipolarer Störung vergleichsweise entspannt wirken. Diese emotionalen Zusammenbrüche bedeuten, dass das limbische System mit unkontrollierten Emotionen überflutet wird und einem Computer gleicht, der wegen Überlastung zusammenbricht. Reagieren Sie auf das Verhalten des Teenagers ärgerlich, wird dies nur zusätzlich seinen oder ihren Ärger weiter anheizen: Der Countdown zum Dritten Weltkrieg beginnt. Stattdessen sollten Sie ihm oder ihr helfen, sich zu beruhigen, indem sie achtsam, geerdet und ruhig bleiben. Versuchen Sie, sich in ihn oder sie hineinzuversetzen.

Präfrontaler Kortex Der präfrontale Kortex ist in diesem Alter noch eine Baustelle und arbeitet deswegen nicht immer auf Volllast. Auch wenn er manchmal durchaus gute Entscheidungen treffen kann, ist er zu anderen Zeiten wiederum außer Betrieb, und der Teenager rastet aus, was sich darin äußert, dass er nach einer Tirade, warum Sie so unfair sind, mit knallender Tür in sein Zimmer geht, ohrenbetäubend laut Heavy Metal hört und das Kopfkissen in Stücke reißt. Doch machen Sie sich keine Sorgen: Das ist die ganz normale Art, wie das Gehirn eines Jugendlichen wieder festen Boden unter die Füße bekommt.

Im Teenageralter verbindet sich der präfrontale Kortex mit anderen Gehirnregionen, und diese Integration ermöglicht schlussendlich, dass man mit Selbstgewahrsein, Empathie und Reflexion reagiert, statt jemanden anzufallen.

Stammhirn Im Alter von etwa zehn Jahren wird dieser primitive Teil des Gehirns aktiver, weswegen starke Emotionen, die unter der Oberfläche hochkochen, plötzlich wie ein Vulkan ausbrechen können und alles mit Lava überschütten. Und da der präfrontale Kortex wie gesagt erst im Aufbau ist, gibt es absolut kein Mittel, diese Stimmungen zu zähmen. Aufgrund seines sternhagelvollen präfrontalen

Kortex interessiert er sich nicht für die Gefühle der anderen, weswegen er seine Eltern manchmal wie Dreck behandelt. Dabei stehen die Chancen gut, dass er gar nicht auf Sie sauer ist, sondern Sie ihm gerade einfach nur in die Quere gekommen sind. Vielleicht haben Sie nur gefragt, ob jemand ein Sandwich möchte, und er glaubt, dass Sie ihm unterstellt hätten, er sei ein Idiot, der Mayonnaise nicht von einem Bügeleisen unterscheiden kann.

Hippocampus All diese neuronale Aktivität verbraucht Energie, was erklärt, warum Teenager 37 Stunden pro Tag schlafen. Wenn sie dann endlich aufwachen, können sie sich nicht konzentrieren, weil auch der Hippocampus noch mitten im Wachstum ist, was es erschwert, etwas im Langzeitgedächtnis abzuspeichern. Jetzt wissen Sie also, warum Sie die Dinge so oft wiederholen müssen und Ihr jugendliches Kind sie trotzdem jedes Mal wieder vergisst ...

Chemikalien Da er nicht über die geringste Selbstregulierung verfügt, ist der Teenager nicht in der Lage, zu den Wohlfühl-Biochemikalien Oxytocin, Serotonin und Dopamin zu wechseln, um sich in diesen Krisensituationen zu beruhigen und mit den emotionalen Geiselnahmen fertigzuwerden. Er kann kein Endorphin (ein anderes Glückshormon) produzieren, das sein Adrenalin abstellen sowie das Stressniveau nebst den negativen Gedanken, die es begleiten, herunterfahren würde.

Die Halunken Ich will nicht noch mehr über Cortisol schreiben, doch genau dieses ist es, was die Jugendlichen in der gleichen Weise wie uns alle vergiftet, wenn wir gestresst, kopflos oder wütend sind. Mehr als ein Drittel der Teenager leidet unter Schlaf- oder Essstörungen. Genau deswegen kann Achtsamkeit bei diesen sowie bei Prüfungsstress, angstbesetzten Gedanken, allgemeiner Besorgnis und innerer Unruhe eine wirkungsvolle Hilfe sein.

Serotonin Serotonin mäßigt das impulsive Verhalten Ihres Körpers und reguliert den Schlaf. Und dies ist der Grund, warum Ihr Teenager so verrückte Schlafgewohnheiten hat.

Dopamin Ihr Kind braucht in diesem Alter einfach die richtige Dosis Dopamin, um sich zu motivieren, gleichzeitig aber nicht zu viel davon, denn dies kann Abhängigkeit, Depression oder sogar körperliche Krankheit zur Folge haben. Es ist versucht, sich immer größeren Gefahren auszusetzen, weil dies Dopamin freisetzt und dieses Zeug abhängig macht: Jedes Mal, wenn Ihr Kind einen Nervenkitzel hinter sich hat, hält es schon nach dem nächsten Ausschau.

Dopamin erhöht unser impulsives Verhalten, wobei es keinen Knopf zum Abschalten gibt … nie. Diesen Zustand nennt man »Hyperrationalität«, was nicht etwa einen Hype an Rationalität bezeichnet, sondern das genaue Gegenteil: Ein Teenager macht sich in dieser Verfassung keine Vorstellung über möglicherweise gefährliche Folgen seines Tuns, sondern interessiert sich nur für den Kick und Nervenkitzel der jeweiligen Situation. Wenn Sie Ihrem Teenager deswegen das Leben schwer machen, sollten Sie allerdings auch darüber nachdenken, ob Sie womöglich tief im Inneren neidisch darauf sind, dass er die beste Zeit seines Lebens hat, Sie selbst aber nicht.

Was passiert eigentlich im Teeniealter?

Unabhängigkeit

Wie ein kleiner Vogel, der schon bald nach seiner Geburt aus dem Nest springt und seinen Eltern kurz darauf davonfliegt, wird Ihr Kind in diesem Alter flügge. Es macht sich aus dem Staub, um nach der Unabhängigkeit zu streben, die es braucht, wenn es je seinen Weg durch das klüftige Gelände des Lebens finden möchte. Der Teenager sagt Lebewohl, um die Welt auf eigene Faust zu erkunden, Neues zu suchen, Risiken einzugehen, sich mit Gleichaltrigen zu verbünden, mit Idioten umzugehen und schließlich zu verstehen, dass der Satz »das ist nicht fair«, den seinesgleichen so oft benutzen, tatsächlich der Wahrheit entspricht. In dieser Zeit wird der Neokortex dicker, und dies zeigt sich sogar im Gehirnscanner. Das Resultat ist ein größeres Selbstgewahrsein, und dies stärkt seine Identität. Er möchte die Eltern nicht mehr als Teil des eigenen Lebensentwurfs, was bedeutet, dass Ihre Zeit vorbei ist. Über Nacht haben Sie Ihren Gottesstatus verloren und sind nun nichts weiter als ein klebriger Kaugummi auf der Schuhsohle Ihres pubertierenden Kindes.

Kontakte mit ihresgleichen: Soziale Verbindungen

Soziale Kontakte führen zur Ausschüttung des Glückshormons Oxytocin und sind daher für Jugendliche das Wichtigste auf der Welt. Sie tun alles, um populär und ein anerkanntes Mitglied einer Gang oder Gruppe zu sein, ganz gleich, wie viele Piercings oder Tattoos es kostet. Soziale Ablehnung erleben sie als existenzielle Gefahr. Nicht zu den richtigen Partys eingeladen zu werden ist für sie daher schlimmer als eine Blasenentzündung.

Jungen, die in das Teeniealter kommen, suchen Abstand von ihrer Mutter, während Mädchen sich von ihrem Vater lösen. Der Grund hierfür ist, dass Kinder ihre Eltern derart lieben, dass sie sie sonst heiraten würden (siehe: Ödipus). An diesem Punkt werden ihre Freunde weit wichtiger für sie, denn diese werden es in fernerer Zukunft sein, die sie, wenn ihre Eltern von oben aus dem Himmel auf sie herabblicken, beschützen und ernähren.

Kreatives Denken

Irgendwann wird der Teenager seine Eltern zu langweilig und zu altmodisch finden (stellen Sie sich vor …) und alles tun, um innovativer zu sein und sich neue Ideen und Konzepte auszudenken – wobei nicht so wichtig ist, wie diese aussehen, entscheidend ist nur, dass er nicht irgendwann so wie seine Eltern wird. (Auch wenn das auf lange Sicht meist nicht zu vermeiden ist, aber in dem Alter hat man noch hehre Ziele.) Statt wie es Kinder tun, etwas zu lernen, ohne es zu hinterfragen, diskutiert er jetzt und möchte alles ausprobieren (was sehr erschöpfend ist). Dies geht so, bis er erwachsen ist und wieder zurück in die Schublade gestopft wird. Jede Generation denkt, sie müsse die vorherige übertreffen und einzigartige Lösungen für das Überleben in einer komplexeren Welt bieten. Sie will sie ablösen – so wie Ihr altes Telefon von einem iPhone 208 ersetzt wurde und Ihr Staubsauger durch ein Modell, das jetzt auf Ihre Spracheingabe wartet.

Jede Generation ist überzeugt, die vorhergehende hätte die Welt verkorkst. Ihr Job ist, die Fehler der Älteren zu berichtigen und sie zu beschuldigen, egoistische, geizige Schweinehunde zu sein, die nur an sich selbst denken und die man dafür verantwortlich machen muss, dass die Welt ein Chaos ist, die Polarkappen schmelzen, die Jobs vernichtet werden und kein Geld mehr da ist, da sie alles aufgebraucht haben. (In diesen Punkten haben die Jüngeren auf ganzer Linie recht.)

Risiko in Kauf nehmen

Vor nichts hat ein Teenager mehr Angst, als kein Risiko einzugehen. Wir machen nur deswegen Fortschritte, weil die jüngere Generation alle Vorsicht in den Wind schreibt und nach draußen geht, während die ältere in der Stube sitzt, fernsieht und sabbert. Das Gehirn des Heranwachsenden produziert mit halsbrecherischer Geschwindigkeit Dopamin, und allein hierum geht es, ganz gleich, wie gefährlich die Herausforderung ist. Wenn seine Freundinnen und Freunde dabei sind, ist er sogar bereit, ein doppelt so großes Risiko einzugehen. Die Sterberate von Jugendlichen und jungen Erwachsenen zwischen fünfzehn und neunzehn Jahren ist sechs Mal so hoch wie die der Zehn- bis Vierzehnjährigen.

Im Jahr 1970, ich war damals 17, trampte ich mit ein paar Freunden in 27 Stunden nach Mexiko, um das Festival der Puta Yaya (oder so ähnlich) zu besuchen, von dem wir viel gehört hatten. Als wir dort ankamen, bot mir ein alter verrunzelter Taco-Verkäufer eine Kelle voll Peyote an, was wohl die organische Version von Meskalin ist. Ich schluckte einen Mund-

voll und wachte drei Tage später – verlassen von meinen Freunden – irgendwo auf der Straße auf, mit einem Hufabdruck auf meinem Gesicht ... Ich hatte das Festival verpasst. Kurz darauf fand ich mich in einem Bus mit einigen verrückten, ebenfalls Peyote schluckenden Einheimischen im Dschungel der Südspitze Mexikos wieder. Ich hatte von einer Hippie-Kommune gehört, die dort lebte und die ich besuchen wollte. Nach drei Tagen Reise in einem dreirädrigen Bus, bei der die Hühner buchstäblich über unseren Köpfen tanzten, fand ich die Gemeinschaft. Ich blieb einen Monat. In der Zwischenzeit riefen meine Eltern immer wieder meine Mitbewohnerin im Studentenwohnheim an, um herauszubekommen, wo ich war. Den ganzen Monat lang sagte sie ihnen, ich sei in der Dusche. Als sie schließlich die Sache durchschauten – denn keiner konnte so dreckig sein, um so lange zu duschen –, gaben sie eine Vermisstenmeldung auf. Als ich zurückkam, wurde ich sofort verhaftet.

Natürlich hat diese Risikofreude auch seine Kehrseiten, z. B. wenn man mit seinem Wagen in ein Wohnzimmer steuert oder schwanger wird und sich nicht daran erinnert, von wem.

Achtsame Elternschaft bei Teenagern

Wenn wir einen Teenager, bei dem die Sicherungen durchbrennen, anschreien, wird er nur zurückschreien und noch wütender werden. Haben Sie Ihre Emotionen jedoch im Griff, ist die Wahrscheinlichkeit größer, dass auch er sie unter Kontrolle bekommt. Indem Sie ihm helfen, mit seiner Überdosis Cortisol (und der Ihren) umzugehen, kann sein präfrontaler Kortex blühen und gedeihen. Falls Sie ihn also wirklich von etwas überzeugen wollen, sollten Sie als Erstes Ihren Tonfall ändern und ihn nicht mit der gleichen nörgelnden, kreischenden Stimme anherrschen, mit der ich aufgewachsen bin.

Alle Versuche, meine Eltern aus meinem Gehirn herausoperieren zu lassen, schlugen fehl. Meine innere Kritikerin hat bis heute einen Wiener Akzent und ist schrill wie eine Sirene vor einem Luftangriff, die noch dazu nie abgestellt wird. Und genau deswegen ist auch jedes einzelne meiner Organe stets bereit für den nächsten Blitzkrieg. Meine Eltern mochten es nicht, als ich meinen eigenen, verrückten Weg ging, und dies ist auch der Grund, warum wir uns nie näherkamen und ich nie wissen werde, was sie eigentlich für Menschen waren. Im späteren Leben sahen wir uns nur noch selten und lagen bis zum Ende im Clinch miteinander. Ich glaube, dass sie darunter genauso litten wie ich. Hätten sie es geschafft, mir ein einziges Mal zu sagen, dass sie sich möglicherweise in irgendeiner Hinsicht auch geirrt haben könnten, ich hätte ihnen alles verziehen.

Seien Sie selbst achtsam

Wenn Sie als Erwachsener Achtsamkeit praktizieren, wird es Ihnen leichter fallen, Ihr Kind dazu zu bringen, ebenfalls achtsam zu sein. Spielen Sie hingegen psychologische Spielchen oder leben Sie Ihre Koller sowie anderen Launen aus, wird Ihr jugendliches Kind es Ihnen mit gleicher Münze zurückzahlen. Oder gar nicht mehr reagieren und es einfach so hinnehmen, was auf ein noch größeres Problem hindeuten kann: Entweder unterdrückt es seine Wut, oder es hat innerlich schon resigniert und dichtgemacht. Sie müssen seine Sprache sprechen und die Dinge durch seine Brille sehen, statt frustriert die Hände über dem Kopf zusammenzuschlagen und darauf zu beharren, dass es Ihr Teenager ist, der sich seltsam ausdrückt. Sie müssen akzeptieren, dass all die Gefahren, denen er sich aussetzt – die ganze Suche nach Unabhängigkeit und die Tatsache, dass ihm seine Freundinnen und Freunde wichtiger sind als Sie –, vollkommen notwendiger Teil des natürlichen Prozesses der Adoleszenz ist.

Setzen Sie ihm gegenüber aber auch kein künstliches Lächeln auf: Er spürt genau, dass das nicht zu dem passt, was in Ihnen vor sich geht. Menschen in diesem Alter sind allergisch gegen Heuchelei und bemerken sie sofort (siehe: Der Fänger im Roggen[15]).

Gestehen Sie Ihre Fehler ein

Wenn Sie Ihrem Ärger reichlich freien Lauf gelassen haben – was wir alle immer wieder tun –, sollten Sie erst einmal warten, bis sich der Rauch verzogen hat. Entschuldigen Sie sich dann und geben Sie zu, dass Sie nicht perfekt sind. Ihr Kind weiß das bereits, aber es ist gut, einzugestehen, dass auch Sie es wissen. Schließlich wollen Sie sich ja nicht in dem Spiel der gegenseitigen Schuldzuweisungen verfangen, wo Sie sich beide mit »Es ist deine Schuld« – »Nein deine« – »Nein, es ist deine Schuld« einen Schlagabtausch liefern. Ihre Wut würde die seine anheizen, und das bringt keinen von beiden weiter.

Sich einfühlen

Wenn Ihr Teenager gebrochenen Herzens nach Hause kommt, weil er nicht in das Fußballteam aufgenommen wurde oder von jemandem, den oder die er liebt, zurückgewiesen wurde, dann hören Sie einfach zu. Geben Sie keine schlauen Ratschläge, sondern fühlen Sie einfach mit seinem Leiden mit … Mensch, Sie wissen doch, wie sehr es schmerzt, wenn andere einen fallen lassen, also teilen Sie Ihre schrecklichen Erlebnisse mit ihm. Heranwachsenden tut es gut zu hören, dass auch Sie einmal so gelitten haben, wie sie es jetzt tun. Je schlimmer Ihre Erfahrung, desto glücklicher werden Sie ihn damit machen. Gleichzeitig zeigt ihm dies, dass Sie kein Marsmensch sind, sondern Gefühle haben wie er. Wenn Sie versuchen, ihn zu verstehen, wird er auch Sie verstehen wollen. Seien Sie nicht belehrend und wertend, sondern erkundend, offen und flexibel (Jugendliche hassen es, bewertet zu werden). Vielleicht lässt er Sie dann in seine Welt und zeigt sich möglicherweise – quasi als Zusatzgeschenk – so, wie er wirklich ist.

Sagen Sie ihm nie – wirklich nie – Dinge wie: »Ich habe dir doch gesagt, dass ich recht habe« oder »Warum hast du nicht gleich auf mich gehört?« Übertreiben Sie die Dinge nicht und verzichten Sie darauf, Ihrer Meinung Nachdruck zu verleihen. Wenn Sie das als Vater oder Mutter hinbekommen, verdienen Sie das Bundesverdienstkreuz (ich schaffe das noch nicht, sondern weiß noch immer vieles besser).

Machen Sie Kompromisse

Das Zauberwort heißt: Kompromisse. Vielleicht müssen Sie es Ihrem Teen erlauben, sein Zimmer so zu lassen, als sei eine Bombe eingeschlagen, wenn Sie ihn dazu bringen wollen, den Abwasch zu machen und seine Hosen wenigstens einmal im Monat zu wechseln. Das wird nicht nur Ihr Leben leichter machen, sondern auch das Ihres Kindes, denn beim Aushandeln solcher Kompromisse übt es sich in Verhandlungstechniken, die es in seinem späteren Leben gut gebrauchen kann.

Machen Sie Deals. Vielleicht gestehen Sie ihm so viel Zeit online zu, wie er damit verbracht hat, die Küche sauber zu machen. (Ich hatte meinen Kindern immer wieder versucht zu erklären, dass ich weder ein Sklave noch eine Raumpflegerin bin, aber sie wollten mir einfach nicht glauben.)

Kommunizieren Sie mit ihm

Wenn es zwischen Ihnen und Ihrem Teenager zu Auseinandersetzungen kommt, sollte einer von beiden über alternative Strategien nachdenken. Wahrscheinlich werden Sie das sein, denn Sie haben den größeren präfrontalen Kortex und dadurch im Idealfall auch mehr Kontrolle über sich. Ich kann Ihnen aus eigener Erfahrung versichern: Lauter schreien, Sarkasmus, Bedrohungen und knallende Türen sind kein wirklich geeignetes Mittel, Konflikte zu lösen.

Achtsamkeit ist alles. Bemerken Sie das Reptil der Wut bereits, wenn es noch in den Kinderschuhen steckt. Denn wartet man, bis es ein ausgewachsener Tyrannosaurus Rex ist, ist es nur noch schwer zu stoppen. Wenn Sie sich in Ihrer Wut ergehen, wird es Ihr Teenager auch tun: Der Streit wird zum blutigen Sport. Ich weiß nur zu genau, wie gut es sich anfühlt, sich gehen zu lassen, aber es schädigt die Beziehung noch mehr, und obendrein werden dabei Unmengen von Cortisol ausgeschüttet, was, wie ich bereits beschrieben habe, nicht gut für die Gesundheit ist. Bei einem Schlagabtausch vergiften Sie sowohl sich als auch Ihr Kind.

Falls Sie den aufsteigenden Zorn, noch bevor er überkocht oder vielleicht sogar schon in seinem Frühstadium bemerken, können Sie eine Pause einlegen und sagen: »Ich habe gehört, was du zu sagen hast, aber ich muss ein paar Minuten darüber nachdenken und komme gleich zurück.« Verlassen Sie den Raum, um etwas Luft zu schnappen, denn das wird Sie davor bewahren, mit der Faust ein Loch in die Wand zu schlagen ... oder in Ihren Kopf. (Wenn Sie das hinbekommen, gebührt Ihnen meine höchste Hochachtung.)

Auch wenn Ihr Sohn oder Ihre Tochter unter Umständen noch immer wütend auf Sie ist, wenn Sie zurückkommen, ist es, glauben Sie mir, die einzige Art, wie Sie sich beide beruhigen können. Es wird nichts bringen, auf den Streit zurückzukommen oder zu analysieren, was ihn verursacht hat, denn das wird ihn nur neu entfachen und zu einer weiteren Schlammschlacht führen. Versuchen Sie stattdessen (vielleicht wenn die Hitze des Gefechts vorbei ist und Sie sich wieder verstehen), die Botschaft zu vermitteln, dass solche Auseinandersetzungen Teil des noch immer zutiefst primitiven Menschseins sind.

Lernen Sie von Ihrem Teenager

Erwachsene können von den Heranwachsenden ein paar Kniffe lernen, etwa wie man im gegenwärtigen Augenblick lebt und neue Wege beschreitet, statt in den ewig alten Trott zu verfallen, oder wie man neue Wagnisse mit entsprechendem Nervenkitzel entdeckt und mehr soziale Beziehungen knüpft. Manche von uns wissen bereits, dass dies der Weg zum Glück ist: Nicht ohne Grund sind so viele ältere Leute beim Glastonbury-Festival zu sehen. Mit jungen Leuten herumzuhängen macht oft viel mehr Spaß, als seine Zeit mit manchen gleichaltrigen ewigen Langweilern zu verbringen.

Grenzen setzen

Beschränken Sie sich aufs Wesentliche! Wenn Sie andauernd an Ihren Kindern herumnörgeln, werden sie irgendwann auf Durchzug schalten. Wenn Sie jedoch Ihr Pulver für das wirklich nicht tolerierbare Verhalten aufsparen, wird Ihr Teen es in einer Situation, in der Sie es wirklich ernst meinen, klar und deutlich hören, dass Sie eine Regel festlegen und Grenzen setzen. Seien Sie dabei jedoch weder zynisch, sarkastisch noch voller Kritik – er hat schon genug davon in sich und wendet all dies auch gegen sich selbst. Stellen Sie sicher, dass die Strafe dem Delikt entspricht, und achten Sie darauf, ihm weder Schuldgefühle zu machen noch ihn zu demütigen.

Helfen Sie ihm

Falls Sie mitbekommen, dass Ihr Teenager mit Dopamin liebäugelt und unbedingt gefährliche Risiken eingehen möchte, dann kaufen Sie ihm einen Punchingball, eine Turnierlanze, einen nicht eingerittenen Mustang (das Pferd, nicht das Auto) – oder was auch immer ihr oder ihm zu helfen verspricht, diese Hormone auf weniger schädliche Weise auszuleben. Helfen Sie (wenn sie oder er Hilfe will), eine Strategie zu finden, die Dopamine loszuwerden.

Wie kann man Teenagern also Achtsamkeit beibringen?

Teenager Achtsamkeit zu lehren ist kein Zuckerschlecken, besonders wenn es die Eltern tun, die ihren Kindern in diesem Alter eher peinlich sind – sie sind für sie fast so etwas wie Unberührbare.

Wenn Sie ihm explizit Achtsamkeit beibringen wollten, würde sich Ihr Teenager einfach nur wundern, wozu eine solch seltsame und scheinbar sinnlose Sache gut sein soll. Falls er nichts unternehmen will, um mit seinen Emotionen besser umgehen zu können, dann sagen Sie ihm, dass Sie Methoden kennen, die ihn beliebter machen und durch die er bessere Prüfungsergebnisse erzielt, ohne dabei sein Gehirn überzustrapazieren – und dass er lernen wird, mit dem anderen Geschlecht zu reden, ohne dabei zu stottern und Schweißausbrüche zu bekommen. Erwähnen Sie es nur, dass er Achtsamkeit praktizieren müsste, wenn er danach fragt. Setzen Sie fürs Erste einfach die Samen, indem Sie erzählen, dass er etwas dagegen tun kann, so außer Kontrolle und derart den Launen der eigenen Psyche ausgeliefert zu sein. Sagen Sie ihm, dass er sein Stressniveau senken kann, wenn er sich seiner geistigen Verfassung bewusst ist.

Viele Eltern fragen mich, wie man, wenn die Pubertät erst einmal richtig in Fahrt gekommen und die Rebellion zur

Tagesordnung geworden ist, sein Kind dazu bringen kann, Achtsamkeit zu praktizieren und obendrein zu verstehen, wozu sie gut ist, wo ihr Geist doch einem bockenden Wildpferd gleicht? Sie haben es mit einem Menschen zu tun, der nicht von seinem Twitter-Account oder dem Buch der Gesichter (Facebook) lassen kann. Er möchte nicht einmal etwas von dieser Methode wissen, mit der man den Geist stabilisieren kann – denn warum sollte er seine gute Zeit ruinieren?

Übung: Benennen, statt sich zu verrennen

Vielleicht können Sie Ihrem Teenager ja vorschlagen, wenigstens ab und zu seine emotionale Temperatur zu messen, und sei es auch nur ein wenig. Wie wär's, wenn er, sobald sein Gemüt sich beginnt zu erhitzen, dies benennen würde? Er braucht es Ihnen ja nicht zu sagen, es reicht, wenn er es aufschreibt oder es sich selbst eingesteht. Manche Jugendliche haben einen ziemlich beschränkten Wortschatz, mit dem sie ihre Gefühle ausdrücken. Ich weiß das aus eigener Erfahrung, denn wann immer ich meine Kinder in diesem Alter fragte, wie sie sich fühlten, sagten sie entweder »ganz okay« oder »beschissen«. Womöglich ist es hilfreich, ihnen ein etwas umfangreicheres Vokabular zu vermitteln. Es gibt etwa fünftausend Wörter, um seine Emotionen auszudrücken, ihre Ausdrucksweise ist also noch ziemlich ausbaufähig.

Erklären Sie Ihrem Kind, dass es besonders hilfreich ist, seine intensiven Gefühle mit einem einfachen Wort zu benennen, da man so vermeidet, sich im Grübeln darüber, was und warum man etwas fühlt, zu verrennen. Wenn man Gefühle benennt, hilft dies, sich ihrer bewusst zu werden, aber man muss sie nicht interpretieren.

Sie können ihm auch sagen, dass man selbst bestimmen kann, wie man die intensiven Emotionen wahrnimmt: Statt über sie nachzudenken, kann man sich den Wahrnehmungen im Körper, die mit den Emotionen verbunden sind, zuwenden. Sagen Sie Ihrem Teenager, dass die Emotionen an sich okay sind – wir alle haben sie, und sie gehören zum Menschsein dazu –, selbst die, seine Eltern umbringen zu wollen (das Wichtigste ist, zu lernen, sie nicht auszuagieren).

Hier eine Übung, die Sie ausprobieren können:

Schneiden Sie aus Pappe zwei Kreise aus und teilen Sie sie wie eine Pizza auf. Auf jedes »Stück« schreiben Sie eine Emotion, wie etwa Wut, Langeweile, Einsamkeit oder Aufregung. Und noch ein paar mehr von den 4966 anderen. Heften Sie die zwei Kreise auf den Kühlschrank und schlagen Sie Ihrem Teenager vor, mit einem Magnet auf seinem Kreis die Emotion zu markieren, die seine Stimmung am besten ausdrückt, und machen Sie selbst das Gleiche auf dem Ihren. Das gibt Ihnen beiden eine klare Vorstellung von Ihrer emotionalen Wetterlage.

Wenn Sie mit offenen Karten spielen, weiß Ihr Teenager, wo Sie gerade emotional stehen, und kann seine Schaltzentrale besser darauf einstellen, wie er mit Ihnen umzugehen hat. Sieht er, dass Ihr Magnet auf »Wut« haftet, verzieht er sich lieber, wenn er auf Freude steht, packt man das Konfetti aus.

Übung: *Zeigen Sie, wie Ihr Gehirn und Sie selbst funktionieren*

Zeigen Sie Ihrem Teenager anhand einer Zeichnung des Gehirns, was bei einer Entführung durch die Amygdala passiert und welche Cortisol- und Adrenalin-Explosion mit ihr verbunden ist. Erklären Sie ihm, dass es für uns alle schwer ist, die Lawine zu stoppen, wenn sie erst einmal ins Rollen gekommen ist, und dass das Eigenleben des Stammhirns uns alle (also nicht nur seine Altersgenossen) verrückt und impulsiv handeln lässt.

Erklären Sie ihm, wie der präfrontale Kortex funktioniert, aber sagen Sie auch, dass er sich noch im Entwicklungsstadium befindet. (Und versichern Sie sich, dass er sich im Klaren darüber ist, dass das nicht nur bei ihm, sondern bei allen Teenagern so ist.)

Übung: *Es sich vorstellen*

Wenn Ihr Teenager dabei ist, die Kontrolle über sich zu verlieren, kann er sich jemanden oder etwas vorstellen, der oder das ihn glücklich macht. Beispiele hierfür wären vielleicht, daran zu denken, wie es ist, mit seinen Kumpels abzuhängen (wie jung und cool bin ich eigentlich?), das Foto des besten Freundes, vom letzten Urlaub oder seiner Katze anzuschauen (meine Tochter liebt Robbenbabys, wenn sie ein Foto von ihnen sieht, schmilzt sie völlig dahin), etwas kicken zu gehen (aber keine Person), einen Freund anzurufen, zu joggen oder laut ein Instrument zu spielen (Schlagzeug eignet sich hierfür bestens, aber bitte nicht zu Hause).

Es ist wichtig zu vermitteln, dass diese Übung nicht dazu

da ist, die eigenen Gefühle zu unterdrücken. Wenn er versteht, wie sein Gehirn funktioniert und was er tun kann, um mit den turbulenten Emotionen umzugehen, fällt es ihm leichter, mit einigen der Schrecken und Anspannungen des Teenagerdaseins umzugehen. Hier ein paar Beispiele von Dingen, die ihn möglicherweise durcheinanderbringen: Prüfungsergebnisse, geringes Selbstwertgefühl, zu glauben, nicht gut genug zu sein oder auszusehen, sich wie ein Schwachkopf vorzukommen, übergangen, ausgelacht oder gemobbt zu werden, nicht zu wissen, wie er mit Sex, Drogen oder Alkohol umgehen soll, nicht ins Schema zu passen, sich alleine und ängstlich zu fühlen, Druck seitens der Eltern/Lehrer/aller anderen zu spüren, Pickel oder Angst vor der Zukunft …

Schon wenn er beginnt sich vorzustellen, was geschehen könnte, wenn er sich selbst reguliert, hat der Prozess begonnen. Hoffentlich kann er dann eines Tages sagen: »Oh, Amygdala hat mich fest im Griff«, oder: »Wow, was für ein heftiger und schlechter Cortisolrausch.« Er lernt zu verstehen, wie seine Emotionen funktionieren, statt sie einfach nur auszuagieren. All das dient dem Ziel, sich mehr und mehr auf die Emotionen einzustimmen und die interne Wetterlage zu sehen. Lassen Sie ihn eigene Lösungen finden, wie er seine Emotionen regulieren kann, denn dann hat er tatsächlich alles in seiner Hand.

9

Achtsamkeit und ich

Als ich das Buch fast fertig hatte, kam mir die Idee, zum *Centre for Mindfulness Research and Practice* (Zentrum der Achtsamkeitsforschung und -praxis) der Universität Bangor in Wales zu gehen und mir mein Gehirn vor und nach einem einwöchigen Retreat scannen zu lassen. In diesem Retreat gab es kein WLAN, und wir meditierten sieben Stunden am Tag. (Ich weiß nicht, was von beidem beängstigender wirkt.) Wo ich schon ein Buch über Achtsamkeit schrieb, so dachte ich, wäre es gut herauszufinden, ob sie hält, was sie auf dem Etikett verspricht … und was lag näher, als mich selbst als Versuchskaninchen zu benutzen? Sharon Hadley, die Managerin des Instituts, organisierte alles Notwendige, vom Gehirnscan bis zu meinem Retreat.

Ich komme also im neurowissenschaftlichen Gebäude der Universität an und werde zum Raum mit dem Gehirnscanner geführt. Es verschlägt mir fast den Atem, als ich diesen gigantischen Apparat sehe, der sämtliche Aktivitäten aller Teile des Gehirns mittels modernster Computertechnologie drei-dimensional und in Farbe sichtbar macht. Man stellt mir den MRT-Arzt Paul Mullins vor, den Direktor der Neuro-Imaging-Abteilung der Universität. Er kam trotz seines Sabbat-Jahres (Danke, Paul!) und bereitete mich auf den Scan vor.

Kurz darauf werde ich in ein Bettlaken gewickelt und mit einem Helm über meinem Gesicht per Knopfdruck in die offene Höhle der sargähnlichen Struktur dieses Geräts geschoben. Sie fragen mich, ob ich in einem Spiegel mitverfolgen möchte, wie sie die Monitore betrachten. Natürlich will ich den Ausdruck in ihrem Gesicht sehen, wenn sie das weiße Schimmern in meinem Gehirn entdecken. (Insgeheim habe ich mir immer vorgestellt, dass ich unter all dem Durcheinander die Auserwählte bin.) Paul erklärt, er sei bereit, und anschließend beginnt das durchdringende Geräusch, vor dem er mich bereits zuvor gewarnt hat. Es klingt, als würde das Gebäude untertunnelt werden. Ich denke mir: »Dieses Gerät kostet Millionen, und trotzdem haben sie es nicht hinbekommen, dass es leise ist?« Ich schaue mit dem Spiegel zu ihnen. Sie reden miteinander, lachen so, als sprächen sie über Fußballergebnisse. Sie schauen *live* auf die Aktivität meiner Erinnerungen, meiner Gedanken, Hoffnungen, Träume, meines Glücks und meiner Verzweiflung in meinem Gehirn … auf dem Bildschirm sehen sie alles von mir – und reden darüber, was es zum Mittagessen gibt? Nach einer Stunde, in der ich bei ihnen nicht die geringste Spur des Erstaunens bemerken konnte, obwohl sie doch sehen mussten, dass ich der nächste Messias bin, richte ich mich auf. Der Monitor zeigt mein Gehirn in lebendigen, schillernden Farben … und es ist wunderschön. Es leuchtet wie ein Neonfisch und hat Billionen von fluoreszierenden Verbindungen, die man von allen Seiten sieht. Es ist so beeindruckend, dass ich denke, ich könne es vielleicht bei der Saatchi Gallery[16] verkaufen … oder zumindest bei eBay. Auf dem Scan bewundere ich all die verschiedenen Hirnregionen. Zum Glück zeigen sich keine leeren Flächen.

Dann geschieht, was in so einer Situation alle befürchten: Paul sagt, er habe etwas »Abnormales« entdeckt. Ich hatte es mir schon gedacht. Als professionelle Hypochonderin, die ich den größten Teil meines Lebens war, zeige ich, da ich darin gut geübt bin, fast keine Reaktion. Er sagt, dass es auf ein paar Bildern Dinge gibt, von denen er nicht weiß, was sie sind (ich schließe natürlich daraus, dass er lügt). Er fragt, ob ich will, dass ein Neurologe es genauer überprüft. Ja, klar!!!

Vom Schock leicht durcheinander, gehe ich nun in einen anderen Raum, um ein EEG machen zu lassen – diese Sache, wo sie einem überall am Kopf Kabel anbringen, um die neuronale Aktivität quasi »live« zu übertragen. Dr. Dusana Dorjee, die einen Doktortitel in kognitiver Neurowissenschaft besitzt, leitet die Prozedur. Nachdem man mir eine Art Duschhaube mit Löchern auf den Kopf platziert hat, lässt sie mich drei Übungen machen: Sie bittet mich zwei Minuten lang zu meditieren und dabei auf meinen Atem zu achten. Dann soll ich meinem Geist zwei Minuten lang freien Lauf lassen und ihm erlauben, allen Gedanken, die auftauchen, nachzuhängen und mich von ihnen einfangen zu lassen. Bei der dritten Übung weist sie mich an, meine Gedanken zwar kommen und gehen zu lassen, dabei jedoch zu versuchen, mich nicht von ihnen mitreißen zu lassen und sie nicht zu analysieren. (Dies nennt man offene Aufmerksamkeit.)

Danach bittet sie mich, die gleichen Übungen zu wiederholen, wobei jetzt vor mir auf einem Monitor zwei Fotos erscheinen. Ich soll den linken Knopf drücken, wenn sich meiner Meinung nach die beiden Bilder ähneln, und den rechten, wenn ich sie verschieden finde. Sie möchte damit testen, ob man bei der Meditation auf störende Bilder schwächer reagiert. Zuerst zeigt sie ein Flugzeug in der Luft und dann eines nach einem Absturz, also drücke ich den Knopf für »ähnlich«. Als Nächstes kommen ein Bügeleisen und ein Haifisch (ich weiß, dass sie sich nicht ähneln). Dann eine Tarantel und ein Golfclub. Nichts von alldem beunruhigt mich, mich würde es nur ärgern, wenn ich den »Ähnlich«-Knopf betätigen würde, obwohl ich eigentlich den anderen drücken wollte. Ich stelle mir vor, ich wäre in irgendeiner dieser Shows mit versteckter Kamera und müsste, koste es, was es wolle, gewinnen – gegen mich selbst (das ist wieder einmal typisch für mich).

Später am Tag bringt man mich in mein Hotel. Unten in der Lobby tanzt eine Gruppe Einheimischer *Welsh Dancing*. Die Frauen tragen Zylinder wie Abraham Lincoln und alte puritanische Kleider mit Schürzen. Dazu spielt man Geige und Akkordeon. Ein Mann, der noch merkwürdigere Dinge trägt, fasst mich und wirbelt mich in Kreisen, nichts als Kreisen. Wie kann das *Welsh Dancing* sein, wenn er mich nur drehen lässt? Ich lasse es mit mir machen und denke, es sei die Folge der Abnormitäten in meinem Gehirn.

Erster Tag

Am nächsten Tag bringt man mich zum *Trigonos Retreat Centre*, das irgendwo in den walisischen Bergen an einem See liegt. Es ist Anfang August, doch hier ist es Winter. Gleich nach der Ankunft merke ich, dass ich Magenschmerzen habe und mich hinlegen muss. Vielleicht war dies der Tatsache geschuldet, dass ich gerade den Tagesablauf studiert hatte: um sieben Uhr aufstehen und meditieren, Frühstück zwischen acht und neun, dann von neun bis zwölf wieder Meditation – erst eine halbe Stunde sitzende Meditation, dann Meditation im Gehen und wieder im Sitzen. Anschließend eine Teepause und dann wieder je eine halbe Stunde Sitz- und Gehmeditation. Danach ist Mittagessenszeit. Zwischen drei und sechs Uhr wiederholte sich der gleiche Ablauf wie am

Morgen. Anschließend Abendessen und wieder sitzen. Um neun Uhr abends ist Schlafenszeit … und all dies in *Stille*.

Es schien das reinste mentale Ausbildungslager zu sein. Wenn Sie denken, all dies sei seichtes New-Age-Zeug, dann gehen Sie doch hin und probieren Sie es selbst aus. Am ersten Tag ist mir also übel. Ich sitze in Stille (krank) und hoffe, mich nicht übergeben zu müssen. Abends – ich weiß nicht wie ich es so lange durchgehalten habe – falle ich ins Bett und schlafe wie im Koma bis zum nächsten Morgen durch. Die erste Nacht träume ich von Obama, der einen gläsernen Wohnzimmertisch abwischt und eine wunderbare Rede für den Weltfrieden hält.

Zweiter Tag

Um 6 Uhr 57 weckt mich der Wecker meines Telefons zur Sieben-Uhr-Meditation. (Selbst im Retreat halte ich es knapp, um einen kleinen Adrenalinstoß zu bekommen.) Ich haste also in den großen Meditationssaal, wo die Leute bereits sitzen – manche im Lotussitz, andere auf Kissen und wieder andere auf der besten Ausrüstung für Ihren Hintern: dem Zafu (googeln Sie es, es ist ein Kissen). Ich nahm einen Stuhl, nicht um mich an-, sondern nur um mich aufzulehnen.

Unser Retreat wird von zwei Frauen geleitet, die ich sofort in die Kategorie »Erdmutter« einordnete: Sie hatten wilde Haare, und ich glaube, eine von ihnen trug diese Gummischuhe, die Noppen wie Badematten haben. (Ich kann mir vorstellen, dass diese bei Überschwemmungen sehr nützlich sein können.) Ich hätte gedacht, sie würden mit den gleichen sanften, engelsgleichen Stimmen wie in den Heilungszentren, wo sie einem behutsam aufgewärmtes Ylang-Ylang-

Öl auf den Zentralmeridian massieren, reden. Als ich mit einer der Frauen, der ehemaligen Direktorin des *Centre for Mindfulness Research and Practice*, Jody Mardula, spreche, muss ich feststellen, dass ich mich täusche. Ich erzähle ihr von der »Abnormität« in meinem Gehirn und dass ich während des Retreats vielleicht etwas besorgt sein werde. Ich erwarte, dass sie mir eine Tasse Birkenrindensaft hinstellt – aber nee, sie beginnt mir leichtherzig zu erzählen, dass sie vor fünf Jahren ihre Stelle als Direktorin aufgeben musste, weil sie Hirnblutungen hatte.

Auf mein Drängen berichtet sie weiter, dass sie plötzlich spürte, wie ein kalter Wasserfall die Rückseite ihres Kopfes herunterschoss und sie dann aufgrund des Schmerzes bewusstlos wurde. Es war ein regelrechter Tsunami aus Blut, der von der Schädeldecke zum Nacken hinunterfloss. Als sie wieder aufwachte, war es, als hätte die Verwüstung ihr Gedächtnis weggespült. Ein Teil davon war von dem zusammengefallenen, Gebäude ihrer selbst begraben, und ein anderer ragte noch etwas aus dem Matsch heraus. Sie erinnerte sich weder, wer sie war, noch, was sie in dem Krankenhaus machte (und ich hatte das Gespräch begonnen, weil ich mich selbst bemitleidete). Die nächsten Wochen hing sie an Kabeln und Schläuchen, die sie am Leben erhielten und derart einschränkten, dass sie nur eine Hand heben konnte. Also machte sie Bodyscans und konzentrierte sich mit einer Art Achtsamkeitsübung auf das Gefühl, mit dieser einen Hand das Bettlaken zu berühren, und erdete sich damit. Als sie schließlich auch die andere Hand bewegen konnte, fokussierte sie sich darauf, wie es sich anfühlte, wenn beide Hände sich berührten. Dies schärfte, so sagte sie, ihre Fähigkeit, sich zu konzentrieren und ihren Geist wieder zu sammeln, wenn er sich im Schmerz verlor.

Monate später ging es ihr allmählich besser, aber sie fand nie wieder zu ihrem alten Selbst zurück, weswegen sie sich ein neues zulegen musste. Später erzählten mir andere, dass Jody (als sie noch jünger war) alleine durch die verschiedensten Länder trampte und eine Zeit lang auf einem Hausdach in Paris lebte, wo sie für ihre wilden Partys bekannt war. Sie berichteten auch, dass sie, kaum dass sie wieder mit Krücken laufen konnte, einen Winterspaziergang machte, bei dem sie Kinder traf, die auf Pappe einen verschneiten Hang hinunterfuhren. Sie bat die Kinder, Ihr eine der Pappen auszuleihen, legte die Krücken in den Schoß und fuhr zum großen Erstaunen der Kinder den Hang hinab.

Sie berichtete mir, dass ihre Erfahrung auch ihr Gutes hatte (können Sie sich vorstellen, dass jemand, der so etwas erlebt hat, solche Dinge sagt?), dass sie, als sie ihr neues Selbst schuf, nicht mehr diese ganzen kritischen Stimmen in ihrem Kopf hatte, die ihr einredeten, sie sei nicht gut genug und nicht ausreichend qualifiziert für ihre Arbeit. Heute akzeptiert sie dies einfach alles und scheint damit Frieden gefunden zu haben, so als sei es das Natürlichste auf der Welt, das Gedächtnis zu verlieren. Sie erinnert sich noch an ihre Tochter, und das genügt ihr. Hier lag also die Lektion: Ich hatte gedacht, sie sei ein Leichtgewicht, und es stellte sich heraus, dass sie weiter entwickelt war als fast alle, denen ich je begegnet bin.

Dritter Tag

Ich habe nicht gerade die beste Zeit meines Lebens. Wenn man so lange dasitzt und meditiert, schreit die innere Stimme förmlich danach, dass das *Ting-Ting* der Klangschale endlich das Ende der Sitzung ankündigt.

Anschließend soll man sofort mit der Gehmeditation beginnen, bei der man vielleicht knapp fünf Meter läuft und dann kehrtmacht. Hierbei geht es darum, bewusst zu erleben, wie die Füße den Boden berühren. Schweift der Geist ab, lenkt man sein Gewahrsein wieder zurück zu einem Fuß und spürt dann bewusst den nächsten Schritt … dann kommen einem wichtige Gedanken wie jener, dass man vor zwei Jahren vergessen hat, nach einem verpassten Anruf zurückzurufen … und man schickt seine Aufmerksamkeit wieder zu dem Fuß. Dann wendet man sich dem anderen zu. Während es quälend ist, mit anzusehen, wie einem das Gehirn alle nur erdenklichen Tricks spielt, um einen wieder zum Nachdenken zu bewegen, beginnt man nach und nach zu verstehen, wozu dies alles gut ist. Man greift die Konzentration bei den Hörnern. Dabei nimmt man die Füße als Anker, um zurückzukommen, wenn der eigene Geist einem eine Falle stellt. Als einige von uns die Übung draußen machen, fliegt ein Hubschrauber vorbei, und ich stelle mir vor, dass wir auf den Piloten wirken müssen wie *Die Nacht der lebenden Toten*.[17]

Nach all dem Sitzen, Gehen, Sitzen kommt das *Ting*, das die Mittagspause einläutet. Alle warten in der Schlange, es gibt kein Gedrängel. Ganz im Gegenteil: Die Leute sind alle rücksichtsvoll, halten einem die Tür auf oder reichen einem eine Tasse. Ich mag sie alle, in erster Linie deswegen, weil ich mit keiner oder keinem von ihnen reden muss. Die Augen begegnen sich nicht, schließlich hat man, wenn man sowieso nicht miteinander redet, keinen Grund, sich anzuschauen. Es bleibt so viel Energie, und es ist eine solche Befreiung, wenn man nicht dauernd »Danke schön« oder »Entschuldigung« sagen muss. Alles, was zu tun ist, ist, sich auf das Essen zu konzentrieren.

Heute verliebe ich mich in den Verdauungskeks. Ich habe die Sorte schon zuvor gegessen – aber nicht so. Ich esse einen Bissen, und es reißt mich nahezu vom Hocker, die Explosion des Salzes, des Zuckers, seiner Knusprigkeit, es ist einfach perfekt. Ich wünschte, das Erlebnis höre nie auf. Man beginnt, langsamer zu kauen, und denkt nicht mehr an den nächsten Bissen, bevor man den vorherigen hinuntergeschluckt hat (was ich normalerweise tue). Man kostet im wahrsten Sinne des Wortes den Augenblick aus, denn die Erfahrung ist so ergreifend: Der Geschmack, der besser ist als alles, was ein Fünfsternerestaurant einem zu bieten hat, wird zum einzigen Fokus des Interesses. Alle Gedanken klingen ab. Schließlich wickele ich die andere Hälfte des Kekses in eine Serviette ein und hebe sie in meinem Schuh für eine besondere Gelegenheit auf. Dann kündigt das *Ting* das Ende der Mittagspause an, und alle von uns gehen wie in einem Zombiefilm zurück zu ihrem Zafu oder, wie in meinem Fall, ihrem Stuhl.

Bei der Sitzung beginne ich einzunicken. Die Zeit vergeht äußerst langsam, aber selbst hier nimmt sie ein Ende. (Ich finde, das ist jetzt sehr philosophisch.)

Inzwischen trage ich mein Pyjama-Unterteil und eine alte mottenzerfressene Filzjacke (es war eiskalt, also musste ich mir etwas ausleihen – auch passende Gummistiefel), denn wenn Sie niemand anschaut, schauen Sie auch nicht auf sich. (In der ganzen Zeit dort sah ich nicht einen einzigen Spiegel – eine weitere Erleichterung.) Ich bemerke, dass ich langsamer werde, was mich erschreckt, denn ich fürchte, zu erstarren und schließlich als Statue zu enden. Bei der Gehmeditation bekomme ich kaum die Füße hoch. Mein Körper ist wie ein nasser Sack, und ich schleppe mich vorwärts, so als trage ich den Kadaver eines Elefanten umher. Ich fühle mich wie meine Großmutter, als sie in ihren letzten Tagen halb leblos um das Haus schlich.

Einmal während des Aufenthaltes können wir fünfzehn Minuten lang eine der Lehrerinnen treffen und ihr erzählen, was in unserem ruhigen Geist vor sich geht. Ich erzähle Jody, dass ich mich wirklich alt fühle und Angst habe, eines Tages mit anderen alten Leuten Buttergebäck zu essen und zum Zeitvertreib durch den Garten zu wandeln. Ich habe das Gefühl, bald sterben zu müssen. Sie erwidert, sie sei siebzig (so viel zu meinen Problemen), und fragt mich, was ich bisher im Retreat gelernt habe. Ich berichte ihr, dass ich, als ich jünger war, stets dachte, dass es nur eine Frage der Zeit sei, bis die Leute mitbekämen, dass ich in mir Gift trage, und mich dann rauswerfen oder fallen lassen würden und dass ich glaubte, mich jetzt aber davon befreit zu haben. Ich sage ihr, dass ich das nicht mehr empfinde und die Tafel sauber abgewischt sei. Allerdings wäre ich immer noch narzisstisch. Sie entgegnet: »Aber wer ist das nicht?« Ich erwähne noch einmal, wie große Angst ich habe, mein Gedächtnis zu verlieren. (Ich sage das zu einer Frau, der es wirklich passiert ist. Ist das etwa einfühlsam?) Sie erwidert einfach nur, ich solle aufhören, den Teufel an die Wand zu malen … denn keiner hat je behauptet, dass das passieren würde. Sie bringt die Sache auf den Punkt. Ich sage ihr, dass ich, obwohl wir uns auf uns selbst konzentrieren sollen, wieder in mein altes Muster zurückfalle. Ich visiere Leute in der Gruppe an, die ich nicht mag. Stellen Sie sich vor: Auch wenn sie nicht sprechen, glaube ich etwas über sie zu wissen – doch woher habe ich meine Informationen eigentlich? Eine Person kann ich nicht ausstehen, weil sie so laut atmet, eine andere, weil sie selbst nach dem *Ting* noch mit geschlossenen Augen dasitzt … so als sei sie im Nirwana. Dieser Mann trägt tibetische

Socken und hat seine Haare über dem Kopf hochgebunden. Auf eine Frau bin ich regelrecht wütend, da sie beim Essen ihren Mund nicht zubekommt.

Jody erzählt, dass sie in einem stillen Retreat manche Menschen ermordet, andere heiratet und sich von einigen auch wieder scheidet. Sie sagt mir, dass sie mich mag und dass das nicht bei allen so wäre, und ich sage ihr das Gleiche. Neue beste Freundin.

Ich kehre ... wohin sonst ... zum Sitzen zurück. Sitzen ... ohne Ende. Ich beginne, die Stunden zu zählen, die mich von der Heimfahrt trennen. Ich habe das Gefühl, mein Geist sei wie eine verwöhnte Göre: Er will essen, schlafen, nach Frankreich fahren und dass dieser eisige Regen aufhört (es ist August – was stimmt mit diesem Land nicht?). Dennoch bekomme ich mehr als nur eine leise Ahnung davon, welchen Effekt dieses Achtsamkeitszeug haben könnte. Ich merke, wie durch diese endlosen Übungen mein Achtsamkeitsmuskel von einer mickrigen kleinen Beule zu etwas ziemlich Kraftvollem anwächst und ich meine Aufmerksamkeit auf eine bestimmte Sache länger richten kann, als dies normalerweise der Fall ist. Die Stimmen hören nicht auf, aber da ich aufgehört habe, sie abstellen zu wollen (oder zu wünschen, sie seien tiefschürfender), sind sie weniger penetrant. Ich habe keine solche Angst mehr, ein weniger besonderer Mensch zu sein, als ich es gerne hätte. Mein Ego beginnt, einen Striptease zu machen. (Vor nur ein paar Tagen, im Hirnscanner, dachte ich, mein Gehirn sei ein goldener Himmelskörper der Erleuchtung.) Niemand von uns möchte in seinen Geist schauen und dabei feststellen, dass er oder sie ganz normal ist und sich unter seinem Panzer nicht von den anderen unterscheidet. Doch wir täuschen uns alle, wenn wir denken, wir stünden über dem Rudel. In Wirklichkeit sind wir alle nur Menschen, die versuchen, sich irgendeine Existenz aufzubauen. Wenn wir zu viel von uns verlangen, ist das Leben keine Freude, und es macht uns obendrein krank, wozu soll das also gut sein? Ich habe mich immer gefragt, warum ich mir selbst eine solche Sklaventreiberin bin. Normalerweise kann ich nicht denken, wenn ich mich nicht zu Höhen treibe, die ich ohnehin nicht erreichen kann – wie eine Mutter, die ihr Kind so weit treibt, bis es den Abgrund hinunterstürzt. Warum lasse ich mich nicht einfach in Frieden? Mir wird klar, dass ich im Leben vielleicht deshalb so gestresst bin, weil ich immer versuche, mich zu verbessern, obwohl es eigentlich völlig in Ordnung ist, so zu bleiben, wie ich bin, mit meinen ganz gewöhnlichen Gedanken. Und so sitze ich hier, all diese Gedanken steigen auf, wie vom Grund eines klaren Gewässers. Jedes Mal, wenn sich etwas vom Boden löst, wird das Wasser unten klarer.

Als ich beginne, mir nicht mehr selbst im Weg zu stehen, merke ich, wie die ganzen Selbstvorwürfe, ich würde nicht genug tun, versiegen. Ich bemerke sogar, wie meine Gesichtsmuskeln ein Lächeln formen. Ich bin fähig, mich zurückzulehnen und meine Gedanken zu beobachten. Jedes Mal, wenn ich die ersten Spuren negativer Gedanken oder erste Anzeichen des Grübelkarussells bemerke, richte ich meine Aufmerksamkeit neu aus – weg von meinen Gedanken und hin zum Körper. Ich untersuche ihn mit meinen Sinnen, statt unter ihm zu leiden. Ich war immer der Meinung, man könne nicht sagen, wann eine Depression kommt, da einem der innere Abstand fehle, um einzuschätzen, ob etwas falsch läuft und was. Ganz im Gegensatz zu einer körperlichen Verletzung, bei der man einen Finger verliert oder sich eine Beule rammt, kann man das Leid nicht beobachten. Ich weiß also, dass ich keine innere Warnung bekomme, wie etwa: »Oh, ich schlittere gerade in eine Depression, was kann ich dagegen tun?« Aber dank all der Praxis, mit der ich die *Insula* gestärkt habe, weiß ich, dass ich das nächste Mal fähig sein werde, es zu *spüren*, wenn sie kommt. Ich werde mich daher nicht mehr so wenig gewahr und hilflos fühlen. Auch ist mir bewusst geworden, dass es einen Unterschied zwischen den beiden Statements: »Ich bin traurig« und »Da ist Trauer« gibt. (Es ist nur ein Teil von mir, macht mich aber nicht als Ganze aus.)

An diesem Nachmittag mache ich meine Gehmeditation unten am Bach, und mir fällt erstmals auf, dass er immer plätschert … außer wenn ich nicht hinhöre. Ich spiele mit dieser Entdeckung und achte darauf, welchen Unterschied es macht, mich auf diese Wahrnehmung einzustimmen. Ich beginne bewusst zu wählen, worauf ich meine Achtsamkeit lenke – auf den Wind, der in einer Meile Entfernung rauscht, oder auf ein Insekt neben mir. Warum verpasse ich so viel in meinem Leben? Ich kann mich nicht erinnern, in London je den Wind gehört zu haben. All die Jahre habe ich ihn verpasst, und hier ist es das Einzige, was zu hören ist, abgesehen vom Rauschen des Baches, der über die Steine fließt und kleine Wasserfälle und Stromschnellen bildet, auf die ich jetzt länger starren kann als mein normales Zehnsekundenlimit. Ich rieche an einer Rose (wobei ich darauf achte, dass es keiner bemerkt) und mache bei ihr Gehmeditation, sodass mir, wenn der Wind richtig steht, ihr Geruch entgegenweht. Jedes Mal, wenn ich an ihr vorbeikomme, bekomme ich einen Treffer. Tags darauf ist die Rose bereits verwelkt und riecht nicht mehr. Ich glaube, hierin steckt eine Lektion … aber ich weiß nicht genau, welche. Doch, jetzt kommt es mir: Alle Dinge gehen eines Tages vorüber, machen Sie sich also nicht von ihnen abhängig. (Tiefsinnig, oder?)

Jetzt, wo ich weiß ich, dass es in meiner Hand liegt, wohin ich meine Aufmerksamkeit lenke, beschließe ich beim Abendessen, ein bestimmtes Schaf auf einem etwas weiter weg gelegenen Berg zu beobachten und dann meinen Fokus auf den Weberknecht auf dem Fenstersims zu richten. Das Spinnentier zieht meine Aufmerksamkeit so lange auf sich, dass ich schon glaube, dass wir eine Beziehung beginnen. Wer hätte gedacht, dass Weberknechte so faszinierend sind? Berühren Sie einen ihrer Füße, merken sie dies dank ihrer beiden haarähnlichen Antennen und gehen weg. Sie wirken wie Blinde, die einen weißen Stock benutzen. Sie sind sehr beweglich und können auf allem laufen – seitwärts, rückwärts und auf dem Kopf. (Ich mache meine Experimente.)

Beim Abendessen verliebe ich mich in eine Kartoffel. (Bin ich dem Verdauungskeks untreu geworden?) Ich hätte nie gedacht, dass Kartoffeln so süß, knusprig und gleichzeitig so locker sein können – alles spricht für sie. Ich gehe in die Küche, breche mein Schweigen und frage den Koch, wie er sie zubereitet hat. Er zeigt mir eine Flasche *Tesco* Olivenöl. Ich verstehe es nicht, ich habe schon so viele Kartoffeln in meinem Leben gegessen – aber ihren Geschmack nie in dieser Intensität geschmeckt. Wieder will ich bereits die nächste in den Mund stecken, obwohl ich die erste noch nicht verschluckt habe, und denke: »So lebe ich also mein Leben.«

Vierter Tag

Ich bin noch immer nicht gut darin, morgens aus meinem Bett zu springen, ohne zuvor irgendein Desaster erlebt zu haben. Letzte Nacht wurde ich von Schnappschildkröten erschossen (viel Glück mit dem hier, Herr Freud). Jetzt, wo ich wach bin, fülle ich die Badewanne. Ich habe noch nie bewusst erlebt, wie sich warmes von kaltem Wasser unterscheidet. Dann gehe ich in den Saal, wo ich bei einigen Tai-Chi-ähnlichen Übungen mitmache. Ich grinse in mich hinein, weil die langsamen Auf- und Abwärtsbewegungen der Arme sehr pathetisch wirken. Auch ich beginne, meine Arme wirklich langsam anzuheben, und muss feststellen, dass ich es nicht schaffe. Mein Gott, normalerweise mache ich massenhaft Liegestützen, und halte im Yoga stundenlang die Hundeposition durch. Doch das jetzt ist einfach zu erschöpfend. Sie können sich vielleicht vorstellen, wie ich mich selbst anherrsche, weil ich ein solcher Schwächling bin. Doch jetzt tue ich etwas, was ich fast nie in meinem Leben getan habe: Ich gebe auf und hebe nur einen Arm – zur Hälfte.

Beim Frühstück, wo der Geruch von Getreide und Rosinen mir den Atem verschlägt, beginne ich zu untersuchen, warum ich mich so geplättet fühle (ich bin jedoch nicht deprimiert, sondern eher verträumt, es hat nichts Beängstigendes). Ich stelle fest, dass meine Amygdala vom ersten Tag an außer Betrieb war, da es hier nichts gibt, was einem Angst machen könnte. Ich vertraue allen: Da sie nicht sprechen, können sie mich auch nicht verletzen, und selbst wenn sie es könnten, würden sie es wahrscheinlich trotzdem nicht tun. So fühlt es sich also an, wenn ich nicht auf der Suche nach Ärger bin. Im Moment mache ich mir über nichts Gedanken, selbst die Angst, dieses Buch könnte nicht rechtzeitig fertig werden, hat sich verflüchtigt.

Am Nachmittag brechen wir die Stille und berichten unseren Lehrerinnen, was sich in unserem Geist so alles abspielt. Eine Frau sagt, dass sie es nicht lassen kann, Dinge zu planen (was sie auch beruflich tut). Frühmorgens plant sie bereits, auf welchem Kissen sie sitzen wird, und sogar auf was sie sich in ihrem Körper konzentrieren möchte. Eine andere sagt, dass sie alles, was sie tut, dumm findet. Außerdem weiß sie, dass auch alle anderen denken, sie sei blöd. (Sie ist es nicht, aber da wir schweigen, kann ich ihr nicht widersprechen.) Ein Kerl sagt, dass er nach Problemen Ausschau hält, da er von Beruf Problemlöser ist und sich ohne das so leer fühlt. Also versucht er das Problem der Frau zu lösen, die denkt, sie sei dumm. Jody sagt ihm, er soll damit aufhören. Auch wenn er vielleicht glaubt, das sei mitfühlend, lenkt er damit doch nur von seinen eigenen Themen ab. Es sei mehr sein Bedürfnis zu helfen, als das ihre, Hilfe zu bekommen. Noch dazu bekäme er, wenn er weiterhin versuche, anderen zu helfen, etwas, das man eine Mitgefühlsmüdigkeit nennt. Man muss Menschen sehr genau zuhören, wenn man ihnen helfen möchte, und darf sich nicht im Gefühl des Mitleids verlieren.

Nach dem Austausch machen wir – kommen Sie drauf? – mit dem Sitzen weiter. Mich fesselt das Bellen der Hunde in der Ferne. Der eine von ihnen ist der reinste Bariton – ich stelle ihn mir als Deutsche Dogge vor –, der andere ist ein kleiner Kläffer. Ich bin wie gebannt, mir fällt auf, dass sie keinesfalls aggressiv sind, wie ich früher angenommen hätte, sondern dass sie einfach eine Hundeunterhaltung führen. Als sie aufhören, merke ich, dass mir das Geräusch fehlt. Als sich wieder Gedanken in meinen Kopf drängen, höre ich diese wie Hundegebell. Manche sind laut, manche sanft, andere rasend und verkrampft, wieder andere lustig. Ich werde nicht vom Inhalt der Gedanken gefangen genommen, da man Bellen nicht übersetzen kann. Ich belle mich an. Wenn ich die Gedanken immer so sehen könnte, würden sie mich nicht so sehr verkorksen. Ich sollte beginnen, meine neue Therapie zu vermarkten, die Hundegebellbasierte Kognitive Therapie (HBKT).

Fünfter Tag

Während der Nacht war ich einige Male aufgewacht, wie ich es auch zu Hause tue. Normalerweise dauert es recht lange, bis ich wieder einschlafe, wenn überhaupt. Doch letzte Nacht war es anders. Als ich gegen drei Uhr morgens aufwachte, tat ich, was ich sieben Stunden am Tag tue: Ich konzentrierte mich auf den Atem. Wenn die Gedanken überhandnahmen, brachte ich meine Konzentration wieder zu ihm zurück. Als die inneren Bilder unwirklich wurden, merkte ich, dass ich zu träumen begann, war ich mir dessen also bewusst, da mir jemand Seesternarme wachsen ließ und ich mir sagte: »Im echten Leben gibt es das nicht. Ich fange wohl gerade an zu träumen.« Danach driftete ich in die Welt der Träume ab.

Bei der ersten morgendlichen Meditation merke ich, dass sich mein Geist beruhigt. Es fühlt sich an, als würden die Banjosaiten, die ich die ganze Zeit im Bauch hatte, jetzt mit einem »Bing« reißen. Die Übelkeit, die ich am ersten Tag verspürte, ist vorbei und macht einem ruhigen Kribbeln unter meinen Rippen Platz, das dann langsam an meiner Seite bis auf Kopfhöhe hochwandert. Und als das *Ting* ertönt – stellen Sie sich vor! – möchte ich sitzen bleiben. Das war mir noch nie passiert. Ich versuche nicht, meine Position oder meinen Atem zu korrigieren, und bin einfach nur vollkommen gesammelt, in meinem Körper zu Hause, ohne den geringsten Impuls, aufzustehen. Der »Ich will«-Schalter ist abgestellt, und so kann ich deutlich die Geräusche um mich wahrnehmen. Die Hunde bellen nicht mehr, aber der Wind heult in allen Tonlagen. Da die Tür offen steht, weht er mir direkt ins Gesicht. Es fühlt sich an, als atme jemand in mich hinein. Gleichzeitig flüstern mir einige Stimmen zu: »Das bedeutet sicher, dass ich es gut mache. Ich mache es richtig. Schaut alle her, ich bin Klassenbester!« Ich erwische mich bei diesen Gedanken, doch das erste Mal packe ich nicht die Peitsche aus, sondern amüsiere mich eher darüber.

Nach einer Weile gehe ich zum Frühstück, da mein Magen knurrt. Doch ich muss feststellen, dass mich das Essen nicht interessiert und ich stattdessen meine Konzentration von den nahen Dingen zu den weit entfernten wende, so als schaute ich durch ein Fernglas. Ich betrachte die Berge und die Wolken, die Wellen gleichen und einige Sonnenstrahlen durchscheinen lassen. Bei der Gehmeditation merke ich, dass es mir heute viel leichter fällt, bewusst meine Aufmerksamkeit auf etwas zu lenken – von einem Blatt auf den ganzen Baum, dann zum ganzen Himmel und zu der Biene, die auf den Blüten Pollen sammelt. Dieser Ort ist wie ein Paradies (auch wenn er nach wie vor kalt ist), und ich komme zur Überzeugung, dass ich, wenn das Problem mit den weißen Flecken in meinem Gehirn zum Gedächtnisverlust führen würde, ich durchaus damit zufrieden wäre, den Rest meines Lebens mit dem ungefilterten Empfinden meiner Sinne zu leben, da mich dabei die Sinneswahrnehmungen dessen, was gerade direkt vor meinen Augen geschieht, völlig absorbieren und erfüllen würden.

Ich hoffe nur, dass ich mich noch an meine Freundinnen und Freunde sowie an meine Familie erinnere, aber ansonsten würde mir es ganz und gar genügen, mich vollkommen auf die Dinge um mich einzulassen, ohne gleich zum nächsten Eindruck weiterzuwandern.

Später stelle ich mir verbildlicht vor, dass es, wenn die Gedanken in einem driften, ist, als schwämme man in einem See. Ganz gleich, ob er klar und eisig oder trüb ist, es hat nichts mit einem zu tun: Ich bin nicht das Wasser, ich bin nur die Schwimmerin: Ich kann einfach um mich schauen, brauche nicht nach Problemen Ausschau zu halten und mich nicht um das Sterben der Korallenriffe oder der Haie zu kümmern. Ich kann es einfach genießen.

Nachts bellen die Hunde wieder. Ich mag dieses Geräusch und frage mich, wo sie sind. Wenn ich in mein normales Leben zurückkehre, muss ich meine alte Persönlichkeit wiederfinden und mir sie irgendwie wieder überstülpen.

Sechster Tag

An diesem Morgen kommt mir »mein« Stuhl wie ein lang verlorener Freund vor, auf dem ich am liebsten für immer sitzen bleiben würde. Wieder spüre ich dieses kribbelnde Gefühl und bin so dankbar, dass ich nirgends in meinem Körper Schmerzen habe und all diese neue Energie spüren kann. Hurra! Ich bin gar nicht so alt. Meine Gedanken sind ruhiger als sonst, und wenn sie kommen, behandele ich sie wie eine Mutter, die ihrem Kind sagt, es soll sich schlafen legen, da es schon spät ist. Ich empfinde weder Vergangenheit noch Zukunft, nur den gegenwärtigen Augenblick, und lausche dem Seinsstrom genauso wie dem Bach draußen. Ich gehe zum letzten Mal zum Frühstück, mir fallen ein paar Leute auf, und ich gerate wieder ins Urteilen.

Der Buddha-Typ ist noch immer in seiner Trance, mit geschlossenen Augen, riecht an seinem Porridge, und ich denke: Was für ein Schwachkopf, sehe jedoch gleichzeitig, dass dieses Werten einfach ein Teil von mir ist. Ich muss ihm ja nicht sagen, was ich von ihm denke. Einige von uns schauen gebannt aus dem Fenster, so als zeige man dort einen Kinohit. Wir alle sind gebannt von einem Vogel, der gerade gelandet ist, dem Traktor in der Ferne und dem Schaf, das sich andauernd weiterbewegt (mir ist noch nie aufgefallen, dass sie nie an der gleichen Stelle bleiben). Es ist wirklich bemerkenswert: Alle wollen hier sein, keiner woanders, alle wollen einfach nur schauen. Ich nehme noch einen Verdauungskeks, esse ihn aber nur halb, denn ich möchte noch nach draußen, um an der Rose zu riechen … Ich weiß, sie ist verwelkt, aber ich will nur mal nachsehen. Ich verabschiede mich von den Hunden, denen ich nie direkt begegnet bin. Ich möchte nicht, dass all dies ein Ende hat … aber es wird eines haben … alles hat eins.

(Falls Sie sich fragen, was diese Abnormitäten in meinem Gehirn waren: Nach meiner Heimkehr ließ ich es in London noch einmal scannen. Der Neurobiologe dort sagte, sie seien völlig irrelevant. Es hatte also alles ein Happy End … oder so happy, wie man eben sein kann.)

An diesem letzten Tag fuhr ich wieder zur Universität Bangor zurück, wo Dusana Dorjee ein weiteres EEG machte. Dr. Dusana ist eine brillante Akademikerin und Neurowissenschaftlerin. Ich gebe Ihnen meine bescheidene Übersetzung ihrer Forschungsergebnisse, die Sie im Anhang des Buches finden.

Mit dem Experiment wurde untersucht, ob Achtsamkeit wirklich bei der Selbstregulierung der Emotionen wirksam ist. Vor dem Retreat reagierte ich beispielsweise auf die negativen Fotos des Flugzeugabsturzes, des notleidenden Kindes oder von jemand mit vorgehaltener Waffe mit einer starken emotionalen Reaktion. Ich war mir dessen nicht bewusst, aber das EEG registriert die elektrostatische Aktivierung der Neuronen. Die erhöhte Reaktion (die in den Abbildungen im Anhang zu sehen ist) zeigt die Entführung durch die Amygdala und das Feuerwerk von Cortisol und

Adrenalin, die sie begleiteten. Und dies, obwohl man mir damals gesagt hatte, ich solle mich auf meinen Atem konzentrieren. Nach dem Retreat bat man mich das Gleiche, doch diesmal beeindruckten mich die Bilder emotional fast gar nicht mehr. Dies zeigt, dass ich erfolgreich meine Reaktionen selbst reguliert hatte.

Dr. Dusana erklärte mir, dass dieses Experiment wissenschaftlich nur dann wirklich von Aussagekraft wäre, wenn man mehr Versuchspersonen sowie eine Kontrollgruppe, die nicht meditiert, untersucht hätte.

Ich rief den Mitbegründer der MBCT Mark Williams an und teilte ihm die guten Ergebnisse mit. Zu seiner Erheiterung erklärte ich ihm außerdem, dass ich, wären sie negativ gewesen, das Studiengeld von Oxford zurückverlangt hätte und er dann als mein Professor nicht gut dagestanden hätte. Ich hätte mir gesagt: »Wozu war die ganze Praxis gut? Ich hätte in der Zeit auch Salsa tanzen lernen können.«

Es gibt Leute, die behaupten, dass ein Scan nichts darüber aussagt, wie wir uns subjektiv fühlen, und diese ganzen neurowissenschaftlichen Untersuchungen keine Aussagekraft in Bezug auf die Qualität unserer Gedanken haben.

Dieser Einstellung widerspricht Willem Kuyken (Professor für klinische Psychologie am Achtsamkeitszentrum der Universität Oxford). Er schreibt: »Die Neurowissenschaft der Achtsamkeit ist vielversprechend (hinsichtlich ihres Nutzens für die klinischen Krankheiten hat und eine gesündere Psyche), steckt jedoch noch immer in ihren Kinderschuhen. Auch wenn die Gehirnscan-Technologie bereits heute überwältigend ist, betrachtet sie die Galaxie doch nur durch ein begrenztes Teleskop.« Ob Sie es glauben oder nicht und ganz unabhängig von den wissenschaftlichen Versuchsergebnissen: Ich fühle mich nun in meinem Körper und meinem Geist einfach besser. Ich glaube, man kann nicht ein Buch wie dieses schreiben, ohne dadurch tiefer in die Praxis einzutauchen.

Ich bin ein wenig traurig, dass ich nicht mehr so an die Persönlichkeit gebunden bin, die ich mit so viel Mühe aufgebaut habe. Doch es durchdringt mich. Früher war ich so naiv zu denken, was ich tue und mit wem ich zu tun habe, sei für mein Leben von Bedeutung. Jetzt ist es, als habe ich mich erwischt. Ich sehe weit deutlicher, was mich motiviert. Manchmal benutzte ich beispielsweise Leute dazu, mich davon abzulenken, dass ich mich für so nutzlos und bedeutungslos hielt.

Ich habe noch die gleichen starken Emotionen – ich glaube, sie werden nie aufhören –, doch sie haben keine solche Macht mehr über mich. Ich kann sehen, wie sie die Pipeline herunterkommen, und bin mir bewusst, dass sie zwar Dinge auslösen, aber keine Tatsachen sind.

Ich weiß nicht, ob und wann ich eine weitere Depression haben werde. Aber ich habe keine Angst mehr davor. Also reduziere ich meine Medikation, nehme mir allerdings gleichzeitig vor, mich nicht für eine Niete zu halten, wenn ich zu dem Prozentsatz der Menschen gehören sollte, der nicht von ihr loskommt. Ich habe keine Angst mehr vor der Einsamkeit. Ich war all die Tage allein und betrachtete meine Gedanken, statt mit rastloser Geschäftigkeit vor ihnen davonzulaufen. Meine Gedanken sind gar nicht so schlecht, wie ich dachte. Manchmal macht ihre Gesellschaft sogar regelrecht Spaß. Das Retreat hat mich also tatsächlich verändert. Ich kann nicht sagen, was als Nächstes geschieht, aber genau jetzt in diesem Moment fühle ich mich wach.

Anhang

Veränderung der Hirnaktivität beim Ansehen negativer Bilder nach einem Achtsamkeitsretreat

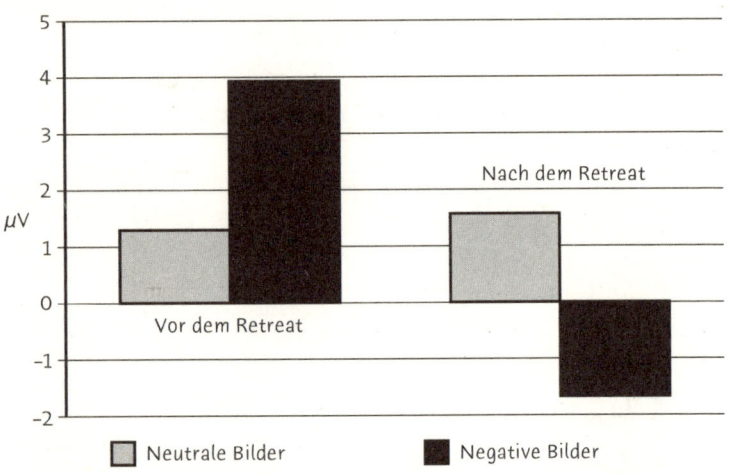

Diese Abbildung zeigt die Stärke der Gehirnreaktion (das mit dem Ereignis in Bezug stehende Potenzial) auf neutrale und negative Bilder sowohl vor als auch nach dem Achtsamkeitsretreat. Nach dem Retreat ist die Reaktion auf negative Bilder geringer.

Hier nun eine Abbildung, die meine Reaktion auf Bilder zeigt, wenn ich mich auf den Atem konzentriere. Die Reaktion auf neutrale Bilder ist in der Grafik als graue, die auf negative als schwarze Kurve dargestellt.

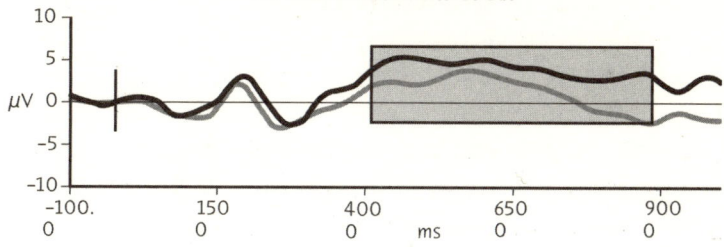

Auch diese Abbildung zeigt die Gehirnrektion (das mit dem Ereignis in Bezug stehende Potenzial) auf neutrale und negative Bilder sowohl vor als auch nach dem Achtsamkeitsretreat. Die hervorgehobenen Bereiche zeigen das *Late positive potential* (LPP), das auf die Fähigkeit der Regulation der Emotionen hinweist.

So haben sie mich zusammengefasst:

In der Untersuchung betrachteten wir das mit dem Ereignis in Bezug stehende Potenzial, auch *Late positive potential* (LPP) genannt, das ein Indikator für die Selbstregulation und Responsivität der Emotionen ist: Ist dieser Gehirn-Index geringer, deutet dies auf geringere emotionale Ansprache und eine höhere Fähigkeit, die Emotionen zu regulieren, hin (z.B. Hajcak 2006). In dieser Studie prüften wir die Reaktion des Gehirns auf negative (mittlere Intensität) und neutrale Bilder. Wir baten die Teilnehmer, dabei zu meditieren (sich also auf ihren Atem zu konzentrieren und alles, was sie wahrnahmen, als vergängliche und vorübergehende Erfahrung zu sehen). Bei der Untersuchung von Rubys Reaktion konnten wir nach dem fünftägigen Retreat ein Abnehmen der Reaktion auf negative Bilder feststellen, nicht aber auf neutrale Bilder. […] Das bedeutet, dass diese Abnahme nicht einfach auf eine Desensibilisierung zurückzuführen war, da sie die Bilder ein zweites Mal sah. […] Diese Ergebnisse stimmen mit der bislang einzigen zu diesem Thema veröffentlichten Studie (Brown u. a. 2012) überein, die feststellt, dass bei höherer Bereitschaft zu Achtsamkeit dieser Gehirnindex geringer ist.

Quellen:

Brown, K. W., Goodman, R. J. & Inzlicht, Mensch. (2012), *Dispositional Mindfulness and the Attenuation of Neural Responses to Emotional Stimuli*, Social Cognitive and Affective Neuroscience, 8, Jan. 2013, (I) 93–9.

Hajcak, G. & Nieuwenhuis, S. (2006), *Reappraisal Modulates the Electrocortical Response to Unpleasant Pictures*, Cognitive, Affective, & Behavioral Neuroscience, 6 (4), 291–7.

Effekt der Übung der Achtsamkeit auf die Aufmerksamkeit und die emotionale Regulierung bei Heranwachsenden

Von: Kevanne Sanger & Dusana Dorjee, PhD, Centre for Mindfulness Research and Practice, School of Psychology, Bangor University Mindful Brain Lab (http://mindfulbrain. bangor.ac.uk)

In der Studie untersuchten wir, ob die Teilnahme an einem ganz normalen Schulprogramm der Achtsamkeit die Gehirnfunktion von sechzehn- bis achtzehnjährigen Zehntklässlern beeinflusst. An der Studie nahmen Schülerinnen und Schüler aus vier Schulen in Nord-Wales teil. Die Lehrerinnen und Lehrer boten einen achtwöchigen Achtsamkeitskurs an, und wir maßen die Änderungen in der Gehirnaktivität, werteten Fragebogen aus und verglichen die Zahl der Besuche beim Hausarzt vor und nach dem Kurs. Als Kontrollgruppe dienten Schüler zweier Schulen, an denen kein solcher Kurs angeboten wurde. Die Gehirnreaktionen wurden anhand der Aufzeichnung der Gehirnwellen in zwei computerbasierten Untersuchungen gemessen. Die erste von ihnen bewertete die Aufmerksamkeit, indem aufgezeichnet wurde, wie sich die Gehirnreaktion veränderte, wenn den Probanden Bilder schneller oder weniger schnell gezeigt wurden. Der zweite maß Gehirnreaktionen auf glückliche, traurige und neutrale Gesichter, die man ihnen auf den Bildschirmen zeigte, und bewertete die emotionale Verarbeitung und Regulierung.

Die Ergebnisse waren ermutigend und zeigten, dass diese Zehntklässler besser in der Lage waren, Bilder, die für die anstehende Aufgabe der Aufmerksamkeit irrelevant waren und von ihr ablenkten, zu ignorieren, was vonnöten ist, wenn man seine Konzentration beibehalten will. Bei der zweiten Untersuchung zeigte sich, dass die Schüler, die in Achtsamkeit geschult waren, die auf den Bildern gezeigten Emotionen vollständiger als die anderen verarbeiteten. Tatsächlich wurden im Laufe der Zeit bei den in Achtsamkeit ungeübten Schülern geringere Gehirnreaktionen auf die gezeigten Gesichter beobachtet. Die Ergebnisse der Fragebogen zeigten ebenfalls Nutzen: Ein Abschweifen im Geist wurde bei den ungeübten, nicht aber den trainierten Schülern festgestellt. Bei Letzteren stieg darüber hinaus das allgemeine Wohlbefinden. Nach dem Achtsamkeitstraining sanken die Arztbesuche aufgrund von psychischen Problemen wie etwa Stress und Schlafstörungen. Alles in allem legt die Studie nahe, dass das Achtsamkeitstraining die Fähigkeit erhöht, sich auf eine Aufgabe zu konzentrieren. Es hemmt außerdem die Reaktionsfreudigkeit auf ablenkende Informationen. Darüber hinaus wirkt sie sich positiv auf das allgemeine Wohlbefinden aus und stärkt die Offenheit, die emotionale Verfassung der anderen wahrzunehmen.

Achtsamkeit bei Grundschülerinnen und -schülern

Die Forscherinnen und Forscher des Zentrums der Achtsamkeitsforschung der Universität Bangor in Wales haben vor Kurzem die erste Studie über Achtsamkeit bei Grundschülerinnen und -schülern in Großbritannien durchgeführt (Vickery und Dorjee 2015). Untersucht wurden Schüler der dritten und vierten Klasse, denen man Achtsamkeit unterrichtete, und ihre Schulleistungen wurden mit Schülern der gleichen Klassen zweier anderer Schulen verglichen, die keinen solchen Unterricht bekamen (diesen wurde Achtsamkeit nach der Studie unterrichtet). Achtsamkeit wurde im regulären Ethikunterricht von schuleigenen Lehrern gelehrt, die selbst sechs Monate lang darin ausgebildet worden waren. Die Auswertung konzentrierte sich auf das allgemeine Wohlbefinden der Schüler und Änderungen hinsichtlich ihrer Metakognition, also ihrer Fähigkeit, ihr Verhalten zu bemerken und zu regulieren bzw. zu steuern. Aspekte emotionalen Wohlbefindens – wie etwa positive und negative emotionale Reaktionen und emotionales Gewahrsein – wurden mithilfe von Fragebogen, die die Kinder ausfüllten, erforscht. Die Metakognition wurde anhand der Angaben der Lehrer und Eltern evaluiert. Die Kinder wurden vor, während und drei Monate nach dem Achtsamkeitstraining bewertet (Metakognition wurde nur davor und drei Monate danach geprüft). Man untersuchte ebenfalls, ob und wie sehr die Kinder es mochten, Achtsamkeit zu praktizieren.

Die Ergebnisse zeigen, dass die meisten Kinder (76 %) Achtsamkeit in der Schule gerne praktizieren, was eine weit höhere Akzeptanz als bei allen anderen neu eingeführten Unterrichtsthemen ist, bei denen der Wert gewöhnlich bei etwa 50 % liegt. Noch drei Monate nach dem Achtsamkeitstraining lagen die negativen Emotionen weit niedriger als davor. Die Lehrer sahen starke Änderungen bei der Metakognition, während die Eltern von keinen merklichen Änderungen in diesem Bereich berichteten. Bei manchen zeigten sich diese am stärksten drei Monate nach dem Training, was wahrscheinlich darauf zurückzuführen ist, dass Achtsamkeitstraining zuerst das Gewahrsein und die kognitiven Fähigkeiten der Kinder fördert und dies erst dann einen Einfluss auf ihre Fähigkeit hat, Emotionen selbst zu regulieren. Es ist allerdings auch möglich, dass der Fragebogen nicht

sensibel genug war, um subtilere Veränderungen der Aufmerksamkeit der Kinder und der Verarbeitung ihrer Emotionen zu zeigen. Tatsächlich untersuchte das Team in Bangor
in späteren Studien an Schülerinnen und Schülern der
gleichen Schulen die Werte ihrer Gehirnwellen, was den
Schluss nahelegte, dass Achtsamkeitstraining die Effizienz
der Aufmerksamkeit erhöht. Die Gruppe führt derzeit weitere Studien über die Achtsamkeit bei Grundschülern durch,
wobei sie ein gesondertes Augenmerk auf die Veränderung
der Aktivität in Gehirnregionen legten, die für Aufmerksamkeit und emotionale Regulierung zuständig sind.

Quelle:

Vickery, C. & Dorjee, D. (2015), Mindfulness Training in Primary
Schools Decreases Negative Affect and Increases Meta-cognition
in Children, Frontiers in Educational Psychology.

Danksagungen

Sie kennen sicherlich solche Bücher, an deren Ende seiten-weise Danksagungen an Freundinnen und Freunde, Mit-arbeiter, Familienangehörige, Forscher, Nobelpreisträger, Professoren und Mentoren stehen? Ich kann keine solchen Berühmtheiten nennen, niemand half mir, es zu schreiben.

Ich hätte gerne ebenso wie andere Autoren Preisungen wie diese geschrieben: »Ich möchte gerne meiner Inspiration und Visionärin, meiner Freundin und Nachbarin Betty F. Soulpalski dafür danken, dass sie während der Nächte der Dunkelheit meine Hand hielt, und meinen Kopf über die Spüle. Sie war es, die mir immer dann, wenn ich nicht weiterwusste, Muffins brachte.« Oder: »Ich danke dem ver-storbenen Al Kackner für seine unsterbliche Hingabe und seinen Ehrenmut. Sogar im letzten Augenblick seines Lebens, als die Monitoren bereits das Absinken seiner Herzaktivität anzeigten, war er noch immer in der Lage, meine Satzzeichen zu verbessern.« »Ich würde mich gerne mit tiefster Beschei-denheit bei den Hunderten von Unterstützern bedanken, die mir getwittert haben. Ich bin für immer von ihrer unbän-digen Liebe hingerissen. Ohne sie hätte ich das Buch nie fer-tig bekommen.« Oder: »Mein tiefster Dank gilt Aristoteles und Sokrates, da sie mir ihren Genius übertragen haben und ich es nun bin, die diese Flamme der Weisheit weiterträgt. Ich danke euch beiden!«

Wie gesagt, war ich jedoch alleine, als ich das Buch schrieb – mit Ausnahme meiner Lektorin Jaona Bowen, die Tag und Nacht wie ein Tier daran arbeitete, das Manuskript in eine verständliche Form zu bringen. Und ich danke meiner

Familie, die es – ich weiß auch nicht, wie – hinbekommen hat, meine Launen zu tolerieren.

Dank auch an meine Herausgeberin Venetia Butterfield vom Penguin-Verlag und an meine Literaturagentin Caroline Michel, die das Buch überhaupt erst ermöglichten.

Und da waren die, die überprüften, dass meine vereinfachte Darstellung der Neurowissenschaft dennoch richtig war: Ich danke der führenden kognitiven Neurowissenschaftlerin Dr. Dusana Dorjee dafür, dass sie in mein Gehirn schaute, sowie Jody Mardula, der ehemaligen Präsidentin des Zentrums für Achtsamkeitsforschung der Universität Bangor in Wales. Dank auch an Oliver Turnbull, den stellvertretende Vizekanzler der Abteilung Lehre der gleichen Universität; Andrew Dellis, Postdoktorand an der Forschungsanstalt für Verhaltensökonomie und Neurowissenschaften an der Universität Kapstadt; Dr. Wilhelm Kuyken, Direktor des Oxford Mindfulness Centers; Paul Mullins, der das MRT von mir machte; Chris Cullen, Mitbegründer des Projekts Achtsamkeit in der Schule; Mark Williams, Professor für Klinische Psychologie an der University of Oxford und Träger des *Wellcome Principal Research Fellow*, der mit seinen Kollegen John D. Teasdale und Zindel Segal die Achtsamkeitsbasierte Kognitive Therapie entwickelte; und Dank an Sharon Grace Hadley, die Center Managerin des Zentrums für Achtsamkeitsforschung und -praxis, für die Organisation meiner Untersuchungen an der Bangor University.

Ich möchte mich auch bei den vielen brillanten Autoren bedanken, deren Werke ich mit meinen eigenen Worten wiedergegeben habe:

Sharon Begley: *Neue Gedanken, neues Gehirn: die Wissenschaft der Neuroplastizität beweist, wie unser Bewusstsein das Gehirn verändert*, München: Goldmann Verlag 2007.

Sarah-Jayne Blakemore & Uta Frith; Hella Beister (Übers.): *Wie wir lernen: was die Hirnforschung darüber weiß*, München 2007.

Vidyamala Burch & Danny Penman; Maike & Stephan Schuhmacher (Übers.): *Schmerzfrei durch Achtsamkeit: die effektive Methode zur Befreiung von Krankheit und Stress*, Reinbek bei Hamburg 2015.

Rebecca Crane; Peter Brandenburg (Übers.): *Achtsamkeitsbasierte Kognitive Therapie: Die theoretischen und praktischen Grundzüge der Mindfulness-Based Cognitive Therapy (MBCT)*, Freiburg/ Brsg. 2011.

Joe Dispenza; Hanna Goldbach (Übers.): *Schöpfer der Wirklichkeit: der Mensch und sein Gehirn – Wunderwerk der Evolution*, Burgrain 2010.

Janey Downshire and Naella Grew: *Teenagers Translated: How to Raise Happy Teens*, London 2014.

David Eagleman; Jürgen Neubauer (Übers.): *The Brain: Die Geschichte von dir*, München 2017.

Paul Gilbert: *The Compassionate Mind: A New Approach to Life's Challenges*, London 2009.

Daniel Goleman; Sebastian Vogel (Übers.): *Konzentriert Euch!: Eine Anleitung zum modernen Leben*, München/Zürich 2014.

Steven Johnson: *Mind Wide Open: Your Brain and the Neuroscience of Everyday Life*, New York 2004.

Jon Kabat-Zinn; Marion B. Kroh (Übers.): *Gesund durch Meditation: das große Buch der Selbstheilung*, München 2011.

Jack Kornfield; Ulli Olvedi (Übers.): *Frag den Buddha und geh den Weg des Herzens: Was uns bei der spirituellen Suche unterstützt*, München 2017.

Matthew D. Lieberman: *Social: Why Our Brains are Wired to Connect*, Oxford 2013.

Bruce H. Lipton: *The Biology of Belief Unleashing the Power of Consciousness, Matter and Miracles*, London 2004.

Dr. Shanida Nataraja: *The Blissful Brain: Neuroscience and Proof of the Power of Meditation*, London 2008.

Robert M. Sapolsky; Brigitte Stein (Übers.): *Warum Zebras keine Migräne kriegen: Wie Streß den Menschen krank macht*, München/Zürich 1998.

Daniel Siegel; Martin Bauer (Übers.): *Aufruhr im Kopf: Was während der Pubertät im Gehirn unserer Kinder passiert*, München 2015.

Daniel Siegel; Franchita Cattani (Übers.): *Mindsight: Die neue Wissenschaft der persönlichen Transformation*, München 2012.

Daniel Siegel & Mary Hartzell; Claudia Krysztofiak (Übers.): *Gemeinsam leben, gemeinsam wachsen: Wie wir uns selbst besser verstehen und unsere Kinder einfühlsam ins Leben begleiten können*, Freiamt/Schwarzw. 2004.

Eline Snel; Anja Lademacher (Übers.): *Stillsitzen wie ein Frosch: Kinderleichte Meditationen für Groß und Klein*, München 2013.

Chade-Meng Tan: Andrea Panster (Übers.): *Search inside yourself: Optimiere dein Leben durch Achtsamkeit*, München 2015.

Paul Tough; Dieter Fuchs (Übers.): *Die Chancen unserer Kinder: Warum Charakter wichtiger ist als Intelligenz*, Stuttgart 2013.

Mark Williams & Danny Penman; Ulla Rahn-Huber (Übers.): *Das Achtsamkeitstraining: 20 Minuten täglich, die Ihr Leben verändern*, mit Audio-Meditationen, München 2015.

Mark Williams, John Teasdale, Zindel Segal & Jon Kabat-Zinn; Ute Weber & Bettina Wehner (Übers.): *Der achtsame Weg durch die Depression*, 2009.

Und ich kann die vielen Autoren der wissenschaftlichen Publikationen nicht vergessen, von denen ich meine Informationen entlieh:

Dr. Elena Antonova: *Neuroscience of Empathy and Compassion,* Institute of Psychiatry.

J. A. Brefczynski-Lewis, A. Lutz, H. S. Schaefer, D. B. Levinson & R. J. Davidson: *Neural Correlates of Attentional Expertise in Long-term Meditation Practitioners* (2007).

Kirk Warren Brown, Richard M, Ryan & David Creswell: *Mindfulness: Theoretical Foundations and Evidence for Its Salutary Effects* (2010).

Kalina Christoff, Alan M. Gordon, Jonathan Smallwood, Rachelle Smith & Jonathan W. Schooler: *Experience Sampling during fMRI Reveals Default Network and Executive System Contributions to Mind Wandering* (2009).

Richard J. Davidson: *Well-being and Affective Style: Neural Substrates and Biobehavioural Correlates* (2004).

Richard J. Davidson & Antoine Lutz: *Buddha's Brain, Neuroplasticity and Meditation* (2008).

Dr. Dusana Dorjee: *Mind, Brain and the Path to Happiness: A Guide to Buddhist Mind Training and the Neuroscience of Meditation* (2013).

Norman A. S. Farb, Zindel V. Segal, Helen Mayberg, Jim Bean, Deborah McKeon, Zainab Fatima & Adam K. Anderson: *Attending to the Present: Mindfulness Meditation Reveals Distinct Neural Modes of Self-reference* (2007).

Michael D. Fox, Abraham Z. Snyder, Justin L. Vincent, Maurizio Corbetta, David C. Van Essen & Marcus E. Raichle: *The Human Brain is Intrinsically Organized into Dynamic, Anti-correlated Functional Networks* (2005).

Jonathan P. Godbout & Ronald Glaser: *Stress-induced Immune Deregulation: Implications for Wound Healing, Infectious Disease and Cancer* (2006).

Britta K. Hölzel, Sara W. Lazar, Tim Gard, Zev Schuman Olivier, David R. Vago & Ulrich Ott: *How Does Mindfulness Meditation Work: Perspectives on Psychological Science* (2011).

Hölzel, B. K., Gard, T., & Ott, U. (2013): *Mechanismen der Achtsamkeit: eine Betrachtung aus konzeptueller und neuronaler Perspektive.* In: A. Knuf & M. Hammer (Hrsg.), *Die Entdeckung der Achtsamkeit in der Arbeit mit psychisch erkrankten Menschen* (2013).

Troels W. Kjaer, Camilla Bertelsen, Paola Piccini, David Brooks, Jørgen Alving & Hans C. Lou: *Increased Dopamine Tone During Meditation-induced Change of Consciousness* (2002).

Antoine Lutz, Julie Brefczynski-Lewis, Tom Johnstone & Richard J. Davidson: *Regulation of the Neural Circuitry of Emotion by Compassion Meditation: Effects of Meditation Expertise* (2008).

Antoine Lutz, Lawrence L. Greischar, Nancy B. Rawlings, Matthieu Ricard & Richard J. Davidson: *Long-term Meditators Self-induce High-amplitude Gamma Synchrony during Mental Practice* (2004).

Antoine Lutz, Heleen A. Slagter, John D. Dunne & Richard J. Davidson: *Attention Regulation and Monitoring in Meditation: Cognitive-emotional Interactions* (2011).

J. Mark, G. Williams, John D. Teasdale, Judith M. Soulsby, Zindel V. Segal, Valerie A. Ridgeway & Mark A. Lau: *Prevention of Relapse/Recurrence in Major Depression by Mindfulness-based Cognitive Therapy* (2000).

Malia F. Mason, Michel I. Norton, John D. Van Horn, Daniel M. Wegner, Scott T. Grafton & C. Neil Macrae: *Wandering Minds: The Default Network and Stimulus-independent Thought* (2007).

Katie A. McLaughlin & Susan Nolen-Hoeksema: *Rumination as a Transdiagnostic Factor in Depression and Anxiety* (2010).

K. L. Mills, F. Lalonde, L. S. Clasen, J. N. Giedd & S. J. Blakemore: *Developmental Changes in the Structure of the Social Brain in Late Childhood and Adolescence* (2014).

Jaak Panksepp & Douglas Watt: *What is Basic about Basic Emotions? Lasting Lessons from Affective Neuroscience* (2011).

Katya Rubia: *The Neurobiology of Meditation and Its Clinical Effectiveness in Psychiatric Disorders* (2009).

Tania Singer, B. Seymour, John O. Doherty, Holger Kaube, Raymond J. Dolan & Chris Frith: *Empathy for Pain Involves the Affective but not Sensory Components of Pain* (2004).

Heleen A. Slagter, Richard J. Davidson & Antoine Lutz: *Mental Training as a Tool in the Neuroscientific Study of Brain and Cognitive Plasticity: Frontiers in Human Neuroscience* (2011).

Jonathan Smallwood & Jonathan W. Schooler: *The Restless Mind* (2006).

Jonathan Smallwood, Daniel J. Fishman & Jonathan W. Schooler: *Counting the Cost of an Absent Mind: Mind Wandering as an Under-recognized Influence on Educational Performance* (2007).

Jonathan Smallwood, Merrill McSpadden & Jonathan W. Schooler: *The Lights are on but No One's Home: Meta-awareness and the Decoupling of Attention When the Mind Wanders* (2007).

Yi-Yuan Tang, Britta K. Hölzel & Michael I. Posner: *The Neuroscience of Mindfulness Meditation* (2015)

Edward R. Watkins: *Constructive and Unconstructive Repetitive Thought* (2008).

Und viele andere, die namenlos bleiben, weil ich sie nicht genannt habe, aber ich hoffe, sie wissen, wer sie sind, und ich danke ihnen.

Anmerkungen

Achtsamkeit: Wer? Was? Warum?

1 Burning Man ist ein acht Tage dauerndes Festival im US-Bundes-
staat Nevada, während welchem eine Figur aus Stroh – der *Burning
Man* – verbrannt wird.

2 Menschen, die äußerst gut mit Pferden umgehen können und
bspw. ihre Körpersprache verstehen und selbst mit ihnen zu kommunizieren, nennt man Pferdeflüsterer.

3 Das Gleiche wie ein Pferdeflüsterer, nur für Hunde.

4 Der Hauptdarsteller des Films wird bei einem Überfall so traumatisiert, dass er sich weder an frühere noch neue Erlebnisse erinnert.

5 Auch sympathisches oder parasympathisches Nervensystem genannt.

Wie Ihr Gehirn funktioniert:
Die wissenschaftliche Basis der Achtsamkeit

6 Unter Konsistenz versteht man in der Psychologie, dass das eigene
Handeln und das eigene Selbstbild sich nicht widersprechen.

7 Bei diesem Spiel packen Kinder Pakete mit meist billigem Spiel-
zeug aus.

Ein deprimierendes Zwischenspiel

8 Mit dem *Purple Heart* werden manche Verwundete der Streitkräf-
te der Vereinigten Staaten ausgezeichnet.

Der soziale Geist – achtsame Beziehungen

9 Die Psychologie versteht unter der passiv-aggressiven bzw. negati-
vistischen Persönlichkeitsstörung das Muster, zu Anregungen und
Leistungsanforderungen, die von außen kommen, eine zutiefst negative Einstellung zu haben und ihnen passiven Widerstand zu
leisten.

10 Unberechtigterweise hat der US-Staat Alabama den Ruf, eine besonders hohe Quote an Inzestbeziehungen aufzuweisen.

11 *Tribute von Panem* ist ein Science-Fiction-Film, in dem die Autori-
täten unter der Bevölkerung willkürlich Menschen auswählen, die

sich gegenseitig bekämpfen sollen. Gewinner ist der einzige Überlebende.

12   In der Pixar-Animation *Alles steht Kopf* werden die Emotionen der
elfjährigen Hauptperson von verschiedenen Comicfiguren perso-
nifiziert, die ihre verschiedenen Stimmungen verkörpern.

Achtsamkeit für Eltern, Kleinkinder und Kinder

13   Jiddisch für stumm.

Achtsamkeit für ältere Kinder und Teenager

14   Allesamt Anlage-, Bilanz- oder sonstige Betrüger. Beim Enron-
Skandal verloren die Investoren 60 Milliarden Dollar und 20 000
Mitarbeiter/-innen ihre Jobs.

15   Dieser Roman, den Jerome D. Salinger (1919–2010) im Jahr 1951
schrieb, war einer der populärsten amerikanischen Romane des
20. Jahrhunderts. Seine Hauptfigur leidet an der Oberflächlichkeit
der Erwachsenenwelt und stellt ihren Materialismus und ihre Ver-
logenheit infrage.

Achtsamkeit und ich

16   Eine berühmte Londoner Galerie.

17   US-amerikanischer Horrorfilm von George A. Romero aus dem
Jahr 1968.